BODO KIRF
LOTHAR ROLKE HG.

Der Stakeholder-Kompass

BODO KIRF
LOTHAR ROLKE HG.

Der Stakeholder-
Kompass

**Navigationsinstrument für die
Unternehmenskommunikation.**

Frankfurter Allgemeine Buch
IM F.A.Z.-INSTITUT

Die Deutsche Bibliothek – CIP-Einheitsaufnahme

Bodo Kirf/Lothar Rolke Hg.

Der Stakeholder-Kompass

Navigationsinstrument für die Unternehmenskommunikation.

F.A.Z.-Institut für Management-,
Markt- und Medieninformationen,
Frankfurt am Main: 2002

ISBN 3-934191-73-8

Frankfurter Allgemeine Buch
IM F.A.Z.-INSTITUT

Copyright   F.A.Z.-Institut für Management-, Markt-
und Medieninformationen GmbH
Mainzer Landstraße 195
60326 Frankfurt am Main

Umschlaggestaltung   xplicit Gesellschaft für visuelle
Kommunikation, Frankfurt am Main
DTP-Layout   Dietmar Ostermann, F.A.Z.-Institut für Management-, Markt-
und Medieninformationen GmbH
Druck   Union Verwaltungsgesellschaft mbH, Leipzig
Alle Rechte, auch des auszugsweisen
Nachdrucks, vorbehalten.

Printed in Germany

Inhalt

III

Mehr Power durch Gemeinsamkeit:
Mitarbeiter und Lieferanten als Partner

Vorwort

Mut zum Rückblick – vom Standpunkt der Zukunft aus

Wie werden die Kommunikationsabteilungen von Unternehmen im Jahr 2010 aussehen? Welche Anforderungen müssen sie erfüllen? Was werden die Kommunikatoren Neues wissen und lernen? In welchen spezifischen Szenarien werden sie sich bewegen? Das sind Fragen, die derzeit drängend erscheinen. Schließlich befindet sich die Kommunikationswelt in einem signifikanten Transformationsprozess. Dafür gibt es eine Reihe unmissverständlicher Signale, die wir alle – als prozessgestaltende und -reflektierende Akteure – in der Kommunikationsbranche registrieren und die unverkennbar sind: Es wird nicht so weitergehen wie bisher.

Denn „die Wege der klassischen Werbung entpuppen sich oft als Sackgasse", stellte das marktführende Branchenmagazin W&V im vergangenen Jahr an prominenter Stelle recht desillusionierend fest. Ein Paradigmenwechsel zeichnet sich ab. Dabei treten insbesondere die Herausforderungen durch das Internet immer deutlicher hervor: Niemals zuvor war der Einzelne derart „empowert", dass er seine persönliche Macht gleichsam in jeder einzelnen Fingerkuppe spüren kann. Schon ein Tastendruck reicht aus, um die ganze Welt zu informieren, zu alarmieren oder zu provozieren.

Auch in anderen Arenen haben sich die Spielregeln verändert. So haben sich die Finanzmärkte zu mächtigen Sparringspartnern der Unternehmensvorstände aufgebaut. Immer häufiger scheinen sie die Entwicklung der Konzerne zu steuern. Werden die monetären wie die strategischen Erwartungen nicht erfüllt, wird gnadenlos öffentlich abgestraft. Ebenso wie die Unternehmen sehen sich auch die Mitarbeiter plötzlich mit einem gewandelten Anforderungsprofil konfrontiert. Statt vorgegebene Laufbahnen bestimmen selbst erarbeitete, von Einzelprojekten vorangetriebene Karriereschritte Laufrichtung und -geschwindigkeit.

Was hat Rolf-E. Breuer den Beschäftigten der Deutschen Bank ins Stammbuch geschrieben: „Mitarbeiter sind nicht mehr passive Nachfrager von Arbeitsplätzen, sondern Anbieter von Wissensdienstleistungen, für deren Marktfähigkeit sie die unternehmerische Verantwortung tragen."

Empowerte Kunden, steuernde Finanzmärkte und selbstreferenzielle Mitarbeiter, ganz zu schweigen von mächtigen, den öffentlichen Diskurs steuernden Medien und konfliktbereiten Politikern, die sich bei Bedarf auch gerne auf Kosten der Wirtschaft profilieren – das Auswirkungspotenzial auf die organisatorische Struktur der verschiedenen Kommunikationsabteilungen in den Unternehmen ist gewaltig. Aus diesem Grund haben wir mit Kunden, aber auch Kollegen aus der eigenen Agentur sowie der Kommunikationsbranche, mit befreundeten Experten und Wissenschaftlern, mit Journalisten und Politikern in unterschiedlichen Zusammenhängen über diese Tendenzen und Trends in kommunikationsrelevanten Umfeldern gesprochen, wobei eine Frage immer wieder in den Mittelpunkt rückte. Welche richtungsweisenden Veränderungen zeichnen sich ab?

Vielleicht höhere Budgets für PR, Sponsoring und Direktmarketing, wie Branchenblätter orakeln? Sollte verstärkt integrierte Kommunikation eingesetzt oder sollten mehr Corporate Branding-Aktivitäten initiiert werden? Sicherlich sind solche strategischen Konzepte aufmerksamkeitsrelevant, und deshalb sind sie auch beliebte Sujets und Diskursbeiträge in akademischen Zirkeln und bei Managementkonferenzen. Doch all diese Vorschläge haben eines gemeinsam: Sie sind reine Extrapolationen, d.h., sie verlängern Entwicklungen der Gegenwart geradlinig in die Zukunft. Doch eine solche Vorgehensweise greift zu kurz. Strategische Berater von Unternehmen wissen, dass sich neue Strategieentwürfe nicht aus Erfahrungen, also aus dem, was man schon immer richtig gemacht hat, ableiten lassen. Warum? Weil ein Strategiewechsel gerade dann notwendig wird, wenn sich die Umfeldbedingungen verändern und Wert sowie Relevanz der bisherigen Erfahrungen obsolet geworden sind. Die Kommunikationswelten, wie wir sie heute verzeichnen, werden demjenigen fremd, der sich nicht mit verändert.

Der langjährige Chef der Boston Consulting Group, Bolko von Oettinger, hat deshalb für solche Fälle die gegenteilige Methode des „Retropolierens" vorgeschlagen: „Retropolieren ist der Blick zurück aus der

Zukunft: Anstatt von heutigen Strukturen, Märkten, Produkten und Technologien auszugehen (extrapolieren), versetzt man sich ein Jahrzehnt weiter und fragt sich: Welche Lücke muss man zwischen dem bestehenden und dem großen Ziel, das vor einem liegt, schließen, wenn man vom Fernziel herkommend auf die Gegenwart zurückblickt?" Ausgesprochen hilfreich ist in diesem Zusammenhang, erneut die Grundfragen unternehmerischen Handelns zu stellen: Was ist unsere Kernaufgabe? Warum braucht uns der Markt? Und zu provozieren: Worauf könnten wir verzichten? Gerade lieb gewonnene Gewohnheiten und antiquiertes Abteilungsdenken, das sich immer wieder als Blockade für zukunftsorientierte Effizienz und Weiterentwicklung erweist, können durch solche Methoden elegant in Frage gestellt werden. Je eher, desto besser.

Und wie kann das vorliegende Buch weiterhelfen? Nun, bei den hier versammelten Beiträgen handelt es sich um professionelle Ein- und Ausblicke, um New and Best Practice-Beispiele für Unternehmenskommunikation. Allesamt Illustrationen und Reflexionen über eine neue Lehre für Kommunikationsmanagement, die von einer 360°-Perspektive ausgeht. Diese lassen sich in zweifacher Weise nutzen: Wer mutig einen Standpunkt der Zukunft wählt und dann zurückschaut, kann dabei nach Beispielen suchen, die sich als wegweisende Zwischenstationen für künftige Szenarien anbieten. Er wird so erkennen, wo es bereits Kommunikations-Standpunkte gibt, die ihm weiterhelfen, ihn anregen und vor allem seinen Möglichkeitssinn schärfen können.

Wer hingegen noch keine Zukunftsperspektiven besitzt, kann die New and Best Practice-Beispiele auch nutzen, um zumindest gedanklich schon einmal ein paar Schritte in die Zukunft zu wagen – nach dem Motto: Was wäre, wenn … ? Er kann versuchen, das Know-how, das in den einzelnen Beiträgen sichtbar wird, auf seine konkrete Situation zu transferieren: Wer sich auf diese Weise von den Ideen und Problemlösungen anderer ernsthaft stimulieren lässt, profitiert am Ende von neu gewonnenen Impulsen.

Je mehr das Denken in den Möglichkeitsraum der Zukunft vorstößt, desto wichtiger ist es, zwischendurch die entscheidenden Grundfragen zu stellen. Für die Kommunikation der Unternehmen zeigt sich dabei, dass es jeden Tag neu um vier signifikante Anspruchsgruppen geht, die den Unternehmenserfolg maßgeblich mitbeeinflussen:

- die Kunden;
- die Mitarbeiter;
- die Finanz-Community;
- die Öffentlichkeit, repräsentiert durch die Medien, die Politik und NGOs.

Aus Unternehmenssicht bilden diese vier Bezugsgruppen die Kommunikationsrichtungen des Stakeholder-Kompasses, der auf dem Weg in die Zukunft wichtige Orientierungshilfe sein kann, in jedem Fall aber interessante Denk- und Handlungsperspektiven eröffnet.

Dabei lässt sich mancher hartnäckige Irrtum aufdecken, der dafür verantwortlich zeichnet, dass sich die Führungskräfte in den Unternehmen – trotz enormem Engagement – kommunikativ auf der falschen Spur bewegen. Jeder kann es selbst überprüfen: Wie oft

- werden Unternehmen noch immer und fast ausschließlich als Produzenten von Gütern und/oder Anbietern von Dienstleistungen gesehen – statt zu erkennen, dass sie sich längst zu kommunikativen Netzwerken entwickelt haben, deren Erfolg von den Beziehungen zu den wichtigsten Stakeholdern abhängt: von Kunden und Mitarbeitern, Geldgebern und Medien;

- gilt der Direktor Unternehmenskommunikation oder Leiter Marketing als oberster Kommunikator, obwohl es nur einen geben kann: den Vorstandsvorsitzenden/CEO – und zwar zuständig für alle Stakeholder;

- bauen Unternehmen ihre Kommunikation noch immer vornehmlich auf der klassischen Anzeigen- und Werbespotkampagne auf (alles andere wird wie „Peanuts" behandelt) – statt flexibel below the line wie above the line zu kommunizieren;

- wird die aktuelle Situation als die unveränderliche Wirklichkeit missverstanden, an der man sich orientieren muss – statt Wirklichkeit als Prozess und Angebot und damit als gestaltbar zu begreifen;

- werden bei M&A-Transaktionen die höchst realen emotional-psychologischen Bedürfnisse der Mitarbeiter zu Gunsten der eher wunschgetriebenen Erfolgsrechnungen ignoriert – statt gerade hier durch intensive Kommunikation die Mitarbeiter und damit das Unternehmen in den Erfolg zu führen;

- suchen Unternehmen die Ursachen von Krisen bei Medien, Mitbewerbern, NGOs oder anderen invisible enemies – statt die Ursachen in der eigenen Organisation zu identifizieren, die fast immer in Verdrängung, Unfähigkeit und Fehlentscheidungen liegen;

- wird das Internet nur als zusätzliche, scheinbar gut kontrollierbare Publizierungsmöglichkeit missverstanden – statt darin einen neuen Zugang zu den nunmehr empowerten Kunden, Aktionären, Verbraucherschützern und künftigen Mitarbeitern zu entdecken, die angesichts ihrer Macht auf Augenhöhe angesprochen werden wollen;

- vergessen Unternehmen über ihre vielen tollen Botschaften, Inhalte und Nachrichten, die sie multimedial anbieten, den Beziehungsaspekt zu ihren Stakeholdern – also die Fragen von Haltung, Zuverlässigkeit, Kontinuität etc., durch die alles andere gefiltert wird;

- wird der Privataktionär wegen vermeintlicher Bedeutungslosigkeit aus dem Blickfeld radiert – statt die Chancen zu entdecken, die sich gerade in der Beziehung zu dieser Shareholder-Gruppe ergeben, beispielsweise, weil sie „treuer" sind;

- wird immer noch streng zwischen hartem Leistungsangebot und daneben gestelltes Entertainment unterschieden – statt den Trend zur geeigneten Mixtur besser zu verstehen und zu nutzen;

- wird nach Konzerndirektive das vor Ort umgesetzt, was die in jeglicher Hinsicht ferne Zentrale vorgegeben hat – statt durch Mut zur lokalen Anpassung den Wirkungsgrad zu erhöhen, auch in Richtung Zentrale;

- tun Unternehmen noch so, als könnten sie frei darüber entscheiden, ob eine Sache kommuniziert wird oder nicht – statt zu akzeptieren, dass es nur noch um das „Wie" und eingeschränkt um das „Wann" gehen kann.

Als gute Übung für Kommunikatoren erweist sich zudem die Rekonstruktion und Bewertung von Diskursverläufen außerhalb der Unternehmen und jenseits ihrer Kontrolle. Denn große Konzerne wie auch exponierte Mittelständler bewegen sich immer in einem öffentlichen Raum, in dem bereits kommuniziert wird – im Zweifel über das Unternehmen selbst und unter Ausschluss desselben.

Mit der Vorstellung des Stakeholder-Kompasses und der Analyse des diskursiven Umfeldes beginnt das Buch. Egal, welche Richtung des Stakeholder-Kompasses den Leser besonders interessiert oder ob er eine 360°-Betrachtung der Kommunikation nachvollziehen will – in einem Punkt kann er sicher sein: Er wird sehr schnell auf unterschiedliche instruktive Beiträge stoßen, die zu einem gedanklichen Transfer auf Probe und vielleicht auch zum weiteren Gespräch anregen.

All den Autoren, die sich auf dieses Projekt eingelassen haben, gilt unser herzlicher Dank. Dabei handelt es sich sowohl um Autoren aus dem gesamten Umfeld von Trimedia oder aus der Agentur selbst als auch um interessante Gesprächspartner, zu denen persönliche Kontakte bestehen und die zuvörderst der Sache inhaltlich verpflichtet sind. Der einzelne Autorenbeitrag mag wie ein Fenster sein, das nur einen ausschnitthaften Ein- und Ausblick erlaubt. Doch zusammen ergeben sie ein mosaikhaftes Panorama, das insgesamt „Lust auf Zukunft" macht.

Unser besonderer Dank gilt Dr. Peter Szynka, der mit viel Umsicht und großem Sachverstand das vorliegende Buch redaktionell betreut hat. Ohne sein Engagement hätten die vielen kleinen Probleme, die bei einem solchen Projekt naturgegeben auftauchen, nicht mit der seinem Arbeitsstil eigenen Eleganz gelöst werden können.

Düsseldorf/Frankfurt, im August 2002

Dr. Bodo Kirf
Prof. Dr. Lothar Rolke

I

Einführung in die 360°-Kommunikation

Kommunizieren nach dem Stakeholder-Kompass

Lothar Rolke

Wie Kommunikation das Volkseinkommen steigert

Kommunikation ist der Stoff, aus dem Unternehmen heute gewoben sind – aus jenem allerorts sichtbaren Faden also, der Menschen, Abteilungen und Hierarchieebenen zusammenhält und gemeinsam wirken lässt. Deswegen reden, informieren, schreiben und mailen Führungskräfte fast den ganzen Tag. Sicherlich lesen sie auch regelmäßig den Pressespiegel und gehen mitunter auch schon mal in Klausur. Der Alltag steht dennoch ganz im Zeichen von Kommunikation und noch mal Kommunikation. Und interessanterweise bleibt das direkte Gespräch auch im Internetzeitalter die wichtigste Mitteilungsform.

Die Unternehmen als Ganzes dagegen, die mitunter große Gruppen erreichen müssen, nutzen alle Kommunikationsformen, vor allem die medialen: von der Anzeige bis zum Internetauftritt, vom Event bis zum Fernsehspot oder dem Banner im Internet. Denn ohne Kommunikation wissen Mitarbeiter nicht, wo es langgeht, und Kunden nicht, warum sie gerade dieses Auto kaufen oder jenes Restaurant aufsuchen sollen. Potenzielle Geldgeber erhalten nur so ein Bild über das Unternehmen, in das sie investieren sollen. Und die Öffentlichkeit entwickelt nur auf diesem Weg das notwendige Vertrauen in die Zuverlässigkeit der Konzerne.

Kommunikation bildet also ein vielmaschig geknüpftes Netz, das verbindet, was zusammenkommen soll: das Angebot mit der Nachfrage, die Investitionsbereitschaft mit konkreten Anlageformen, ein wo auch immer vorhandenes Know-how mit den „Umwandlern" solchen Wissens in konkrete Dienstleistungen und Produkte. Und Innovationen mit öffentlicher Aufmerksamkeit. Längst hat sich der Faden der Kommunikation in das Umfeld der Unternehmen einverwoben und muss sich immer wieder auf seine Reißfestigkeit prüfen lassen. Nichts geht ohne die verbindende Kraft Kommunikation.

Was in der Unternehmenspraxis von jedem Mitarbeiter jeden Tag hautnah erlebt werden kann, findet sich auch in der wirtschaftswissenschaftlichen Makroperspektive bestätigt: Information, Kommunikation und Kooperation konstituieren in der „verwobenen" Wirtschaft mehr als je zuvor ihren Erfolg. Dazu nur zwei Hinweise:

- Im volkswirtschaftlichen Kostenvergleich erscheinen Information und Kommunikation als Teil der so genannten Transaktionskosten. Gemessen am gesamten Bruttosozialprodukt der Vereinigten Staaten (und ähnlich auch in Europa) ist dieser Anteil von 1870 bis 1970 von etwa ein Viertel auf über fünfzig Prozent angestiegen (Picot u.a., 28): Somit ist offenkundig, dass längst „der größte Teil des Volkseinkommmens für Information und Kommunikation, also zur Organisation eingesetzt wird" (ebd., 29). Doch noch bedeutender daran ist, dass damit eine enorme „Zunahme der gesamtwirtschaftlichen Wertschöpfung" einhergeht. Kommunikation und Information sind volkswirtschaftlich gesehen folglich nicht nur als Kosten, sondern vor allem als Investitionen zu betrachten, die einen erhöhten Rückfluss bringen – also produktivitätssteigernd wirken. Picot u.a. erklären dies damit, dass erst dadurch „eine weiter gehende, produktive Arbeitsteilung ermöglicht wurde", offenkundig die Voraussetzung für eine leistungsstarke Volkswirtschaft.

- Interessanterweise korrespondiert diese Erklärung mit dem volkswirtschaftlichen Theorieansatz der Ökonomik, der davon ausgeht, dass die Menschen deswegen miteinander kooperieren, also der Arbeitsteilung folgen, weil sie zwar einzeln nach Gewinn streben, aber diesen gemeinsam besser realisieren können, d.h. als „Kooperationsgewinn" oder „gains from trade" (Homann/Suchanek, 2000, 34) einen Mehrwert erzielen. Die Gesellschaft insgesamt bzw. die Volkswirtschaft als Teil von ihr lässt sich somit als „Arrangement" betrachten, „in dem die Individuen sich wechselseitig zu größeren Vorteilen verhelfen" (53). Allerdings haben die Individuen immer „zugleich gemeinsame und konfligierende Interessen" (ebd.). Insofern lassen sich die Beziehungen der Unternehmen zu ihren Stakeholdern als feste oder situativ-flüchtige Kooperationen zur Schaffung eines größeren Vorteils verstehen, das von gemeinsamen, aber auch gegensätzlichen Interessen geprägt ist. Die Abstimmung wiederum kann bekanntlich nur über Kommunikation erfolgen, was Informationsaustausch und Interessensabgleich ebenso umschließt wie mitunter auch den Konflikt oder gar den Abbruch der Beziehungen.

Man muss kein Hellseher sein, um vorauszusagen, *dass das Management der kommunikationsbasierten Arrangements um das Unternehmen herum künftig noch stärker über seinen Erfolg entscheiden wird,* als es heute bereits der Fall ist. Denn wenn die Beziehungen zu den verschiedenen Anspruchsgruppen so wichtig sind, aber empirisch gesehen immer „wackeliger" werden, weil Kaufen aus Gewohnheit oder Tradition, die Loyalität der Mitarbeiter, Geduld und öffentliches Vertrauen immer weiter schrumpfen, dann muss jede Beziehung immer wieder aufs Neue hergestellt, bestätigt und gesichert werden. Wodurch? Vor allem durch eine reißfeste Kommunikation, kann die wenig überraschende Antwort nur lauten. Und zwar in vier Richtungen, die zusammen den Stakeholder-Kompass bilden (vgl. Abbildung 1).

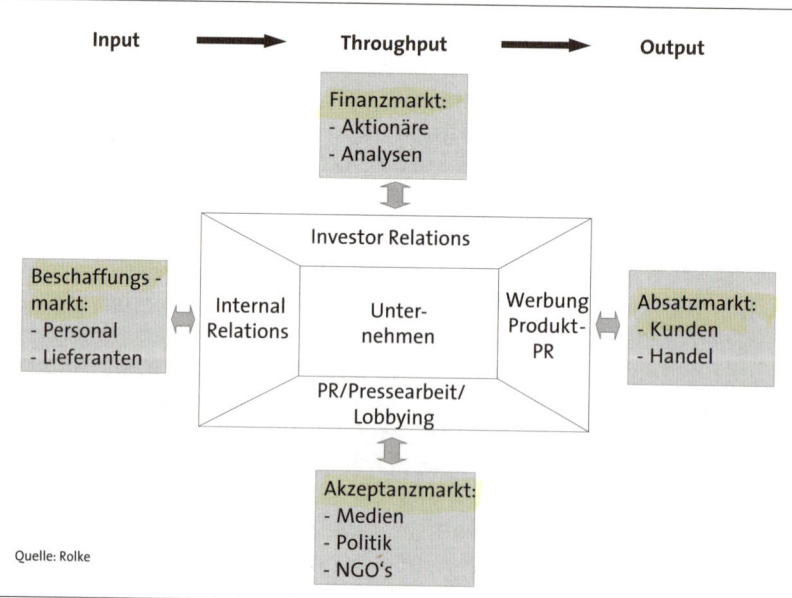

Abb. 1: Der Stakeholder-Kompass der Unternehmenskommunikation

Der Stakeholder-Kompass als Navigationsinstrument der Unternehmenskommunikation hilft, aus einer Vielzahl möglicher Anspruchsgruppen die wichtigsten in ihrer Bedeutung besser zu erkennen und zugleich das Management dieser Kommunikationsbeziehungen des Unternehmens entscheidend zu verbessern. Denn er zeigt nicht nur an, welches die wesentlichen Richtungen sind, aus denen Ansprüche kommen. Mit seiner Hilfe lässt sich auch deutlich machen, wie sie untereinander verwoben und mit dem Unternehmen verknüpft sind. Gerade in der Optimierung dieser Verknüpfungen liegt das eigentliche Chancenpozential, auf das es in Zukunft ankommt.

Wie sich der Stakeholder-Kompass für eine 360°-Kommunikation nutzen lässt

Der Stakeholder-Kompass leugnet keineswegs seine betriebswirtschaftliche Herkunft, ist aber um wesentliche Aspekte ergänzt worden, um zu dem Modell zu werden, das er heute darstellt. In seiner horizontalen Achse vom Beschaffungsmarkt bis zum Absatzmarkt folgt er dem einfachen Input/Output-Modell, wobei die Umwandlungs- und Wertschöpfungsleistung dazwischen liegt. Vertikal flankieren Finanzmarkt und Öffentlichkeit die installierte Wertschöpfungskette. Auch diese beiden bilden eine Achse. Die Kommunikation des Unternehmens hat sich sowohl an den beiden Achsen als auch an den damit verbundenen vier Anspruchsgruppen auszurichten:

Die *Wertschöpfungsachse:* Kommunikation will folglich nicht nur helfen, die Beziehung zu den Kunden und zu den Mitarbeitern (bzw. Lieferanten) im Einzelnen Gewinn bringend zu entwickeln, sondern sie muss zudem eine erfolgsentscheidende Verknüpfung leisten: die (Rück-)Übersetzung von Kundenbedürfnissen in ein adäquates Mitarbeiter- und Organisationsverhalten. Funktioniert diese Rückübersetzung nicht, entstehen Brüche und Reibungen. Wie so etwas erfolgreich funktionieren kann, zeigt das Beispiel FedEx (vgl. den Beitrag in diesem Band): Dort werden all jene Faktoren, die für den Kunden relevant sind, um das Unternehmen wieder zu beauftragen, in einer Kennzahl zusammengeführt, an der sich jeder Mitarbeiter, jede Dependance, jedes Land messen lassen muss. Es wird damit zu einem Leitwert für den einzelnen Mitarbeiter, der entlang dieses Leitfadens weiß, wie er sein Verhalten gegenüber den Kunden weiter optimieren kann.

Die *Wertermöglichungs- bzw. Wertsicherungsachse*: Betriebstätigkeit in marktwirtschaftlichen Systemen verlangt von den Unternehmen, glaubhaft gegenüber den Geldgebern (der Finanz-Community) zu vermitteln, dass und warum eine hinreichende Chance auf Gewinnerzielung besteht. Gleichzeitig muss das Unternehmen der breiten Öffentlichkeit und ihren Repräsentanten vermitteln, dass und warum das Renditemotiv nicht die Gemeinwohlinteressen gefährdet. Das sieht nach einem klassischen strukturellen Widerspruch aus: Profitstreben einerseits, *good partnership* andererseits.

Funktioniert das überhaupt? Unternehmenskommunikation hat dazu beizutragen, dass dieses Paradoxon nicht als Blockade virulent wird, sondern sich erfolgsförderlich auflösen lässt. Typischerweise ist der breiten Öffentlichkeit zu vermitteln, warum Personalfreistellungen, die häufig den Aktienkurs nach oben treiben und deshalb die Börse erfreuen, zumindest der verbliebenen Belegschaft helfen. Oder den Analysten, warum Investitionen in den Umweltschutz, die zunächst einmal gewinnmindernd wirken, langfristig positiv auf den Unternehmenserfolg einzahlen. Gegensätzliche Interessen müssen also hier optimal ausbalanciert werden, um den zentralen Prozess der Wertschöpfung nicht zu gefährden, sondern im Zweifel sogar zu beschleunigen.

Voraussetzung für eine solche *achsenoptimale Kommunikation* ist das Verstehen der spezifischen Interessenlagen der einzelnen Stakeholder und der kommunikativen Vernetzung mit diesen Gruppen. Niemand wird die Wertschöpfungskette kommunikativ optimieren können, der nicht die beiden Anspruchsgruppen an den Eckpunkten versteht: eben die Kunden und die Mitarbeiter/Lieferanten. Und niemand wird das Wertsicherungsparadoxon zwischen Geldgebern und Öffentlichkeit lösen können, der nicht von beiden akzeptiert wird. Insofern beginnt jedes Management von Kommunikation mit dem Aufbau von Beziehungen, die – wie oben dargestellt – von gemeinsamen und konfligierenden Interessen bestimmt werden, wovon jeder Verkäufer oder Vorgesetzter, jeder IR-Manager oder Pressesprecher anschaulich zu berichten wüsste. Das heißt aber nichts anderes, als dass Konsens bzw. singuläre Gemeinsamkeit immer wieder und aktiv hergestellt werden muss.

Genauso grundlegend ist der Doppelcharakter, unter denen die Stakeholder eines Unternehmens wahrgenommen werden müssen: Einerseits als Leistungspartner in einem spezifischen Markt, andererseits als Repräsentanten der jeweiligen Öffentlichkeit in diesem Markt. Für die Unternehmen kommt es darauf an, diesen *Doppelcharakter (von Leistungs- und Kommunikationspartnerschaft)* zu verstehen und zu nutzen. Wer im Marktpartner nur den Leistungsabnehmer oder -erbringer sieht – Kunden und Mitarbeiter/Lieferanten also nur durch die Euro-Brille wahrnehmen würde –, der schöpft die Möglichkeiten, zu Kooperationserfolgen zu kommen, genauso wenig aus wie derjenige, der kommunikatives l'art pour l'art betreibt oder – was in der Praxis eher vorkommt – in der Kommunikation nur unklaren betriebswirtschaftlichen Zielsetzungen folgt.

Unternehmen neigen nach wie vor stark dazu, vor allem den Leistungsaspekt in den Beziehungen zu den einzelnen Stakeholdern wahrzunehmen, also wie viel Umsatz die Kunden bringen, wie produktiv die Mitarbeiter sind, welcher Aktienkurs sich realisieren lässt und wie ein gutes Image all das verstärkt. Entsprechend eng definiert sind Leistungskennzahlen, die Beachtung im Management finden.

Doch in Zeiten beschleunigter Märkte treten die Vorteile der Kommunikationsbeziehungen immer deutlicher zu Tage: Kommunikative Signale wie Aufmerksamkeit, aktives Interesse, aber auch Unzufriedenheit und Beschwerden stehen den Unternehmen deutlich früher zur Verfügung als die „reporteten" Kennzahlen, die immer eine Situation im Nachhinein beschreiben. Insofern stehen kommunikative Signale zu einem Zeitpunkt zur Verfügung, in der die Situation meistens noch gestaltbar ist. In diesem Zeitvorsprung übrigens liegt eine der wesentlichen betriebswirtschaftlichen Begründungen für Kommunikation (vgl. Rolke 2002): Zeit ist Geld. Und wer schneller (re-)agiert, kommt schneller an die geldwerten Vorteile.

Was bedeutet dieser Doppelcharakter für das Management der Kommunikationsbeziehungen zu den Stakeholdern? Der Ausgangspunkt lässt sich durch ein einfaches Axiom beschreiben: *Hinter jeder Stakeholdergruppe befindet sich ein Markt, der für die Überlebensfähigkeit des Unternehmens erfolgskritisch ist. Jeder einzelne Markt im Sinne des Stakeholder-Kompasses, also nicht nur der, auf dem Produkte und Dienstleistungen verkauft werden, ist kommunikationswillig und -fähig. Die Kommunikation mit ihm beeinflusst frühzeitig das Verhalten der Marktteilnehmer.* Diesen Zusammenhang will ich für die einzelnen Anspruchsgruppen nachfolgend in stark stilisierter Form erläutern.

Bereits hinter dem ersten Kunden öffnet sich die volle Breite des *Absatz-marktes* – aus Sicht des Unternehmens die Output-Seite. Alle modernen, gewinnorientierten Wirtschaftsorganisationen haben das dazu passende Marketingverständnis der Kundenorientierung mehr oder minder stark entwickelt. Der Managementberater Peter Drucker bringt es daher auf den Punkt, wenn er sagt: „Marketing ist so grundlegend, dass man es nicht als separate betriebliche Funktion sehen darf. Marketing umfasst das gesamte Unternehmen, und zwar vom Endergebnis her betrachtet – d.h. vom Standpunkt des Kunden." Doch die traditionellen Kommunikationsformen der Anzeigen und Werbespots reichen offenbar nicht mehr, verlieren sichtbar ihre Wirkkraft. Immer öfter reagieren die Konsumenten „allergisch" auf die herkömmliche Massenwerbung: *„Ad Avoidance* wird das Phänomen der Immunität gegenüber Werbebotschaften genannt. Das Marktforschungs-Institut Milward Braun und Associates hat die Ad Avoidance gemessen: In den USA nähmen 54 von 100 Zuschauern die Werbung nicht mehr wahr, in Frankreich sind es bereits 56 von 100, in Italien 62 und in Deutschland bereits 68" (Diekhof 2001, 27). Seit Beginn der Messungen zu Beginn der 90er-Jahre sollen die Ablehnungswerte um durchschnittlich zehn Prozent gestiegen sein. Fieberhaft arbeiten daher Werber wie Marketer an neuen „dialogischen" Formen der Kommunikation, die im Konsumenten den lebenswertlich verwobenen Kooperationspartner sehen. Und sie erkennen allmählich, dass dessen Kommunikationsbereitschaft möglicherweise genauso gratifizierungsbedürftig ist wie die Treue des Wiederkäufers: Closer to the clients (vgl. Klaas in diesem Band) kann daher das Motto nur lauten, und es wird immer häufiger praktiziert. Kommunikation hilft, Kunden zu verstehen und ihnen Orientierung in einem unübersichtlichen Markt zu geben. Wer so kommuniziert, den belohnt der Markt mit Umsatz.

Hinter jedem Mitarbeiter, der immer nur auf Zeit zur Verfügung steht, beginnt fließend der *Personalmarkt* – das in der Wissensgesellschaft vielleicht wichtigste Segment des so genannten Beschaffungsmarktes. Im Grunde kaufen Unternehmen jeden Tag aufs Neue das Know-how, die Motivation und Schaffenskraft ihrer Mitarbeiter ein und verlieren ein Stück davon, wenn sie sich falsch verhalten. Dabei ist es unmerklich zu einer Neupositionierung des Beschäftigten im Unternehmen gekommen. Wie das neue Mitarbeiterbild aussieht, hat vor einiger Zeit Rolf-E. Breuer (1999, 7) weitsichtig beschrieben: „Mitarbeiter sind nicht mehr passive Nachfrager von Arbeitsplätzen, sondern Anbieter von Wissensdienstleistungen, für deren Marktfähigkeit sie die unternehmerische Verantwortung tragen."

Loyalität auf Traditionsbasis findet in einer solchen Sichtweise keinen Platz mehr. Aus dem Blickwinkel des modernen Managements bilden Unternehmen und Mitarbeiter Entwicklungspartnerschaften auf Zeit, die immer wieder von Neuem bestätigt werden müssen (wenn man so will, nicht prinzipiell anders als zu anderen Lieferanten auch). Gemeinsam entwickelt werden sollen dabei die Erfolgspotenziale des Unternehmens. Diese liegen heute vor allem in den Bereichen Innovation und Service. Insofern ist Manfred Bruhn (2000, 19) beizupflichten, dass heute gerade der „internen Kommunikation" ein hoher Stellenwert zuzuordnen" ist. Die Gründe dafür: In der Außenbeziehung des Unternehmens ist dies auf „den gestiegenen Anteil persönlicher Interaktionen zwischen Unternehmen und Kunden, wie z.B. Servicetelefon, zurückzuführen". Innerbetrieblich ist auf das Wissensmanagement hinzuweisen – der Grundlage von Innovationsprozessen. Personalmärkte bilden mit dem Lieferantenmarkt, der ebenfalls heute intensiver kommunikativ gemanagt werden muss, die Input-Seite des Unternehmens. Ohne eine leistungsstarke Kommunikationsplattform lassen sich weder Service- noch Innovationsvorsprünge herausarbeiten.

Hinter den Geldgebern werden die *Finanzmärkte* sichtbar. Die primäre Zielgruppe der börsennotierten Unternehmen sind die Aktionäre, die häufig allerdings gar nicht direkt erreicht werden, sondern nur über die Mittlerzielgruppen der Analysten und/oder Fondmanager. Professionelles Kommunikationsmanagement hilft zweifellos, Geld zu sparen, schlechtes führt zu unnötigen Mehrausgaben. Egal nun, ob man der „Theorie des effizienten Kapitalmarktes" folgt, wonach alle „verfügbaren Informationen ... bereits in den Kursen eskomptiert sind und ... keine weiteren Auswirkungen auf den Kursverlauf haben" (Rüttgers 1998, 38), oder ob man die Auffassung vertritt, das Informationen Börsenkurse beeinflussen – in beiden Fällen ist die Kommunikationsfähigkeit der Unternehmen mit der Finanz-Community erfolgsrelevant. Im ersten Fall käme es für Unternehmen vor allem darauf an, die Erwartungen von Analysten und Investoren herauszufinden, um sich rechtzeitig auf die Entwicklungen einzustellen. Im zweiten Fall bestünde zusätzlich die

Möglichkeit, Kurspflege durch Meinungspflege zu betreiben, wofür es eine Reihe von Anhaltspunkten gibt (Rolke 2000a).

Hinter den Medien, also den Gestaltern der veröffentlichten Meinung, verbirgt sich der so genannte *Akzeptanzmarkt.* Öffentliche Akzeptanz ist eine Leistung, die erworben werden muss, wenn man in den hoch entwickelten Gesellschaften Geschäfte machen will. Welche Rolle dieser „Markt" tatsächlich spielt, wird meist erst dann sichtbar, wenn den Unternehmen die öffentliche Akzeptanz entzogen wird: Wie es speziell bei der Kernenergie oder Gentechnik und vollständig bei Asbest geschah, das heute vom Markt verschwunden ist. Medien konstruieren nicht nur in starkem Maße unser Bild von Wirklichkeit, sondern sie sind in ihrem Konstruktionsprozess besonders anfällig für Irrtümer, Falschinformationen und Verzerrungen (Rolke 1999). Deshalb sind Unternehmen heute bei Strafe eines schlechten, verkaufsabträglichen Images herausgefordert, durch eine proaktive Öffentlichkeitsarbeit selbst für ein angemessenes Bild in den Medien zu sorgen (vgl. Bodo Kirf in diesem Band). Interessanterweise zeigen Untersuchungen, dass die Distanz zu den Medien die Gefahr von Imageverlusten erhöht (Rolke 2000b). Umgekehrt wirkt sich die bessere Positionierung im Akzeptanzmarkt (vor allem im Medienbereich) positiv auf alle anderen Märkte aus. Ein zweiter wichtiger Repräsentant des Akzeptanzmarktes ist die Politik, deren Akzeptanz bzw. Ablehnung Gesetzeskraft erlangen kann.

In den ausdifferenzierten Hochleistungsgesellschaften beeinflussen sich Wirtschaft und Politik stärker, als es für Laien sichtbar ist. Dort, wo Politik und Wirtschaft im öffentlichen Konflikt stehen, unterliegt nicht selten die Wirtschaft. Unternehmen und Branchen müssen hier neue Formen öffentlicher Konfliktfähigkeit entwickeln (Rolke 2001), wie einschlägige Erfahrungen zeigen: Suboptimale Gesetze in den Bereichen Umweltschutz oder Arbeit und Soziales, wie etwa beim Gesetz zur Scheinselbstständigkeit, sind ein beredtes Zeugnis davon, dass Möglichkeiten der Lobbyarbeit nicht zielführend genutzt wurden – stattdessen aber zu deutlichen Belastungen der verschiedenen Branchen geführt haben. Drittens müssen schließlich die NGOs und andere gesellschaftlichen Interessengruppen genannt werden, die bekanntlich über eine außerordentliche und nicht immer gerechtfertigte Glaubwürdigkeit verfügen. Mit dem Internet ist diesen Gruppen ein enormes Machtmittel an die Hand gegeben worden, das Unternehmen heute dazu zwingt, 24 Stunden jede Woche kommunikationsfähig zu sein: Niemals zuvor besaß der Einzelne so viel Macht, sich weltweit zu artikulieren, wie im Internetzeitalter. Wie es Unternehmen, die klassischen Medien und die User verändern wird – das erleben wir derzeit erst im Anfangsstadium (vgl. Rolke/Wolf 2002).

Erfolgreiche Unternehmen orientieren sich in ihrer Kommunikation an diesen vier Dimensionen, weil sie wissen, dass die Kommunikationsbeziehungen zu diesen Stakeholdern Auswirkungen auf die dahinter liegenden Märkte haben. Und dass das Feedback der Märkte über Erfolg oder eben Misserfolg entscheidet. Wie ein Kompass nach Norden zeigt, sind Unternehmen letztlich auf den Shareholder Value justiert (vgl. die Diskussion in Müller/Leven 1998) oder traditioneller auf Gewinnerzielung ausgerichtet (Staehle 1992, 20). Aber um ein Ziel zu erreichen, genügt es eben nicht, immer nur nach Norden zu gehen. Auf bestimmten Wegstrecken oder zu bestimmten Zeiten sind die anderen Himmelsrichtungen viel wichtiger. „In the long run" stellt sich also nur dann Erfolg ein, wenn die Unternehmen sich an den Signalen aus allen vier Märkten orientieren.

Wie Erfolg messbar wird

Beziehungen schaden bekanntlich nur dem, der sie nicht hat. Aber sie nützen auch nur dem, der sie tatsächlich in Anspruch nimmt. Also sind Unternehmen im Interesse an sich selbst aufgefordert, alles zu tun, um in den Beziehungen zu ihren Stakeholdern mehr Kooperationsvorteile herauszuarbeiten:

- mit dem Kunden, die ihr Geld für eine Leistung geben;
- mit den Mitarbeitern, die Geld für Leistung erhalten;
- mit den Geldgebern, die einen Zins- und Risikozuschlag für die Zwischenfinanzierung bekommen und
- mit Repräsentanten der Öffentlichkeit, die Zustimmung und Akzeptanz gegen Steuergelder, Arbeitsplätze oder Sponsoring etc. tauschen.

Kooperationsvorteile können sich für Unternehmen als Umsatzeffekte zeigen (Moneymaking) oder als Einsparmöglichkeit (Moneysaving). Alle Funktionen im Unternehmen sind darauf justiert, in der einen oder anderen Weise dazu beizutragen – auch die Kommunikationsabteilungen sind von diesem Imperativ nicht ausgenommen. Klassische Werbung und Dialogmarketing dienen üblicherweise dem Moneymaking.

Dieses illustrieren alle Markenkampagnen von A wie Ariel bis Z wie Zewa. Und Lobbyarbeit beispielsweise dient eher dem Moneysaving, wenn dadurch etwa eine teure und ineffiziente oder unsinnige Gesetzesinitiative verhindert wird. Anschaulich ist noch immer das Beispiel der Automobilindustrie, der es in den achtziger Jahren gelang, ein generelles Tempolimit auf Deutschlands Autobahnen zu verhindern, was ansonsten mit hoher Sicherheit zu schmerzhaften Umsatzeinbußen weltweit geführt hätte (Rosema 1994).

Doch wie diese Beispiele bereits andeuten, muss Unternehmenskommunikation noch eine zweite Dualität berücksichtigen: die von Chance und Risiko. Die Beziehungen zu den einzelnen Stakeholdern bergen immer nutzbare Chancen, aber eben auch Risiken bzw. Probleme. Ersteres gilt es zu gestalten, Letzteres zu verhindern bzw. zu lösen, lautet schlicht die Aufforderung an das Management. Wenn man nun beide Begriffspaare (Moneymaking/Moneysaving und Chancen/Risiken) aufeinander bezieht, ergibt sich eine einfache Matrix, die eines sehr schnell verdeutlicht: Für Unternehmen gibt es im Grunde nur vier Grundtypen von Kommunikationsaufgaben (vgl. Abbildung 2).

	Moneymaking	Moneysaving
Chancen gestalten	• Produktkommunikation • nützliche Trends verstärken • Image aufbauen	• preiswerte PR • motivierende Unternehmenskultur statt teurer Belohnungen • Image für Aktienkurse und Recruiting nutzen
Probleme lösen	• Umstrukturierung börsenfreundlich kommunizieren • Kritiker einladen (Höchst) • Aufmerksamkeit durch Krise nutzen (A-Klasse)	• Krisenprävention • Erfolgskontrolle • Risikomanagement

Abb. 2: Das Aufgabenportfolio

Alle Aufgaben, die sich in den Kommunikationsabteilungen finden, sind entweder Spezifikationen (vgl. die Beispiele in den Feldern) oder Ableitungen bzw. Vorarbeiten: Wer beispielsweise eine positive Produktberichterstattung erreichen will, muss nicht nur die Nachrichten-qualität sicherstellen, sondern auch für Vertrauen der Journalisten im zeitlichen Vorfeld sorgen. Regelmäßige Kontaktpflege oder Hinter-grundgespräche zahlen daher nur indirekt auf das Konto Moneymaking (im Falle von Produkt-PR) oder Moneysaving (im Falle von Krisen-prävention durch Vorwarnung) ein – stellen aber unverzichtbare Vor-arbeiten dar, die durchaus bewertbar sind. Aber wie?

In der Regel zeigt kaum eine einzelne Maßnahme, die in den Betrieben ergriffen wird, um den Unternehmenserfolg zu steigern, sofort und direkt, welchen Wertschöpfungsbeitrag sie leistet – egal, ob es sich dabei um die Einführung einer neuen Technologie, die Zusammenlegung von Abteilungen, die Durchsetzung eines neuen Gehaltsmodells oder Schu-lungsmaßnahmen handelt. Warum soll sich dies bei Kommunikations-maßnahmen anders verhalten; auch dort findet sich nicht selten die Kla-ge, dass eben nicht erkennbar sei, welchen Beitrag der Geschäftsbericht, die Anzeigen in der Fachzeitschrift oder die Pressekonferenz für die Wertschöpfung insgesamt leisten. Doch nicht der Einzelnachweis ist entscheidend, sondern ob sich der Wirkungszusammenhang rekon-struieren lässt. Darauf kommt es an.

Das Unternehmens-Controlling hat in den vergangenen Jahren einen enormen Fortschritt gemacht – auch wenn die verantwortlichen Kom-munikationsmanager davon noch nicht sonderlich stark inspiriert sind. Denn mit der Balanced Scorecard (BSC) liegt nunmehr ein Konzept vor, das es erlaubt, auch „weiche" Faktoren systematisch zu messen, ihr Zusammenwirken sichtbar zu machen und damit die Möglichkeit zu eröffnen, die Werttreiber gezielter als bisher zu beeinflussen. Der Grundgedanke der BSC ist so einfach wie bestechend: Entlang der Wert-schöpfungsachse Mitarbeiter-Kunde werden alle Werttreiber identifi-ziert und zueinander in Beziehung gesetzt, um sie stimulieren zu kön-nen, damit am Ende positive Umsatz- bzw. Gewinneffekte auftreten. So ließe sich in einem Fall nachweisen, dass mehr Freundlichkeit, Schu-lung und Eigenverantwortung die Servicequalität verbessern, diese wie-derum die Kundenbindung erhöhen, was schließlich einen Anstieg des Kaufumsatzes zur Folge hat. Beim Managen dieses Prozesses kommt es darauf an, dass die einzelnen Werttreiber zunächst sachrelevant indi-ziert (Freundlichkeit beispielsweise durch die abnehmende Wartezeit, die ein Kunde aufbringen muss, um von einem Verkäufer bedient zu werden) und dann in den richtigen Zusammenhang gestellt werden, um schließlich eine kennzahlengestützte Orientierung für optimales Verhalten zu erhalten. Kommunikation kann diesen Prozess stimulieren und ist daher selbst ein Werttreiber.

Nun ist hier nicht der geeignete Ort, um die Einzelheiten einer daraus abgeleiteten Comunications Scorecard (SCS) zu vertiefen – eine solche lässt sich am besten im Hinblick auf eine konkrete Unternehmung entwickeln. Abbildung 3 mag aber dafür sensibilisieren, wo und wie sich direkte und indirekte Werttreiber auf der Grundlage des Stakeholder-Kompasses identifizieren lassen.

	indirekter Wertbeitrag	direkter Wertbeitrag
Arbeitsmarkt	• höhere Mitarbeiterbindung	• Gehaltsvorteile (Preiseffekt)
• aktuelle Mitarbeiter	• verbesserte Arbeitsleistung	• mehr Arbeitskräfte
• potenzielle Mitarbeiter	• erhöhte Attraktivität	(Mengeneffekt)
sonstiger Beschaffungs-	• höhere Lieferantenbindung	• Preisvorteil (Preiseffekt)
markt	• bessere Lieferbereitschaft	
• Lieferanten		
Kapitalmarkt	• höhere Aktionärsbindung	• Kursaufschlag (Preiseffekt)
• Aktionäre (Analysten)	• höhere Bankenbindung	• Zinsvorteil (Preiseffekt)
• Banken	• erhöhte Kaufbereitschaft	• erhöhte Nachfrage
	erhöhte Kreditvergabe-	(Mengeneffekt)
	bereitschaft	• erhöhtes Kreditvolumen
		(Mengeneffekt)
Absatzmarkt	• höhere Kundenbindung	• Preis-Premium (Preiseffekt)
• Kunden	• höhere Handelstreue	• erhöhte Absatzmenge
• Handel	• erhöhte Kaufbereitschaft	(Mengeneffekt)
Akzeptanzmarkt	• erhöhte Empfehlungs-	• Absatzmenge
• allg. Öffentlichkeit	bereitschaft	• Kosteneinsparungeffekte
• Medien	• größere Bekanntheit	
• Politik	• Beitrag zur Marktentwicklung	

Abb. 3: Wertschöpfungseffekte durch Kommunikation (nach Meffert/Bierwirth)

In den kommenden Jahren werden die Kommunikationsabteilungen lernen, diese Zusammenhänge besser zu erfassen und die Werttreiber besser zu managen – wobei Lernen hier als kontinuierlicher Prozess mit einem hohen *Trial and Error*-Anteil an zu verstehen ist. Ziel ist es stets, zur Wertschöpfung beizutragen. Wie bei vielen anderen Zielen im Unternehmen auch, handelt es sich dabei nicht um Maximierungsziele, sondern überwiegend um Optimierungsziele. Denn in der Beziehung zu den einzelnen Stakeholdern müssen die unterschiedlichen Interessen, die deckungsgleich, aber auch konfligierend sein können, immer wieder neu ausbalanciert werden.

Wie es mit den Kommunikationsabteilungen weitergehen wird

Unternehmen erfinden sich immer wieder neu. Das mag für Außenstehende nach harmloser Managementpoesie klingen. Doch für die involvierten Mitarbeiter und Führungskräfte geht es hierbei häufig ans Eingemachte: Abteilungen werden aufgelöst oder zusammengelegt, Personalbestände freigesetzt und Geschäftsbereiche „outgesourct", Berichtswege verändert und Prioritäten neu definiert. Was gestern noch galt, gilt heute schon nicht mehr: neue Chefs, neue Zuständigkeiten, neue Regeln, die schnell gelernt werden müssen.

Die sichtbaren Gründe für die Initiierung von Reorganisation bewegen sich auf einer Skala von erwartbarer Weiterentwicklung des Unternehmens bis zum revolutionären Neuanfang: Wenig spektakulär mag vielleicht die Einführung einer neuen Technologie sein (zumindest am Anfang); aufrüttelnder ist die Änderung der Strategie (wie etwa die Abkehr von der Diversifikation und Hinwendung zu einer Politik der Kernkompetenzen). Als ziemlich ruppig schließlich kann eine Unternehmensübernahme (M&A) erlebt werden, von denen es monatlich allein im deutschsprachigen Raum knapp 300 gibt (Schuler 2001, 13), weil sie den Betriebsalltag revolutioniert. Dabei liegt der Zwang zur Veränderung im System selbst. Änderungen der Umweltbedingungen erzwingen die Selbstveränderung der Unternehmung.

So gilt heute – 90 Jahre, nachdem Josef Schumpeter Unternehmen als „kreative Zerstörer" ausgerufen hat – fast als Axiom der Unternehmensführung, „dass Manager in periodischen Abständen das Erreichte zerstören und ein neues Unternehmen aufbauen, das gegenüber der nächsten Welle von Konkurrenten oder Techniken besser gewappnet ist" (Tushmann/O'Raily, 1998, 40). Das umschließt Arbeitsplatzdefinitionen und Produktionsverfahren ebenso wie Produktportfolios und Unternehmensabteilungen. Insofern ist es aus Sicht von Marketern und Corporate Communications-Managern nahe liegend zu fragen, wann denn ihre Abteilungen „dekonstruiert" werden – verstanden als „zwei unternehmerische Vorgänge: Auflösen und (neu) zusammenfügen – Destruktion und Konstruktion in einem" (Oettinger, 2000, 19).

Die Frage ist berechtigt. Denn wir wissen heute, dass die Wahrscheinlichkeit von Dekonstruktion steigt, wenn sich das Umfeld verändert. Dafür gibt es deutliche Hinweise, die sich allesamt unter dem Stichwort „Entgrenzung des Unternehmens" subsumieren lassen: Der amerikanische Managementberater Michael Hammer (2002, 41) hat kürzlich seine publizistischen Scheinwerfer auf den Ort gerichtet, wo „die Produktivitätskämpfe dieses Jahrzehntes ausgetragen" würden: „an den Grenzen eines Unternehmens", wo bisher die Effizienz endete und die deshalb überwunden werden müssen: „Daher ist die Straffung der firmenübergreifenden Prozesse der nächste große Vorstoß in ein Neuland, in dem sich Kosten reduzieren, Qualitätsstandards erhöhen und Geschäftsprozesse beschleunigen lassen". Grenzen, die sich nicht allzu schwer überwinden lassen, bestehen zuvörderst zum Beschaffungsmarkt. Doch auch gegenüber den Privatkunden ist eine Entgrenzung leicht vorstellbar (Picot u.a. 2001, 461): Wenn man nur bedenkt, dass die „Consumers" immer stärker zu Beteiligten am Wertschöpfungsprozess werden. Im E-Commerce, wo sich dialogische Beziehungen leicht aufbauen lassen, wird das besonders deutlich.

Nach dem Stakeholder-Kompass ist damit insgesamt die Wertschöpfungsachse angesprochen, die aus Sicht der Kommunikation schon immer über die Unternehmensgrenze hinaus gedacht werden musste: Dabei wird der Kunde zum Wertschöpfungspartner, der Mitarbeiter zum Know-how-Kapitalist mit den Qualitäten eines Beziehungsmanagers und die Führungskraft zu einer Art Fitnesstrainer für ihre Mitarbeiter und zu einem Change Agent, um die Synchronisierung von Kundenwünschen und Mitarbeiterverhalten weiterzuentwickeln. Dass dies nicht nur die Organisationsformen verändern wird, sondern auch erhöhte Anforderungen an die vertrauenschaffende und -sichernde Kommunikation stellt, ist wohl offensichtlich: Denn „Vertrauen bildet die Basis und notwendige Voraussetzung für die Existenz neuer Organisationsformen" (ebd., 483). Und Vertrauen lässt sich nun einmal nur in der und mit Kommunikation herstellen.

Doch auch auf der vertikalen Wertermöglichungs- bzw. Wertsicherungsachse sind Entgrenzungstendenzen zu beobachten: Analysten und institutionelle Anleger nehmen heute deutlich mehr Einfluss auf die Unternehmensstrategie, als dies zu Beginn der neunziger Jahre der Fall war. Sie sind zum regelmäßigen Gesprächspartner von CEO und CFO avanciert, nicht selten mit der Qualität eines Sparringspartners, und sie sind daher mit ihren Erwartungen auch bei internen Strategiesitzungen von Vorstand und Aufsichtsrat präsent. Erwartungen aus der Finanz-Community systematisch zu missachten, können sich nur Ausnahme-unternehmen wie Porsche erlauben. Ansonsten gilt: Strategien müssen erklärungskräftig, Veränderungen anschlussfähig an frühere Konzepte und Ergebnisse prognosefähig sein, was bedeutet, dass sie mit hinrei-chender Wahrscheinlichkeit auch eintreten sollten.

Mehr Durchlässigkeit seitens des Unternehmens gibt es schließlich auch gegenüber der Öffentlichkeit. Das Internet lässt die Grenze zwischen Unternehmen und Medien verschwinden, wenn die firmeneigenen Por-tale zugekauften Nachrichtencontent offerieren. Und die Intranets wer-den so wenig ein Betriebsgeheimnis bleiben wie der Aktienkurs eines Unternehmens. Längst schon überlegt Siemens beispielsweise, im Sin-ne eines extern vernetzten Know-how-Austausches auch große Teile des Intranets für externe User zu öffnen – stellt dieses doch ein höchst attraktives Angebot zur Kommunikation mit interessanten Zielgruppen dar.

Entgrenzung der Unternehmen und die damit verbundene Intensivie-rung der Kommunikation stellt die traditionellen Abteilungsgrenzen zwischen den unterschiedlichen Kommunikationsfunktionen massiv in Frage: Wie lassen sich Marketingprogramme heute erfolgreich kom-munizieren, wenn die Mitarbeiter davon nur am Rande erfahren? Wa-rum sollte IR als kommunikative Sonderaufgabe verstanden werden, wenn Greenpeace ganz gezielt die Analysten über das Unternehmen informiert, gegen das die nächste Aktion geplant wird? Warum sollten die neuen Ideen des betrieblichen Vorschlagwesens dem Marketing vor-enthalten werden, wenn es um Innovationen im Kundenservice geht? Warum sollte der Abteilung Kommunikation nicht die Leadfunktion übertragen werden, wenn es um die neue Positionierung der Unter-nehmensmarke geht? Kommunikation ist heute 360°-Kommunikation, die mit Hilfe des Stakeholder-Kompasses effizient gesteuert werden muss – in der Regel entlang der Wertschöpfungs- und Wertermögli-chungsachse.

Doch wie kann ein Unternehmen nach außen Grenzen überwinden wollen, wenn intern die hohen Mauern zwischen den Abteilungen verteidigt werden? Die Zukunft liegt zweifellos in der aufgabenbezogenen, flexiblen Vernetzung von unterschiedlichen Kommunikationsfunktionen. Dabei steht am Anfang immer die betriebswirtschaftliche Aufgabe. Und der Stakeholder-Kompass trägt dazu bei, das Kommunikationsfeld auszumessen, in dem die Kommunikation vernetzt werden muss. Erfolgreich wird dabei derjenige sein, der den Faden proaktiv aufnimmt, um sein Unternehmen in einmaliger Weise und reißfest mit seinem Umfeld zu verweben.

Literatur

Breuer, Rolf-E. (1999): „Die Führungskraft als Vorbild" oder „Vorbild Führungskraft". Forum. Magazin für Mitarbeiter der Deutschen Bank, S. 7.

Bruhn, Manfred (2000): Integrierte Kommunikation und Relationship Marketing. In: Bruhn/Schmidt/Tropp(Hg.): Integrierte Kommunikation in Theorie und Praxis. Wiesbaden, S. 3-20.

Diekhof, Rolf (2001): Raus aus der Klassik-Gasse. W&V 29.6., S. 25-28.

Hammer, Michael (2002): Der Weg zum supereffizienten Unternehmen. Havard Businessmanager 24.Jg. Nr. 2, S. 40-52.

Homann, Karl/Andreas Suchanek (2000): Ökonomik. Eine Einführung. Tübingen.

Meffert, Heribert/Andreas Bierwirth (2001): Stellenwert und Funktionen der Unternehmensmarke – Erklärungsansätze und Implikationen für das Corporate Branding. Thexis 4, S. 5-11.

Müller, Michel/Franz-Josef Leven (Hg.) (1998): Shareholder Value Reporting. Wien.

Oetinger, Bolko v. (2000): Das Wesen der Strategie. In: Bolko v. Oetinger (Hg.): Das Boston Consulting Group Strategie-Buch. München. 7., völl. überarb. u. aktual. Auflage, S. 13-25.

Rolke, Lothar (1999): Die Selbstgefährdung der Mediengesellschaft durch Irrtümer, Korrekturverweigerung und kommunikative Inflation. In: Lothar Rolke/Volker Wolff (Hg.): Wie die Medien die Wirklichkeit steuern und selber gesteuert werden. Opladen/Wiesbaden, S. 73-91.

Rolke, Lothar (2000a): Kurspflege durch Meinungspflege – Auf dem Weg zur Value Communications. In: Lothar Rolke/Volker Wolff (Hg.): Finanzkommunikation. Frankfurt am Main, S, 19-49.

Rolke, Lothar (2000b): Warum Public Relations die Gesellschaft schlauer macht. Public Relations Forum 4, S. 192-196.

Rolke, Lothar (2001): Öffentliche Konfliktfähigkeit erforderlich – Unternehmen im Vergleich mit politischen Organisationen. In: Ulrike Röttger (Hg.): Issue Management. Wiesbaden 2001, S. 235-254.

Rolke, Lothar (2002): Unternehmenskommunikation in Deutschland: Auf dem Weg zum monetären Leitprinzip und kommunikationsbasierten Stakeholder-Kompass. In: Phillippe Viallon/Ute Weiland (Hg.); Kommunikation, Medien und Gesellschaft. Berlin. Paris (im Erscheinen).

Rolke, Lothar/Volker Wolff (Hg.) (2002): Der Kampf um die Öffentlichkeit – Wie das Internet die Macht zwischen Medien, Unternehmen und Verbrauchern neu verteilt. Neuwied und Kriftel.

Rosema, Bernd (1994): Kreativ aus der Krise. In: Rolke/Rosema/Avenarius (Hg.): Unternehmen in der ökologischen Diskussion. Opladen, S. 239-252.

Rüttgers, Dirk (1998): Die Auswahl von Aktienspezialitäten – Lohnt sich das Stock-picking? In: Norbert Frei/Christoph Schlienkamp (Hg.): Aktie im Aufwind. Wiesbaden, S. 35-45.

Schuler, Armin (2001): The Big Picture. Der deutsche Beteiligungsmarkt – Phönix oder Ikarus. Finance. Dezmber, S. 10-13.

Staehle, Wolfgang H. (1992): Funktionen des Managements. Bern/Stuttgart.

Tushman, Michael/Charles O'Reilly (1998) Unternehmen müssen auch den sprunghaften Wandel meistern. Harvard Businessmanager 1, S. 30-44.

Der Autor

Lothar Rolke, Prof. Dr., lehrt Betriebswirtschaftslehre und Unternehmenskommunikation an der Fachhochschule Mainz. Dort leitet er den Studienschwerpunkt Kommunikationsmanagement. Er ist außerdem Chefberater bei Trimedia in Frankfurt. Seit fast 20 Jahren berät er namhafte Unternehmen und Verbände in Fragen von Unternehmenskommunikation, Krisenmanagement und Public affairs. Von 1989 bis 1996 war Rolke Geschäftsführender Gesellschafter der Reporter PR GmbH und Sprecher der Geschäftsführung. Er entwickelte in dieser Zeit neue Geschäftsfelder im Kommunikationsbereich. Für zwei Jahre gehörte er dem Präsidium der Gesellschaft der Public Relations Agenturen (GPRA) an. Er ist Stiftungsratsmitglied der Bonner Stiftung Mitarbeit und Vorsitzender des Prüfungsausschusses der Deutschen Akademie für Public Relations (DAPR). Rolke studierte Soziologie, Politische Ökonomie, Psychologie, Empirische Sozialforschung und Germanistik. Während seiner Promotion arbeitete er beim Hessischen Rundfunk und als Personaltrainer. Rolke hat zahlreiche Aufsätze und Bücher zur Unternehmenskommunikation veröffentlicht.

E-Mail: lotharrolke@fra.trimedia.de

Off the records: Wenn andere über das Unternehmen sprechen. Intervention durch Kommunikation

Bodo Kirf

> *„Die Sprache ist die Quelle der Mißverständnisse."*
>
> (A. DE SAINT-EXUPÉRY, DER KLEINE PRINZ)

Unter Beobachtung

Wer ist eigentlich dafür verantwortlich, was die Öffentlichkeit über Unternehmen wie Sony, Nokia oder E.ON denkt und sagt?

Jeder weiß: Das Interesse der Öffentlichkeit an Unternehmen wächst. Sie stecken in einem komplizierten, mehrdimensionalen kommunikativen Beziehungsgeflecht auf allen Kontaktebenen. Unternehmen müssen sich mitteilen, sich öffentlich zu Wort melden und sich Gehör verschaffen, prinzipiell willens sein, sich auf Kommunikation einzulassen. Sie sind aufgefordert, ihre Bezugsgruppen mit Kommunikationsofferten umfassend zu informieren und – gepaart mit dem Willen zur Transparenz – in eine Dialogbeziehung einzutreten, um somit die jeweiligen unternehmerischen Entscheidungen und Interessen zu verdeutlichen. Der potenzielle Wertschöpfungsbeitrag von Unternehmenskommunikation ist evident. Wollen sie erfolgreich und zukunftsfähig bleiben, müssen Unternehmen in ihren Intentionen verstanden, akzeptiert und respektiert werden und sich – durch diesen Vertrauensbildungsprozess initiiert – in ihrem Beziehungsumfeld mit einem positiven Image positionieren. Denn ein „guter Ruf" fördert bekanntlich nicht nur positive öffentliche Resonanz und schafft Aufmerksamkeitsportale, sondern er korreliert auch mit dem Unternehmenswert. Der für eine solche Spielart verständigungsorientierter PR-Ambitionen probate Kommunikati-

34

onsstil folgt – nicht zuletzt unter Effizienzaspekten – in Theorie und Praxis im Idealfall der Spielregel: unmissverständlich, überzeugend, direkt, zuverlässig, dialogfähig, durch- und einsichtig, frei von jeglicher Ideologievermutung, ohne Makel des Selbstzwecks und klar distanziert von einem vordergründigen Interesse am Spektakulären. Wobei weitgehend Einigkeit darüber bestehen sollte, dass PR Auftragskommunikation sind, die ihrer wesentlichen Funktion nach ein Instrument zur Artikulation und Vertretung partikularer Interessen der Initiatoren darstellen.

Unternehmen haben keinen Privatstatus, sondern sind als öffentliche Angelegenheit priorisiert. Sie selbst, ihr „Zustand" wie auch ihr Kommunikationsverhalten, stehen unter permanenter Beobachtung – bisweilen unter Verdacht. In ihrer öffentlichen Exponiertheit sind Unternehmen nicht immun gegen Kommentare und Diskussionen, nicht befreit von Klischees und Vorurteilen, nicht isoliert von Polemik, Missbilligung und Skepsis. Sie agieren – gewollt oder ungewollt – in einer öffentlichen Arena, in der man über sie diskutiert und in der andere die Haupttribünenplätze besetzt haben: das beobachtende und bewertende Publikum sowie die für Ermittlung, Vergabe und breitenwirksame Publizität von Sympathie-/Antipathienoten sorgenden Medien. Auftritt, Verhalten, Darstellungsstil und das darin dokumentierte Selbstverständnis von Unternehmen, ihre spezifischen Produktversprechen und Leistungsmerkmale, ihr Ansehen und ihre Werthaltungen sind prägende Themen und beliebte Basis für neue Metaphern des öffentlichen Diskurses: „It's a Sony" gilt dabei als eine idealtypische, allseits geläufige Assoziationsformel.

Dieser Diskurs, der – publizistisch verstärkt – in seiner Produktion und Rezeption nicht frei ist von Mythenbildung, in der sich Wirklichkeit und Fiktion leicht vermischen, impliziert stets Kritikpotenzial sowie die Gefahr von Stigmatisierung und Indizierung. Er bedingt, dass Unternehmen und ihr Ruf als begehrte Objekte und Leitmotive von Aufmerksamkeit, über die man nicht nur mit Vorliebe (ungefragt) spricht, sondern auch Urteile bildet, einem starken Interessen- und Wertdruck im öffentlichen Resonanzraum unterliegen. Zumal wachsende Sensibilität, Kritik- und Misstrauensbereitschaft – meist in massenmedialer Themeninszenierung potenziert und durch diese bestärkt – Mentalitätsprofile und Verhalten der für ein Unternehmen als Kommunikationsadresse relevanten Bezugsgruppen kennzeichnen.

Diese Aufmerksamkeitskollektive, die ein disperses, weit differenziertes Stakeholder-Publikum repräsentieren, sind neugierig. Der (kritischen) Beobachtungs- und Beurteilungsgabe ihrer Protagonisten entgeht nichts. Ihr Spürsinn enthüllt Geheimnisse, enträtselt kommunikative Versteck- und Mysterienspiele, entlarvt Ideologieverdächtiges. Diese im (direkten) Diskursumfeld von Unternehmen agierenden Bezugsgruppen verschaffen sich selbstständig Zugang zu Informationen unterschiedlichster Provenienz, Couleur und Inhaltstendenz. Sie sammeln, selektieren, reflektieren, interpretieren, bestätigen und/oder negieren Kommunikationsabsichten und entsprechende Angebote, die im Sinne bewusster Unternehmensdarstellungen konzipiert und lanciert werden. Sie bilden – ohne das Unternehmen selbst zu (be-)fragen und emanzipiert von dessen Verlautbarungen – im Austausch mit Gleichgestimmten und -gesinnten unabhängige Meinungs- und Wissenskollektive. Diese thematisieren – tatkräftig von neugierigen Medienvertretern sekundiert – Wahrgenommenes und Erfahrenes und schaffen dadurch Reputationsbewertungen. Im Kontext solcher Imagekonstruktionen leistet Öffentlichkeit Orientierung(shilfe), die Denk- und Handlungsreferenz besitzt. Als Beobachtungs-, Kontroll- und (Be-)Wertungsinstanz beeinflusst sie Meinungstrends und Diskursordnung der am Kommunikationsprozess beteiligten Personenkreise, konstituiert deren Welt(an)sichten und präjudiziert bzw. präformiert ein (potenzielles) Sich(Nicht)Einlassen auf (durch Dritte konstruierte) Kommunikationsanlässe und deren Schauplätze.

Wissen, was andere denken und sagen

Fast schon eine Binsenweisheit, indes im Kommunikationsalltag von Unternehmen erstaunlich oft unberücksichtigt bzw. immer noch unterschätzt, ist das Faktum, dass die Thematisierungsfunktion von Öffentlichkeit im Sinne von Agenda-Setting – idealiter – auch prägend sein sollte für Zielrichtung, Planung und Gestaltung jeglicher Inhalte und Formen von Öffentlichkeitsarbeit, die ihrem Anspruch nach auf gute Beziehungen zu den Stakeholdern abzielt. Um diese bekanntlich auf die Bildung von Akzeptanz-, Vertrauens- und Sympathiewerten tendierenden Verbindungen – etwa durch Kontaktverluste – nicht zu gefährden und deren Entwicklung systematisch und langfristig bestandsfähig zu gestalten, muss sich Unternehmenskommunikation in ihrer PR-Funktion, will sie in Strategie und Umsetzung erfolgreich sein, a priori an folgenden Kernfragen orientieren: Wie, mit welchen Ansprüchen und Erwartungen und in welchen Kommunikationskontexten und -szenarien werden Unternehmen jeweils wahrgenommen? Werden Unternehmensbotschaften entsprechend ihrer Bedeutung und ihrem Geltungsanspruch (überhaupt) verstanden? Welche Erfahrungen machen Stakeholder mit der kommunikativen Wirklichkeit von Unternehmen? Letzthin: Wie denken, was sagen, warum und in welcher Tonalität sprechen die Stakeholder über ein Unternehmen? Und all dies reflektiert angesichts der Tatsache, dass sich Denken und Sprechen der anderen oft distanziert und ohne Beteiligungsmöglichkeit der Betroffenen am öffentlichen Diskurs vollzieht!

Kurzum: Es gilt zu ermitteln, welche Topoi im Aufmerksamkeitsfokus der Kommunikationszielgruppen eines Unternehmens stehen; zu wissen, auf welche Weise jene Eingang in deren Wahrnehmungsfeld finden und, auf der Tagesordnung der öffentlichen Diskussion platziert, für die Diskursteilnehmer meinungsprägend sind und Verhaltensmotive darstellen. Zielgruppenadäquate Informationsgestaltung und -vermittlung, die ein Maximum an Validität und Wirkung intendieren, indem sie Rückkoppelung anstreben, können nur dann gelingen, wenn das Verstehen der spezifischen Konstitutionsbedingungen des öffentlichen Diskurses zum gesicherten (!) Alltagswissen von PR-Akteuren zählt. Erfahrungsgemäß empfehlen sich vor diesem Hintergrund strategisch und stilistisch tendenziell verständigungsorientierte PR nicht als „Technik des Überredens", sondern als „Management des Überzeugens" in allen Kommunikationsbeziehungen zu den verschiedenen Stakeholdergruppen. Dieser auf zirkuläre Wechselbeziehungen hin angelegte Gestaltungsprozess reflektiert nicht nur die aktuelle Kommunikationssituation des PR-Produzenten, sondern identifiziert und analysiert die – eventuell konkurrierenden und konträren – Diskursinteressen und Informationsansprüche sowie Wertprämissen, Denk- und Wahrnehmungshorizonte seiner Zielöffentlichkeiten und vermag diese in die kommunikative Beziehungsgestaltung überzeugend zu integrieren.

Gefährdete Beziehungen

Das alles scheint und klingt plausibel. Doch Vorsicht: Intendiert verständigungsorientierte Kommunikation prinzipiell ein „Sich-Verstehen" als Identifizierung des „tatsächlich Gemeinten" durch den Adressaten, so gilt indes als gesicherte – nicht allein philosophische – Erkenntnis, dass sich gesellschaftliche Kommunikation nur allzu oft im Medium des Miss- bzw. Nicht-Verstehens vollzieht. Wo Sinn Gefahr läuft, fehlgedeutet zu werden, und Gewissheit knapp wird, wenn Botschaften nicht die gewünschte Wirkung entfalten, sondern falsch bzw. nicht sinngemäß dekodiert werden (können), wenn Informationskomplexität und Datenüberflutung als Belastung empfunden werden und Rezeptionsverweigerung fördern, dann wächst die Gefahr von Kommunikationsbarrieren, tendiert das angestrebte Einverständnis – angelegt als (inhaltlicher) Konsens über vermeintlich objektive Sachverhalte – leicht zum Desiderat. Kommunikation wird mithin riskant, im Resultat ungewiss. Sie riskiert Fehlleistungen, Missverständnisse, Irritationen, setzt Sinn Störungen aus. Wer die hermeneutischen Grenzen der Mitteilbarkeit ignoriert, riskiert leichtfertig kognitive und/oder emotionale Abwehrreaktionen auf Seiten der Kommunikationsadressen, die Kommunikationskrisen begründen und – in letzter Konsequenz – in Kommunikationszusammenbrüche münden können.

Dort, wo allenthalben die Kontingenz von Sinnbildung und -deutung lauert, erscheint der Traum von unversehrten, enttäuschungsresistenten Verständigungsverhältnissen – geträumt als reibungsloser, stets mehrdimensionaler, reziproker Datenverkehr zwischen gleichberechtigten und gleichwertigen Kommunikationspartnern – letztlich nur als Utopie.

Wenn Verständigungsprozesse gestört sind, bilden sich leicht Gegenöffentlichkeiten. Als aktuelles Alltagswissen auch für jeden Nicht-PR-Treibenden verifizierbar, wenngleich für PR-Gestalter von besonderer Relevanz, reflektiert diese Problematik vor allem die kommunikative Wirklichkeit und Praxis einer Generation von Teleflaneuren, die in „schönen neuen" Netz-Welten interagieren und sich dort als geschwätzige Beobachter und Kommentatoren der Weltläufe profilieren. Auf kommunikative Entfaltung gepolt, befördern diese virtuell vernetzten Aufmerksamkeitsgemeinschaften zunehmend die Kultur teils unkontrollierter bzw. nicht reglementierbarer informeller Austauschprozesse von Nachrichten, Ideen und Meinungen. Diese lokalisieren sich – teils als subversive Datenströme mit potenziell großer Reichweite angelegt – häufig jenseits des „offiziellen" Datenverkehrs.

Für den Homo Connectus, der, mit selbstreferenzieller Attitüde, verschiedene, nur schwer fassbare Adressen und Identitäten im Diskurs anzunehmen vermag, ist das Internet die populäre Plattform dieser Distributionsart, die jede Prüfung und Regulierung vermeidet. In dieser digitalen Fundgrube für Pull-Informationen kann jeder Netzreisende – ohne Verifizierungsverpflichtung – jederzeit alles über jeden für jedermann zugänglich bzw. abrufbar behaupten, seine persönliche Sichtweise der Dinge über einen Sachverhalt als stets verfügbare Information verschiedenartigster Provenienz verbreiten. Dieser Habitus erzeugt Nachahmungseffekte. Es entstehen somit immer neue, öffentlich allzeit zugängliche Wissensräume, individuell gestaltete Deutungs- und Glaubensarchive, unabhängige Kommunikationsforen als individuelle und kollektive Sprachrohre, ungeprüfte Verlautbarungsorgane, die tendenziell (schlechte, für Images bedrohliche) Stimmung(en) erzeugen und verbreiten (können): Stimmungstableaus, die als Interpretationsmaßstäbe für Meinungsbildungsprozesse das öffentliche Werteklima prägen können. Vor allem dann, wenn, z.B. durch Newsgroups gestreut, negative Nachrichten über Unternehmen in Netzkanälen kursieren und über diese mit großer Resonanz – auch mit hoher Attraktion für andere ("traditionelle") Medienformen und Kommunikationskanäle sowie deren Vertreter bzw. Nutzer – distribuiert werden.

Jene, die angesichts dieses (Konflikt-)Szenarios, in dem sich jeder als (selbst ernannter) Meinungsbildner und Diskursgestalter zu jedem zu Wort meldet, nicht selbst aktiv, gezielt und systematisch, mit adäquatem Kommunikationsinstrumentarium ausgestattet, in allen verfügbaren Kanälen on- wie offline kommunizierend intervenieren, riskieren, dass andere ungezwungen und ungebeten über sie fabulieren, (ver)selbstständig(t) relevante Sujets und Trends inhaltlich besetzen, ohne sie in diesen (Meinungs- und Sinnbildungs-)Prozess zu integrieren. Mit entsprechenden Konsequenzen.

Gerüchteküche

Es ist weitgehend ausgemacht, jedoch vielfach unterschätzt, dass derjenige, der nicht „angemessen" kommuniziert, sich schnell Mutmaßungen und Verdächtigungen aussetzt. Jedes Informationsvakuum ist Nährboden für (imageschädigende) Legenden und Gerüchte. Insbesondere Letztere gelten gemeinhin als Faszinosum und sind beliebte, oft durch Medienorientierung charakterisierte Gesprächsthemen, die mit geradezu hypnotischer Wirkung öffentlich breitenwirksam kursieren. Einmal konstruiert und im Umlauf, werden Gerüchte schnell multipliziert. Die Quelle dieser Parolen bleibt – trotz vielfachen Aufwandes an detektivischem Spürsinn durch die Betroffenen – weitgehend terra incognita. Als lediglich vage begründete Vorstellungen beflügeln Gerüchte die Einbildungskraft ihrer Anhänger. Behauptungen werden aufgestellt und im Wirkungsbreich von interessierten Teilöffentlichkeiten mit dem Prädikat „Tatsachenstatus" primär dialogisch kolportiert, ohne dass konkret vorhandene Fakten die Richtigkeit und Glaubwürdigkeit dieser Aussagen bestätigen könnten.

Anfänglich zumeist mündlich verbreitet, gewinnen Gerüchte für ihre populäre Formgebung und Fortschreibung einen mächtigen Verbündeten mit profilierter Definitions- und Inszenierungsmacht: die Medien – aus Rezipientensicht oftmals weithin anerkannte Repräsentanten und Experten für Wahrheit sowie Instanzen öffentlichen Widerspruchs, mit der Lizenz zur Realitätskonstruktion und Kompetenz der Weltvermittlung. Als professionelle Informanten der Gesellschaft setzen die Medien die aufgestellten Mutmaßungen, gleichsam als deren Resonanzkörper, auf die Publikumsagenda, formulieren diese als glaubwürdige Mitteilungen und vervielfältigen sie – entsprechenden Dramaturgie- und Inszenierungsregeln folgend – als (kampagnenfähige) Alltagsmythen mit weitreichender Aufmerksamkeit im Adressatenkreis. Nur wenige sind resistent gegen solche Art der Persuasion.

Wenn das Gemunkel und Rumoren hinter den Kulissen – durch ihren Nachrichtenwert verstärkt – öffentliches, insbesondere massenmediales Aufsehen erregen, kann sich das Gerede rapide zu kollektiver Polemik verdichten. Gerüchte bilden mithin Informations- und Diskursreservate, die sich durch PR-Initiativen kaum usurpieren und durch offizielle Dementi der Stigmatisierten meist nicht zum Schweigen bringen lassen. Die dadurch auftretenden Kommunikationskrisen kommen erfahrungsgemäß für die diskreditierten Personenkreise oftmals überraschend, ohne Vorwarnung und erkennbare Anzeichen. Indem Klatschgeschichten und Anekdoten – je nach Intensität und Dauer – das (ver)öffentlich(t)e Meinungsbild negativ prägen können, sind sie potenziell Anlass für Rufschädigung und Imagebelastungen.

Die Konsequenz aus der alltäglichen Normalität nicht störungsfreier Kommunikationsverhältnisse, welche die Angst vor Kommunikationsdebakeln konzedieren, kann indes nicht sein, nichts (mehr) zu sagen und in prinzipielle Sprachskepsis oder gar Kommunikationsverweigerung, die (öffentliche) Verständigungsprozesse negiert, zu verfallen. Kommunikativer Eskapismus, resultierend aus dem Bewusstsein für die Schwierigkeit, sich verständlich zu machen, ist keine Alternative, weil Sprachlosigkeit letzthin Isolation riskiert. Und wer will schon gerne als unzeitgemäßer Kommunikationsverweigerer gelten?

Rezepte gegen Kommunikationsstörungen

Somit gilt für alle Kommunikationsverantwortlichen – im Zuge ihres Nachdenkens über das Steuerungspotenzial von PR – die gleichsam programmatische, gleichwohl in der Kommunikationspraxis von Unternehmen oft vernachlässigte Handlungsanweisung: das Feld der öffentlichen Meinungsprägung nicht leichtfertig anderen überlassen, sondern daran aktiv (mit-)gestaltend partizipieren! Dazu sind informelle Sicherungsprozesse, Korrekturstrategien und gezielte Interventionstechniken gegen Kommunikationsbehinderungen und Verständigungsbarrieren – und damit einhergehende Imageerosionen – zu entwickeln und zu installieren. Bewusst und konsequent in allen Kommunikationskanälen betriebene Imagegestaltung – mit unternehmensinterner und -externer Zielrichtung – nimmt dabei eine prominente Rolle ein: In der Absicht, sich als Kommunikator selbst mit der Lizenz zur Realitätskonstruktion auszustatten.[4]

Kapital und Wert eines positiven Images liegen in seiner Funktion eines Orientierung und Stabilität bietenden Leitbildes: Diese – nicht zuletzt für ökonomischen Erfolg relevanten – Leistungsmerkmale empfehlen sich speziell in einem allerorten als instabil registrierten Kommunikationsumfeld. Dort, wo Informationsüberlastung und Datenlabyrinthe zum Normalfall der Weltwahrnehmung geworden sind, gibt es keine

Bindungsstabilität, Entscheidungssicherheit und auf Dauer vertraute Bewertungsmuster. Unter tatkräftiger Mithilfe der Massenmedien wird von den Teilnehmern an Kommunikationsprozessen ein Sich-Einlassen auf inflationär Neues, Sich-Veränderndes, stets Wechselndes sowie die permanente Bereitschaft zu Interpretationen und Neuorientierungen eingefordert. Dieser Optionszwang fördert Unsicherheit und Ablehnungshaltungen bei den Betroffenen.

Im Gegenzug produzieren positiv assoziierte, klar definierte Unternehmensimages Vertrauensbindungen, sind Verlässlichkeitspole, die – als Orientierungsleistung – Entscheidungshilfen und Interpretationssicherheit (bei der Bewertung von Situationen, Kommunikationsinhalten, Leistungsversprechen etc.) anbieten. Ein prägnantes Image, das nicht zuletzt über das „Wie", den „Stil" von Kommunikation vermittelt wird, schafft Differenzierungen, indem es Aufmerksamkeitsschwellen überwindet und Interesse fokussiert. Ein guter Ruf formt Präferenzen, illustriert Kontraste und bietet Attraktionspotenziale, die Loyalität auf Seiten der Angesprochenen befördern. Als konstitutiver Bestandteil von strategischem Bindungsmanagement, das als Plattform der Beziehungspflege eines Unternehmens zu seinen Stakeholdern fungiert, kommt Images ein hoher Kontaktwert zu. In ihrer Bindungsfunktion sind diese Symbolwelten meinungsbildend, sinnstiftend, steuern Verstehen, indem sie Mehrdeutigkeiten verhindern und dem Publikum Selektionshilfen bieten, um im allseits beklagten Informationswirrwarr Wahrnehmungshürden zu überwinden. Indes, trotz aller Euphorie, nicht zu vergessen: Imagemodellierungen sind langfristige, investitionsintensive Abläufe, allerdings mit potenziell hohem return on investment.

Um Imagebedrohungen, etwa durch Gerüchtebildung in den relevanten Unternehmenskontaktfeldern, zu präventieren, muss das im Rahmen von Imagemanagement verfügbare PR-Instrumentarium ständig überprüft werden auf seine Relevanz und Eignung, verborgene Alarmquellen rechtzeitig zu orten und bedrohliche Strömungen und Signale in den Kanälen des öffentlichen Werteklimas zu antizipieren, um erfolgreich gegensteuern zu können.

Im Sinne einer Verfahrensempfehlung ist die Voraussetzung für den Erfolg solcher, im Kontext von PR-Bestrebungen betriebener, kommunikativer Intervention die umfassende Analyse jener Einflussfaktoren, Kriterien und Prozesse, die Bild und Reputation eines Unternehmens und seiner Repräsentanten sowie deren (Be-)Wertung durch die in Kommunikationsakte involvierten Bezugsgruppen maßgeblich formen. Dieses Nachdenken über Imagekonstruktionen und Reputationssicherung sowie Positionierungsformen und -wege wird primär geleitet von der Absicht, den Standort, die Standpunkte, Gefühlslagen, Kommunikationssituationen und -erwartungen der Stakeholder auf deren unternehmensspezifische Relevanz hin zu bewerten und – mit Blick auf größtmögliche Kongruenz – mit der eigenen Kommunikationskultur und den sie prägenden Inhalten korrelieren zu lassen. Dabei empfiehlt es sich, methodisch einer Erfolg versprechenden Standardregel zu folgen: Als Absender selbst initiativ Kommunikationsthemen und -anlässe von hohem Aufmerksamkeitswert sowie Interessegrad für die Angesprochenen generieren und in diesem Kontaktkontext (inter-)aktiv eine diskursstrukturierende und -steuernde Rolle spielen, damit nicht ausschließlich andere – ohne die eigene Teil- und Einflussnahme – das Gespräch über Unternehmen führen bzw. dominieren. Innerhalb dieser den Diskurs ordnenden und – auf interpersoneller Ebene – systematische Input-Output-Relationen gezielt anstrebenden Kommunikationsprozesssteuerung müssen deren Initiatoren die spezifische(n) individuelle(n) „Sprache(n)" ihrer verschiedenen Beziehungsgruppen kennen und beherrschen: d.h., sich diesen gegenüber in einer Sprache verständlich machen, die Verstehensdifferenzen minimiert, indem sie, prinzipiell auf Dialoginitiierung geeicht, unzweideutig, glaubwürdig und nuanciert Sachverhalte ausdrückt und erörtert, die mit dem Bewusstseins- und Interessenhorizont sowie den Weltauffassungen und Wertorientierungen der jeweils angesprochenen Diskurspartner korrespondieren. Nur durch eine angemessene Sensibilität im Umgang mit dem wahrnehmbaren Selbstverständnis und den unterschiedlichen Facetten der Erfahrungsebenen der einzelnen Bezugsgruppen lässt sich deren Vertrauens- und Konsensbereitschaft motivieren: für einen möglichst konfliktresistenten, diskursiven und beteiligungsoffenen Verständigungsprozess essenziell notwendige Ingredienzien.

Eine in ihrem spezifischen Informations- und Dialoganspruch – mit tendenziell stabilisierender Wirkung – auf die Konstruktion und Organisation langfristig „guter, vertrauensvoller Beziehungen" abzielende Unternehmenskommunikation gelingt jedoch erst dann, wenn sich die Protagonisten prinzipiell nicht als Antagonisten (miss)verstehen, sondern die Diskursteilnehmer sich offen und vorurteilsfrei gegenübertreten, ohne auf die Invektiven und Störungsmanöver Dritter zu lauschen. Dabei stellt sich indes jeden Tag die Frage neu: Verdient Vertrauen, wer um solches wirbt?

Literatur

Barthes, Roland (1957). Mythologies. Paris.

Baudrillard, Jean (1968). Le système des objets. Paris.

Bolz, Norbert (1997). Die Sinngesellschaft. Düsseldorf.

Bolz, Norbert (2001). Weltkommunikation. München.

Buss, Eugen; Fink-Heuberger, Ulrike (2000). Image Management. Frankfurt am Main.

Flusser, Vilém (1997). Medienkultur. Frankfurt am Main.

Foucault, Michel (1977). Die Ordnung des Diskurses. München.

Glotz, Peter (2001). Die beschleunigte Gesellschaft. Hamburg.

Habermas, Jürgen (1985). Der philosophische Diskurs der Moderne. Frankfurt am Main.

Heuser, Uwe Jean (1996). Tausend Welten. Berlin.

Humboldt, Wilhelm von ([5]1979). Schriften zur Sprachphilosophie. Darmstadt.

Jäckel, Michael (1999). Medienwirkungen. Opladen/Wiesbaden.

Kapferer, Jean-Noël (1995). Rumeurs. Le plus vieux média du monde. Paris.

Kirchner, Karin (2001). Integrierte Unternehmenskommunikation. Wiesbaden.

Kückelhaus, Andrea (1998). Public Relations: Die Konstruktion von Wirklichkeit. Opladen/Wiesbaden.

Lay, Rupert (1997). Über die Kultur des Unternehmens. Düsseldorf/München.

Luhmann, Niklas ([2]1996). Die Realität der Massenmedien. Opladen/Wiesbaden.

Luhmann, Niklas (2000). Short Cuts. Frankfurt am Main.

Rötzer, Florian (1998). Digitale Weltentwürfe. München/Wien.

Schorr, Angela (Hrsg.) (2000). Publikums- und Wirkungsforschung. Wiesbaden.

Szynka, Peter (2000). Das Prinzip Kommunikation. Hamburg.

Turkle, Sherry (1995). Life on the Screen: Identity in the Age of the Internet. New York.

Virilio, Paul (1996). Fluchtgeschwindigkeit. München/Wien.

Watzlawick, Paul (Hrsg.) (1981). Die erfundene Wirklichkeit. München/Zürich.

Westerbarkey, Joachim (1998). Das Geheimnis. Die Faszination des Verborgenen. Leipzig.

Wittgenstein, Ludwig (⁹1997). Über Gewißheit. Baden-Baden.

Der Autor

Bodo Kirf, Dr. phil., ist CEO der Trimedia Communications Deutschland GmbH. Seine Tätigkeitsschwerpunkte liegen in der strategischen Kommunikationsberatung, International PR sowie Corporate und Business-to-Business-Communications. Nach dem Studium der Germanistik und Romanistik an den Universitäten Düsseldorf, Brüssel und Paris (1976-1983) promovierte er im Anschluss (1983-1986). Bodo Kirf startete seine berufliche Laufbahn bei der Werbeagentur Struwe und Partner in Düsseldorf (1986), bevor er zur ABC Eurocom, Düsseldorf, (1988) wechselte und dort in der Position des Gruppenleiters für International Services und New Business verantwortlich zeichnete. 1991 kam er als Geschäftsführer zur Trimedia und ist seit 1998 Chief Executive Officer der Trimedia. Neben seinen beruflichen Aktivitäten war er bereits mehrfach als Gastdozent und Lehrbeauftragter für das Themengebiet Public Relations tätig, u.a. an der Heinrich-Heine-Universität in Düsseldorf.

E-Mail: bodokirf@dus.trimedia.de

Unternehmen im Wandel:
Vom Produzenten zum Kommunikator

Michael Träm

Die These des Kommunikationstheoretikers Paul Watzlawick, man könne „nicht nicht kommunizieren", gilt auch in der Welt der Wirtschaft.
In Bereichen, in denen es eher um harte Faktoren zu gehen scheint, wie
beispielsweise in der Organisation oder der Produktion, gewinnen
zunehmend weiche Faktoren an Bedeutung. Eine steigende Anzahl von
Allianzen und Kooperationen sowie ein immer schärferer Wettbewerb
um den Kunden lässt die Kommunikation zur Kernkompetenz werden,
während der ursprüngliche Produktionsfokus zusehends der Vergangenheit angehört.

Die Automobilindustrie zum Beispiel war wie viele andere Industrie-
zweige in ihren Anfängen nahezu ausschließlich auf die Produktion
konzentriert; die Kunden kamen fast von selbst, wenn nur technisch
alles stimmte. Zudem war der Wettbewerb gerade so groß, dass man sich
gegenseitig nicht wehtat. Jahrzehntelang ging es also ‚nur' darum, die
richtigen Techniken zur Herstellung der komplexen Fahrzeuge zu entwickeln, die Massenproduktion einzuführen und zu perfektionieren,
das Auto immer billiger und schließlich auch umweltgerechter zu
gestalten. Parallel dazu lernten die Unternehmen jedoch, dass man
nicht nur „Gutes tun", sondern auch „darüber reden" müsse. Fast
unmerklich veränderte sich die primäre Aufgabe der Automobilhersteller. An die Stelle der Fahrzeugproduktion trat mehr und mehr die
Kommunikation. Damit haben die Hersteller ihre eigentlichen Kernkompetenzen, die Herstellung von Autos, an die Automobilzulieferer
abgegeben, die nun ganze Automodule und auch deren Montage anbieten. Eine wichtige Kompetenz der Automobilhersteller besteht heute
darin, die Bedürfnisse der Kunden zu kennen, noch bevor die Kunden

selbst sie erkannt haben. Um diese Bedürfnisse erfüllen zu können, ist ein kontinuierlicher Dialog mit dem Kunden notwendig. Als Nächstes müssen die Hersteller den Kunden davon überzeugen, dass das angebotene Modell genau seinen Bedürfnissen entspricht. Überdies möchte der Kunde auch nach dem Kauf vom Hersteller weiter betreut werden. Allen diesen Forderungen ohne Kommunikation zu entsprechen, ist völlig undenkbar. Die Verschiebung des Schwerpunktes von der Produktion auf die Kommunikation ist also unschwer zu erkennen.

Viele Unternehmen sind sich jedoch dieser Veränderung noch nicht oder nicht ausreichend bewusst. Ihr Wandel von Produzenten zu Kommunikatoren hat sich schleichend vollzogen. Keine Revolution und kein Umbruch hat die Unternehmen wachgerüttelt und sie schlagartig mit den neuen Herausforderungen konfrontiert. Am Ende des stetigen und nachhaltigen Einzugs von Kommunikation in immer mehr Bereiche der Unternehmenswelt steht jedoch eine tief greifende Veränderung dieser Bereiche. Das stellt die Unternehmen zunächst vor die Aufgabe, den Grad der Veränderung zu erkennen und die eigene Kommunikation daran auszurichten und zu gestalten. Viele Unternehmen haben bisher nur teilweise ihre neue Rolle als Kommunikatoren erkannt. Sie verstehen sich immer noch nur als Schiffbauer, als Förderer von Öl oder als Hersteller von Maschinenbauteilen. Zwar betreiben sie Marketing und vergrößern auch dann und wann ihre PR-Truppe oder ihren Bereich Kommunikation. Doch trotz neu entstehender oder wachsender Kommunikationsabteilungen im Unternehmen wird die Veränderung in ihrer wesentlichen Dimension nicht erfasst. Die PR-Arbeit zum Beispiel muss sich nicht einfach auf mehr Kommunikation einstellen, sondern auf mehr proaktive Kommunikation.

Es geht also nicht nur um eine Veränderung der Quantität; Kommunikation ist vielmehr zum Fundament unternehmerischen Handelns geworden. Unser Beitrag soll darstellen, welche Bedeutung Kommunikation inzwischen gewonnen hat und welche kommunikativen Herausforderungen für die Unternehmen heute bestehen. Nur die Unternehmen, die wissen, auf welcher Basis ihr Geschäft heute steht, können diese Basis auch sinnvoll ausbauen und festigen.

Marktkommunikation: Am Anfang war ein Stern ...

Zu Beginn des 20. Jahrhunderts war Kommunikation für die meisten Unternehmen noch kein Thema. Die noch junge Betriebswirtschaftslehre, die sich vor allem mit Fragen der Kalkulation beschäftigte, kannte dieses Thema überhaupt nicht. Bevor diese Wissenschaft auf die Bedeutung von Kommunikation aufmerksam wurde, waren die ersten kommunikativen Weichen schon gestellt: Große Marken wie Milka, Nivea und Coca-Cola entstanden zu Beginn des Jahrhunderts, Mercedes-Benz ließ 1909 den Stern als Warenzeichen eintragen. Ob diese Unternehmen den immensen Wert ahnten, den ihnen dieser erste Schritt externer Kommunikation bringen sollte, kann nicht mit Sicherheit gesagt werden. Der entstehende Wohlstand und die wachsende Konkurrenz der Unternehmer untereinander, deren Produkte sich zunehmend weniger unterschieden, führten dazu, dass die Kunden zwischen den Angeboten der Konkurrenten wählen konnten. In diesem Wettbewerb, der nicht mehr ausschließlich mit den Produkten zu gewinnen war, konnte einzig die Kundenauffassung vom Wert einer Marke über den Wettbewerb entscheiden. Heute nimmt die Bedeutung von Marketing eher zu als ab, die Marketing-Spezialisten müssen sich immer pfiffigere und präzisere Strategien einfallen lassen.

Öffentlicher Druck zwingt die Unternehmen zu kommunizieren

Die Medien treiben diese Entwicklung rasch voran. Insbesondere das Fernsehen und mit Anbruch des digitalen Zeitalters auch das Internet verbreiten die Ideen von Marketingstrategen und phantasievollen Werbern. Sie tragen aber nicht nur die zielgerichtete Werbung der Unternehmen in Windeseile in jeden noch so kleinen Winkel dieser Welt, sondern auch jedwede andere Nachricht. Die machtvolle Einflussnahme auf so manches Geschick macht auch vor der Tür der Unternehmen nicht halt. Der Druck der Öffentlichkeit auf die Unternehmen hat sich nicht zuletzt an dem prominenten und spektakulären Beispiel von Shell gezeigt, die ihre Ölplattform Brent Spar nach erfolgreichen und medial wirksam unterstützten Greenpeace-Aktivitäten schließlich nicht im Meer versenkt, sondern umweltgerecht entsorgt hat. Shell hatte versucht, die Plattform zu versenken und eine öffentliche Diskussion zu vermeiden. Doch gerade die Tatsache, dass Shell die öffentliche Kommunikation nicht sofort gesucht hatte, brachte die Öffentlichkeit gegen das Unternehmen auf. Heute hat Shell die Konsequenzen gezogen: mit proaktiver Kommunikation und umfangreichen Public-Relations-Aktivitäten im Internet. Hätte Shell die öffentliche Diskussion selbst vorangetrieben und gestaltet, wäre aus der Brent Spar wohl nicht das Stichwort für PR-Desaster geworden.

Shareholder fordern Information und geben spürbares Feedback

Die Notwendigkeit zu kommunizieren und damit das Image zu pflegen, wird den Unternehmen auch von Seiten der Shareholder vermittelt. Seit Alfred Rapapports „Shareholder Value" – erschienen 1986 – sind die Aktionäre für die meisten Unternehmen immer mächtiger geworden. Waren es früher vor allem die Gewinne des Unternehmens, die ihren Wert ausmachten, so besteht heute ein wesentlicher Werttreiber in dem Image, das die Unternehmen kommunizieren.

Das Vertrauen der Aktionäre in das Unternehmen ist für seinen Wert unerlässlich und kann nur durch gezielte und geschickte Kommunikation auch mit den Börsen-Analysten gewonnen werden. Die Shareholder interessieren sich vor allem für die Zukunftsperspektiven, die das Unternehmen in Aussicht stellen kann. Diese müssen von den CEOs glaubwürdig und überzeugend dargestellt werden. Die Übernahme von Mannesmann durch Vodafone und die Kampagnenschlacht, die sich beide Unternehmen in Form von Anzeigen in der F.A.Z lieferten, sind ein extremes Beispiel für die Verantwortung, die auf den Schultern von Investor Relations liegen kann.

Interne Kommunikation: Vertrauen aufbauen und Wissen gemeinsam nutzen

Auch intern werden an das Unternehmen hohe Kommunikations-Anforderungen gestellt. Allein über gute Gehälter können Mitarbeiter nicht mehr angelockt und gebunden werden. Mitarbeiter müssen sich mit ihren Unternehmen, deren Produkten und Visionen identifizieren können. Das wiederum setzt voraus, dass diese entsprechend kommuniziert werden. In Krisensituationen, wie beispielsweise nach einer Fusion mit einem anderen oder der Übernahme durch ein anderes Unternehmen, besteht die Kommunikationsaufgabe nicht nur in der Mitteilung der rohen Tatsachen. Vielmehr müssen diese Tatsachen den Zielgruppen und verfolgten Zielen entsprechend aufbereitet werden. Die Kunst interner Kommunikation ist oftmals eine diffizile Gratwanderung zwischen Kommunikation „auf Samtpfoten" und der Beantwortung all der Fragen, die den Mitarbeitern auf der Seele brennen. Das Vertrauen der Mitarbeiter sollte den Unternehmen mindestens genauso viel wert sein wie das Vertrauen ihrer Shareholder. Große Unternehmen haben das schon seit langer Zeit erkannt und treiben die interne Kommunikation nicht nur durch Mitarbeiter-Zeitschriften, E-Mail, Newsletter, Company-TV und dergleichen voran, sondern sorgen auch dafür, dass die Mitarbeiter sich artikulieren können. So entsteht ohne großen Aufwand ein Kommunikationsprozess, der, dem Prinzip von Kommunikation entsprechend, wirklich dialogisch ist und dem Mitarbeiterfeedback breiten Raum gibt.

Natürlich ist interne Kommunikation nicht nur in Krisensituationen notwendig. Sie ermöglicht zu allen Zeiten eine verstärkte Identifizierung der Mitarbeiter mit dem Unternehmen und kann zu entsprechend mehr Loyalität mit dem Arbeitgeber führen. Diese Loyalität baut nicht nur auf einer einseitigen Beziehung des Mitarbeiters zum Arbeitgeber auf, sondern ruht auch auf einem kommunikativen Beziehungsgeflecht der Mitarbeiter untereinander.

Ein anderer Aspekt der internen Kommunikation verfolgt zudem auch das Ziel, das im Unternehmen vorhandene Wissen besser zu nutzen: Für Knowledge Management gibt es immer noch kein allgemein nutzbares Software-Tool. Knowledge Management muss in jedem Unternehmen individuell gelöst werden. Die zunehmende Komplexität der Unternehmens-Organisation macht eine Zirkulation des Wissens schwieriger, aber auch wichtiger. Oft werden die Prozesse erschwert oder gar behindert, weil wesentliche Informationen auf ihrem Weg durch das Unternehmen verloren gehen. Um die Kommunikation in diesem Punkt zu verbessern, können auch organisatorische Veränderungen Verbindungen und Kommunikationswege schaffen, die für mehr Transparenz im Unternehmen sorgen. Viele Unternehmen bauen zusätzlich ein Intranet auf, in dem sie das Wissen für jeden Mitarbeiter zugänglich machen. Doch es ist auch Aufgabe von Knowledge Management, das Wissen zunächst zu sammeln und aufzubereiten. Informelle Kommunikationswege wie regelmäßige Meetings oder Workshops helfen den Mitarbeitern, dieses Wissen zu dokumentieren und es verwertbar zu machen. Doch auch hierfür ist das Vertrauen der Mitarbeiter unerlässlich, denn nur wer seinem Gegenüber vertraut, teilt ihm sein Wissen mit.

Supply Chain: Ohne Kommunikation keine Integration

Neben der Kommunikation mit dem Markt, den Investoren, der so genannten Öffentlichkeit und den eigenen Mitarbeitern stehen Unternehmen auch in einem dicht geknüpften Dialog mit ihren Händlern und Zulieferern. Auch hier geht es um geteiltes Wissen, mit dem die Prozesse optimiert werden können. Durch Kommunikation integrieren Supply-Chain-Management-Konzepte die Zulieferer in den gesamten Wertschöpfungsprozess. Die digitalen Medien erlauben einen einfachen und direkten Austausch mit den Produktionspartnern, der den gesamten Prozess flexibler gestaltet. Der Zulieferer zum Beispiel kann in einem ständigen Dialog über den Produktionsprozess auf dem Laufenden gehalten werden: Beide Seiten sind so in der Lage, den Prozess der Beschaffung gemeinsam zu gestalten und jeweils zu verändern. Diese erleichterte Form der Kommunikation kann auch genutzt werden, um das Geschäft unter den Lieferanten zu beleben. E-Procurement, z.B. in Form elektronischer Auktionen, verbessert nicht nur die Informationsbeschaffung und erleichtert den Zugang zu den Zulieferern. Die Auktionen schaffen unter den Zulieferern Transparenz, die den Wettbewerb unter ihnen erhöht und sie dazu zwingt, ihre Leistung weiter zu verbessern.

Auch das Outsourcing bestimmter Produktionsstufen ist kommunikationsabhängig. Eine Auslagerung der Informationsbeschaffung zum Beispiel wäre nicht denkbar ohne Kommunikationsmöglichkeiten, die es gleichgültig werden lassen, ob die Ergebnisse aus Afrika, Indien oder Frankreich an das Berliner Büro eines Konzerns übermittelt werden.

Digitalisierung: Integration der Unternehmens-kommunikation

In allen Bereichen der Unternehmenskommunikation, sei sie intern oder extern, hat die Digitalisierung ihre Spuren hinterlassen:

- Sie hat die schon vorhandene Kommunikation erleichtert, die Wege verkürzt und den Austausch schneller gemacht – bis hin zur Ermöglichung neuer Geschäftsmodelle. Die Erleichterung der Kommunikation durch die digitalen Möglichkeiten zeigt sich in allen Bereichen des Unternehmens. Relevant ist sie aber nicht nur dort, wo mit ihr neue Geschäftsmodelle entstehen, wie das Online-Auktionshaus ebay, der Online-Buchhandel Amazon, der Unterhaltungsanbieter Phenomedia oder der Online-Lebensmittelhändler Tesco, sondern auch in bestimmten Bereichen der Wertschöpfungskette, wie am Beispiel von elektronischen Auktionen gezeigt wurde.

- Sie hat Kommunikation weiterhin und noch stärker als zuvor notwendig gemacht. Das Beispiel Shell zeugt von dieser Entwicklung im Internet: Wie vor 50 Jahren das Fernsehen die Welt hat kleiner werden lassen, hat in den vergangenen Jahren das Internet eine neue Öffentlichkeit generiert, die weiteren Kommunikationsbedarf mit sich bringt. Hier zwangen vor allem die wirkungsvoll kommunizierenden Umweltschützerverbände, die gegen die Versenkung der Ölplattform Brent Spar angingen, Shell dazu, in einen Dialog mit der Öffentlichkeit zu treten und das eigene Vorgehen zu rechtfertigen. Digitalisierung eröffnet den Unternehmen nicht nur neue Möglichkeiten, sondern zwingt sie auch dazu, diese zu nutzen. Ein Automobilzulieferer zum Beispiel, der sich nicht an dem Online-Marktplatz seines Automobilherstellers beteiligt, wird im Wettbewerb weit zurückgeworfen. Ein Unternehmen, das nicht unter seinem Unternehmensnamen dot.com im World Wide Web zu finden ist, scheint quasi inexistent.

Das heißt aber nicht, dass sich neben der medialen Öffentlichkeit des gedruckten Papiers und den bewegten Bildern nun eine dritte Welt, die des Internets, herausgebildet hat, die die Unternehmen vor ganz neue Herausforderungen stellt. Das Internet ist nur eine weitere Stufe in der Entwicklung, die ein Unternehmen vom Produzenten zum Kommunikator werden lässt. Diese Stufe ist allerdings entscheidend, denn sie treibt nicht die Kommunikation in isolierten Bereichen voran, sondern vernetzt diese Bereiche untereinander. Die Kommunikation der einzelnen Bereiche ist kaum mehr scharf zu trennen. In den 90er-Jahren war „integrierte Kommunikation" das Schlagwort, mit dem vor allem Marketingabteilungen und Werbeunternehmen auf Trab gehalten wurden. Noch heute trifft dieser Begriff das Wesentliche. Allerdings muss heute nicht mehr nur der Zersplitterung der Marketingmaßnahmen entgegengewirkt werden, sondern der Desintegration der gesamten Kommunikationsaktivitäten eines Unternehmens.

Wie eng das Netz der Kommunikation heute geknüpft ist, zeigen die Schwankungen der Aktienkurse. Bayer hat diese enge Verbindung anlässlich der Krise bezüglich des Produkts ‚Lipobay' schmerzlich erfahren, als im August 2001 die schlechte Presse über das Blutdruck senkende Mittel und der Rückzug aus dem Markt die Aktienwerte nach unten rutschen ließen. Ankündigungen dagegen, Kosten zu senken und Arbeitsstellen zu streichen, wie sie in letzter Zeit vermehrt durch die Presse gehen, lassen die Aktien oft kurzfristig steigen.

Die Trennung zwischen interner und externer Kommunikation wird sich verwischen. Unternehmens-Interna, die den Kunden bis dato kaum interessiert haben, können für ihn nun kaufentscheidend sein, weil er seinen Kühlschrank vielleicht lieber bei einem Hersteller kauft, der heute Kosten senkt, um auch morgen noch die Ersatzteile herstellen zu können.

Stakeholder-Prinzip integriert Kommunikation

Das Stakeholder-Prinzip trägt dieser Entwicklung Rechnung. Es bedient nicht mehr nur die Interessen der Shareholder und billigt diesen eine gesonderte Kommunikation zu. Das Stakeholder-Prinzip umfasst alle am Unternehmen Beteiligten und sieht eine Rückkoppelung an die Shareholder vor. Dem Unternehmen kann die eigene Kommunikation nur dienen, so das Prinzip, wenn sie alle Beteiligten anspricht – und zwar mit einer Stimme. In vielen Fällen empfiehlt es sich, dass diese Stimme die des CEO ist, denn er ist nicht nur Unternehmenslenker, sondern auch erster Kommunikator.

Ein Faktor, der den Kommunikationsschub bewirkt hat, ist die Globalisierung. Allerdings erschwert sie auch eine einstimmige Unternehmenskommunikation. Multinationale Konzerne stehen vor der Schwierigkeit, manifeste Unterschiede zu überbrücken oder auch nur zu berücksichtigen. Unternehmenskommunikation aus einer Hand ist also nicht zwangsläufig das letzte Wort. Gewiss aber ist, dass eine Abstimmung unumgänglich ist. Zurzeit bedienen sich viele Unternehmen noch externer Kommunikationsberater. Je relevanter jedoch Kommunikation wird, je mehr sie die Unternehmen und ihr Business selbst prägt, desto mehr müssen auch die Unternehmen lernen, diese Kompetenzen konsequent selbst aufzubauen.

Die Entwicklung der Unternehmenswelt zu einer Welt, in der Kommunikation fast alles ist, wird durch die Grenzen des Internet-Wachstums nicht mehr aufzuhalten sein. Diese Entwicklung hat, wie gezeigt, viele positive Aspekte, aber auch einen sehr negativen: Nach der Informations-Überflutung haben wir jetzt die Kommunikations-Überflutung. Ohne sinnvolle Filter gelingt den wenigsten Unternehmen zum Beispiel die Eindämmung der E-Mail-Flut. Was dieser Beitrag herausstellen soll, ist die immer noch wachsende Bedeutung von zielgerichteter Kommunikation für den Erfolg des Unternehmens. Auch wenn die Kommunikations-Anforderungen heute weit darüber hinausgehen, Marken publik zu machen, so haben diese doch einen ersten Stein für das Fundament gelegt, auf dem Unternehmen heute weiter aufbauen müssen und das sie zwingt, die diffizile Kunst der Kommunikation zu erlernen.

Der Autor

Michael Träm, Dr., ist als Vice President Managing Director von A.T. Kearney in Central Europe, mit Sitz in Düsseldorf. Seine Beratungsschwerpunkte sind Strategie, Organisation sowie Unternehmensübernahmen, Fusionen und Kooperationen international führender Unternehmen. Gerade in diesem Zusammenhang verweist Träm immer wieder auf die Bedeutung einer transparenten Unternehmenskommunikation, die er als wesentlichen Erfolgsfaktor wertet.

Ausgewählte Veröffentlichungen:

Der entschlüsselte Wachstumscode. Strategien zur Wertsteigerung von Unternehmen. Von Fritz Kröger, Michael Träm, Jörg Rockenhäuser und James McGrath.

Wi(e)der das Fusionsfieber. Die sieben Schlüsselfaktoren erfolgreicher Fusionen. Von Max Habeck, Fritz Kröger und Michael Träm.

Wachsen wie die Sieger. Die Erfolgsstrategien europäischer Spitzenunternehmen. Von Fritz Kröger, Michael Träm und Marianne Vandenbosch.

Die Rolle führender Unternehmens-repräsentanten in der Kommunikationsland-schaft des 21. Jahrhunderts

Lord Watson of Richmond

Bei der Beschäftigung mit den Führungsebenen größerer Unternehmen haben wir uns schon an den Titel CEO (Chief Executive Officer oder zu deutsch Vorstandsvorsitzender) und zunehmend auch an Titel wie CFO (Chief Financial Officer) und COO (Chief Operation Officer) gewöhnt. Indem wir uns weiter in das erste Jahrzehnt des 21. Jahrhunderts hineinbewegen, sollten wir vielleicht darüber nachdenken, diesen bekannten Initialen eine weitere hinzuzufügen: den CRO (Chief Reputation Officer). Die Rolle des CRO ist ein zentraler Bestandteil der Verantwortung des CEO geworden. Im Umfeld der Politik ist es bereits seit längerem selbstverständlich, dass die Spitze einer Regierung, sei sie nun Kanzler, Präsident oder Premierminister, für das öffentliche Image ihrer Regierung, ihres Landes und ihrer Partei verantwortlich ist. Es ist an der Zeit, diese Selbstverständlichkeiten des politischen Lebens auch in der Organisation von Unternehmen als selbstverständlich vorauszusetzen.

Ein großer Teil meiner Arbeit besteht darin, Unternehmensvorstände in der Rolle eines CRO zu beraten, handelt es sich dabei doch um einen Aspekt der Führung, der für viele Unternehmensvorstände weder selbstverständlich noch leicht umzusetzen ist. Häufig haben Unternehmensvorstände den Weg an die Spitze ihres Unternehmens durch Spezialisierung auf einem ganz bestimmten Gebiet gefunden. Die Kommunikationsfähigkeiten, die sie dabei entwickelt haben, richteten sich nicht selten an einen kleinen Kollegen- oder Mitarbeiterkreis. Für einige wurde dadurch eine sehr private, oft nahezu unsichtbare Art der Kommunikation integraler Bestandteil ihres Stils. Sehen sich diese Entscheidungsträger nun plötzlich der Notwendigkeit gegenüber, mit den Medien, Aktionären, Finanzanalysten, Politikern, Kunden, Angestellten und

Meinungsführern zu sprechen, sind sie oftmals mit Herausforderungen konfrontiert, die sich zu beängstigenden Krisensituationen auswachsen können. Ein Unternehmensvorstand brachte es mir gegenüber in einem Gespräch einmal wie folgt auf den Punkt: „Ich bin an der rutschigen Stange nicht bis zur Spitze gekommen, indem ich meine Ziele oder Absichten offen kommuniziert habe. Ich habe mich also daran gewöhnt, zu verbergen, was ich denke." Er war daher denkbar schlecht auf seine Rolle als CRO vorbereitet.

Heute erkennen die meisten CEOs die Notwendigkeit, mit allen wichtigen an einem Unternehmen interessierten Gruppen (Stakeholder) zu kommunizieren. Ihre Fähigkeiten, dies erfolgreich zu tun, unterscheiden sich jedoch erheblich – und die Herausforderung, der sie sich gegenübersehen, wächst ständig. Zwei Gründe sind hierfür ausschlaggebend:

Eine Ursache sind die veränderten Rahmenbedingungen, die durch die Medien geschaffen wurden. Das Fernsehen ist in seiner Berichterstattung immer live und bringt Katastrophen auf den Bildschirm, noch während sie passieren. Der Schwerpunkt des Fernsehens liegt in den visuellen, dramatischen und menschlichen Aspekten. Dementsprechend erfordert der Umgang mit diesem Medium ein hohes Maß an Führungsqualitäten und Fertigkeiten, damit in einer solchen Umgebung effektives Kommunizieren möglich wird. Der CEO hat nicht die Zeit, auf die Expertise seiner Rechtsexperten zu warten.

Verbraucherängste und die Alarmstimmung verbreiten sich, einmal freigesetzt, fast gleichzeitig in alle erdenklichen Richtungen: quer durch alle Medien – Fernsehen, Zeitungen, Radio und das Internet – und über große Entfernungen hinweg. Dabei wird nicht selten aus einer Geschichte mit eigentlich lokalem Bezug eine Geschichte von internationaler Tragweite. Nicht zuletzt betreffen sie alle an einem Unternehmen Interessierten, darunter Kunden, Aktionäre, Angestellte eines Unternehmens sowie die Aufsichtsbehörden. Schweigen und ein Sich-unsichtbar-Machen sind dabei niemals eine angemessene Reaktion. Zwar muss die Situation an sich weiterhin mit klarem Kopf und und der nötigen Distanz beurteilt werden, die Kommunikation über sie muss hingegen rasch einsetzen und in ihrer Tonlage den beteiligten Emotionen gerecht werden. Als die Exxon Valdez 1989 vor der Küste Alaskas zerbrach und eine katastrophale Verschmutzung der Umwelt verursachte, versuchte sich die Unternehmensleitung zunächst vor der Öffentlichkeit zu verstecken. Die öffentliche Meinung hat sie jedoch aufgespürt und bestraft.

Die Veränderungen in der Medienlandschaft verschärfen also das Kommunikationsproblem für einen CEO – und diese Veränderungen bleiben nicht auf das Fernsehen beschränkt. Da die Printmedien die Unmittelbarkeit der elektronischen Medien nicht erreichen können, haben sie ihrerseits einen aggressiven und investigativen Journalismus entwickelt. Das Privatleben von Personen, die im Licht der öffentlichen Aufmerksamkeit stehen, wird dabei als legitimes Thema angesehen. Das Internet schließlich kann zum Gradmesser für die Bewertung eines Unternehmens werden und seine Reputation in kürzester Zeit ruinieren.

Gesteigerte Erwartungen

Eine zweite Entwicklung, die die Kommunikationsproblematik für CEOs entscheidend verändert hat, sind die Erwartungen an das, was Unternehmen tun können und was sie tun sollten. In unserem postideologischen Zeitalter wird von Unternehmen erwartet, dass sie einen gesellschaftlich relevanten Beitrag leisten und bei der Erschaffung einer besseren Welt mitwirken. Insbesondere Nichtregierungsorganisationen (NGOs) haben ihre Erwartungshaltung gegenüber Unternehmen geändert. Es sind heute nicht mehr in allererster Linie Regierungen, auf die ihr Blick sich richtet, wenn es darum geht, Verbesserungen im Umweltschutz, der Lebensqualität oder sogar in Bezug auf die Einhaltung der Menschenrechte zu fordern.

Stattdessen reagieren die NGOs mit ihren Aktivitäten heute immer mehr auf eine Konsumgesellschaft, die in einer postkommunistischen Welt instinktiv daran glaubt, dass allein die Mechanismen des Marktes Verbesserungen bewirken können. Das mag ungerecht, unbegründet und zuweilen sogar gefährlich scheinen, aber der Rückzug des Staates hat ein Vakuum hinterlassen, und es wird von den Unternehmen erwartet, dieses Vakuum auf die eine oder andere Art auszufüllen. In einigen Teilen der Welt, in denen staatliche Gemeinwesen tatsächlich implodiert sind und ein vollkommenes Vakuum hinterlassen haben, finden sich die Unternehmen faktisch in der Rolle von Regierungen wieder.

Damit stehen sie wortwörtlich im Kreuzfeuer von Interessenkonflikten verschiedener Wettbewerber um die Macht.

Diese beiden Veränderungslinien in der Kommunikationslandschaft können übrigens konvergieren. Einerseits wird von Unternehmen erwartet, ihre Wertüberzeugungen klar zum Ausdruck zu bringen. Zugleich müssen diese Wertüberzeugungen den Anforderungen entsprechen, die in einem globalen Dorf an sie gestellt werden. Es ist für ein Unternehmen nicht möglich, in der industrialisierten Welt ein anderes Wertesystem zu haben als in Entwicklungsländern. Der CEO muss die ethische und moralische Konsistenz artikulieren, die sein Unternehmen lebt. Tatsächlich ist ein CEO nicht nur der Chief Reputation Officer, er ist auch der wichtigste Träger der ethischen Standards seines Unternehmens.

Burson-Marsteller hat umfangreiche Studien über die Rolle des CEO im Bereich der Kommunikation und der Reputation eines Unternehmens in den USA und in Europa durchgeführt. Die Ergebnisse dieser Untersuchungen sollten zur Grundlektüre eines jeden CEO gehören.

Im Bezug auf die Vereinigten Staaten scheinen die folgenden Ergebnisse besonders interessant:

- Die öffentliche Wertschätzung für einen Vorstandsvorsitzenden kann für bis zu 45 Prozent der Wertschätzung des Gesamtunternehmens verantwortlich sein.

- 95 Prozent der in den USA befragten Finanzanalysten gaben an, dass ihre Entscheidung, einen bestimmten Aktientitel zu erwerben, in hohem Maße von ihrer Kenntnis und ihrer Beurteilung des CEO eines Unternehmens bestimmt wurden.

- 94 Prozent gaben an, dass sie eine Aktie auf der Grundlage der Wertschätzung des CEO eines Unternehmens empfehlen würden.

- 81 Prozent der Befragten meinten, dass die Wertschätzung des CEO eines Unternehmens in erheblichem Umfange über die Beurteilung eines Unternehmens in den Medien mitentscheidet.

- 80 Prozent sagten, dass die Wertschätzung des CEO eines Unternehmens ein wichtiger Faktor dafür ist, ob sie empfehlen oder abraten würden, für ein bestimmtes Unternehmen zu arbeiten.

Befragt wurden über 1.400 Personen, wobei die Kategorie der an einem Unternehmen Interessierten die CEOs selbst, andere Angehörige des leitenden Managements, Finanzanalysten, Regierungsangehörige und Medienvertreter umfassten.

Erwähnenswert erscheint in diesem Zusammenhang, dass die CEOs anderer Unternehmen selbstverständlich eine wichtige Zielgruppe sind. Die Meinung über einen CEO innerhalb seiner peer group (also der Gruppe Gleichrangiger) ist nicht nur für den betreffenden CEO selbst, sondern auch für alle anderen an einem Unternehmen Interessierten von Bedeutung.

Viele der Preise für den „Manager des Jahres" werden durch das Votum anderer CEOs entschieden. Sobald die Abstimmungsergebnisse öffentlich wurden, übten sie Einfluss auf eine weit größere Gruppe aus. Die Wertschätzung anderer CEOs zu gewinnen, ist daher ein wichtiges Ziel für alle Manager.

Die Interessengruppen, die sich in den USA unzweifelhaft am intensivsten mit der Reputation von CEOs auseinandersetzen, sind die Finanzinstitutionen und Analysten. Wir haben schon gezeigt, wie stark die Meinungen von Finanzanalysten durch ihre Bewertung des CEO eines Unternehmens beeinflusst werden. Sein Bild in der Öffentlichkeit ist verantwortlich für die Einschätzung der Aussichten des Unternehmens und damit Garant für den Shareholder Value.

Unterschiedliche Anforderungsprofile

In Europa ist die Bedeutung, die den einzelnen Interessengruppen im Umfeld eines Unternehmens beigemessen wird, etwas ausgewogener. Der Shareholder Value ist allenthalben zu einem wichtigen Kriterium für die Marktperformance eines Unternehmens geworden, aber er ist nicht der einzige Maßstab. In Deutschland beispielsweise ist der CEO der Vorsitzende des Vorstands und bewegt sich daher in einer mehr vom Konsens getragenen Atmosphäre. Er ist darauf angewiesen, die Zustimmung seines Aufsichtsrats zu gewinnen, der seinerseits einen weiteren Kreis von Interessengruppen repräsentiert und in dem beispielsweise auch die Angestellten vertreten sind.

Dies kann für deutsche Vorstandsvorsitzende immer dann zu einem Problem werden, wenn ihre Unternehmen am New Yorker Aktienmarkt notiert werden. Vom amerikanischen CEO wird nicht nur ein markantes Persönlichkeitsprofil erwartet, sondern zuweilen auch eine konfrontative und aggressive Herangehensweise. Das bedeutet, dass von ihm nicht nur verlangt wird, dass er handelt, wie er spricht, sondern auch, dass er aufrecht seinen Weg geht. Dies kann die europäischen Kollegen amerikanischer CEOs brüskieren und teilweise auch die Effizienz ihrer Unternehmensführung untergraben. Trotzdem ist das angelsächsische Modell stark und in globalisierten Märkten zunehmend modellbildend. Deutsche Firmen, die so unterschiedlich wie die Deutsche Bank und Siemens sind, haben zu einem gewissen Grad die Führungsmethoden und die Strukturen aus der angelsächsischen Welt übernommen, um den Anforderungen an die Reputation von CEOs und Unternehmen, wie sie in den USA üblich sind, gerecht zu werden.

In einer umfangreichen Studie über das öffentliche Ansehen von deutschen CEOs fand Burson-Marsteller jedoch heraus, dass es noch immer erhebliche Unterschiede zwischen den Erwartungen sowie der Praxis in den USA auf der einen und in Deutschland auf der anderen Seite gibt. Während in den USA das öffentliche Ansehen eines CEO erheblichen Einfluss auf die Entscheidung hat, einen Unternehmens-Titel zu erwerben, gaben in Deutschland nur 50 Prozent der Befragten an, sich durch diese Erwägung leiten zu lassen. Überraschenderweise ist jedoch das Ansehen des CEO für das Gesamtunternehmen in Deutschland sogar wichtiger als in den USA. Die Untersuchung befasste sich mit dem öffentlichen Ansehen der Vorstandsvorsitzenden von 30 führenden börsennotierten Unternehmen und fand unter mehr als 800 Unternehmensvertretern, Politikern, Beamten und Medienvertretern statt. In Deutschland ist der wichtigste Maßstab für das Ansehen eines Vorstandsvorsitzenden die Festlegung und klare Artikulation von Zielvorgaben. Der Vorstandsvorsitzende wird als das Sprachrohr seines Unternehmens angesehen, das die Strategie und die langfristigen Ziele seines Unternehmens klar und präzise formuliert.

Zwei Anforderungen an den Vorstandsvorsitzenden beziehungsweise CEO als Chief Reputation Officer sind jedoch in Deutschland und den Vereinigten Staaten identisch. Sie bringen uns zurück zu den Herausforderungen und der veränderten Ausgangslage, von denen wir zu Beginn dieses Artikels gesprochen haben. Zum einen wird von einem

CEO erwartet, dass er die Art und Weise, wie moderne Kommunikation funktioniert und sich verändert hat, versteht. In einer durch das Internet und digitale Medien bestimmten Kommunikationswelt der Unmittelbarkeit muss der CEO die zur Verfügung stehenden Kommunikationsinstrumente beherrschen.

Darüber hinaus muss der CEO in beiden Ländern „wirkliche Führungsqualitäten in Zeiten der Krise unter Beweis stellen und auf Entwicklungen schnell und effektiv reagieren". Um Lord Hurd zu zitieren, können „die Flammen über dem verantwortlichen Mann innerhalb weniger Tage oder Stunden niederschlagen", und die erfolgreiche Verteidigung des Ansehens eines Unternehmens hängt in einem solchen Fall unmittelbar von der Leistung seines CEO ab.

Es ist möglich, dass die Rolle des CEO im Bereich der Kommunikation, wie ich sie an dieser Stelle beschrieben habe, fast Übermenschliches zu fordern scheint, einem Normalsterblichen zuviel abverlangt, ganz gleich, wie gut er oder sie auch immer bezahlt wird, über wie viel Macht er oder sie verfügt, welche Position er oder sie auch immer innehaben mag. Präsident Truman hat einmal bemerkt, dass eine führende Persönlichkeit, die der Hitze des Gefechts nicht standhalten könne, „besser die Küche verlässt".

Im Zentrum des 360°-Kompasses, den die Öffentlichkeit in der Umgebung eines Unternehmens bildet – Aktionäre, Kunden, Medien, Politiker, Beschäftigte und Kollegen –, müssen wir den CEO platzieren. Er muss jede einzelne Gruppe verstehen und sich darüber im Klaren sein, dass seine Kommunikationsfähigkeit und sein Verständnis für jede einzelne Gruppe durch nichts zu ersetzen sind.

Seine Aufgabe ist es, die Aktionäre und Kunden zufrieden zu stellen, effizient im Umgang mit den Medien zu sein, Kontakte mit der Politik herzustellen und zu nutzen und seine Kollegen und Angestellten zu führen, wenn nicht sogar zu inspirieren. Fühlt er sich dazu nicht in der Lage oder scheut er davor zurück, zumindest den Versuch zu wagen, ist es für ihn und sein Unternehmen besser, den Spitzenjob gar nicht erst anzustreben.

Der Autor

Alan Watson, The Lord Watson of Richmond, CBE, ist Vorstandsvorsitzender von Burson-Marsteller Europe und Mitglied des Partner-Komitees bei Young & Rubicam. Er ist darüber hinaus Vorstandsvorsitzender für CTN (Corporate Television Networks). Vor seiner heutigen Tätigkeit war Watson Fernsehmoderator für BBC2. Zwischen 1976 und 1980 war er Chef der Abteilung für Radio und Fernsehen bei der europäischen Kommission. Watson war danach Vorsitzender der liberalen Partei und erhielt 1992 den Titel eines Commander of the British Empire (CBE) sowie 1999 den Titel eines Lord verliehen. Zwischen 1985 und 1991 war Watson Mitglied des Vorstands der UNICEF und rief 1993 die „Youth Bridge" zum Jugendaustausch zwischen Großbritannien und den neuen deutschen Ländern ins Leben. 2001 erhielt Watson das große Verdienstkreuz der Bundesrepublik Deutschland.

Lord Watson hat eine Gastprofessur an der Universität von Löwen (Belgien) inne. Zu seinen wichtigsten Publikationen zählen „Europe at Risk", „The Germans; Who Are They Now" sowie „Thatcher and Kohl: Old Rivalries Revisited".

II

Die neue Kommunikation mit Handel und Kunden

Closer to the customers:
Der Kunde bestimmt die Kommunikation

Sabine Klaas

Markenkommunikation im Umbruch

Die jederzeit sichtbare Visitenkarte eines Unternehmens ist seine Marke. Mit ihr positioniert sich das Unternehmen nicht nur bei den Konsumenten, sondern auch alle anderen Share- und Stakeholder haben die Marke und ihren Wert zur Beurteilung des Unternehmens im Visier.

Mit der Werthaltigkeit und der Glaubwürdigkeit einer Marke fällt oder steigt ihr Image. Im Wissen um diese Erkenntnis werden die Konsumenten massiv von allen Seiten „beworben". Doch diese reagieren auf die eingleisige Kommunikation vom Sender (Unternehmen) zum Empfänger (Kunde) übersättigt. Sie wollen sich bei der Vielzahl der Angebote zum einen nicht mehr allein an eine Marke binden und zum anderen sich auch nicht mehr ungefragt von aufgesetzten Kommunikationswelten einnehmen lassen.

Das heißt für die Kommunikation: Der Verbraucher muss jeden Tag neu gewonnen werden. Aber die klassischen Werbebotschaften, die jahrzehntelang erfolgreich über das Fernsehen und Anzeigen auf die Zielgruppe wirkten, verlieren an Einfluss. 68 Prozent aller Zuschauer sollen es sein (Diekhof 2000, 26), die die Werbebotschaften verweigern.

Dementsprechend hat die Werbebranche begonnen, Konsequenzen zu ziehen: „Weniger Massenkommunikation und mehr Service ist einer der großen Linien. Die Marken suchen den direkten Draht zum Kunden und wollen ihn durch Kommunikation und Service fester binden", erklärte WPP-Chef Martin Sorell im W&V-Gespräch (2001). Und Joachim Schmidt (2001), Markenvorstand bei Mercedes-Benz, antwortete wenige Wochen zuvor auf die Frage, ob er denn heute bei seinen Werbeplänen nichtklassische Werbung stärker berücksichtigen würde als früher, sehr eindeutig: „Ja. Hier liefern insbesondere die Begegnungskommunikation und die alternative Kommunikation einen wichtigen Beitrag." Sowohl aus Sicht der Agenturen als auch aus Sicht der Unternehmen herrscht Einigkeit: Nichts geht heute ohne neue Wege der Kommunikation. Denn der Zeitgeist und die Umstände haben sich dramatisch verändert. Zwei besonders auffällige Symptome mögen ausreichen, um dies zu illustrieren:

- *Der Konsument ist überfordert:* durch immer neue Produktvarianten, durch immer kürzere Produktlebenszyklen und durch die stark steigenden Kommunikationsangebote, was sich eindrucksvoll am Beispiel der Fernsehwerbung illustrieren lässt: „Denn während die Zuschauer 1985 noch täglich mit 410 Werbeimpulsen konfrontiert wurden, waren es 1997 insgesamt 4129 Werbeimpulse" (Bruhn 2000, 7). Kein Wunder, dass der so überfrachtete Konsument mit Abwehr reagiert.

- *Der Konsument verändert seinen Umgang mit den Medien und fühlt sich gestärkt:* Fernsehen ist zum Nebenbei-Medium geworden, Werbung wird regelmäßig weggezappt, Tageszeitungen werden nach Nutzwert durchforstet, Kurzinformationen, Infotainment und Mitmachen ist gefragt. Das wiederum gelingt nirgends so gut wie beim Internet, das dem einzelnen User weltweit eine bisher nicht gekannte kommunikative Macht gegeben hat.

Wer mit dem Kunden des neuen Jahrzehnts erfolgreich kommunizieren will, muss vermutlich als Erstes sein Bild von ihm verändern: Denn der Kunde ist selbst zum Kommunikator geworden.

Der Elite-Kunde als schwieriger, aber attraktiver Partner

Vor kurzem haben die TU Berlin, der Verein Deutscher Ingenieure (VDI) und die Unternehmensberatung McKinsey die Ergebnisse einer gemeinsamen Untersuchung publiziert (F.A.Z., 18.02.02, 27). Gesucht wurde nach den Merkmalen besonders erfolgreicher Unternehmen. Als ein wichtiger Erfolgsfaktor erwies sich dabei die Nähe zum Kunden. Gemeint war vor allem der persönliche Kontakt und ausdrücklich nicht die standardisierte Information aus der quantitativen Marktforschung. Als interessant erwiesen sich weniger die Großabnehmer, sondern vielmehr die Pilotkunden, denen die größte technische Kompetenz zugetraut wird. Unternehmen müssen in den Szenen ihrer Elitekunden zu Hause sein, wenn sie erfolgreich bleiben wollen. Diese neuen Kooperationsformen verändern auch die Art und Weise der Kommunikation.

Wie lassen sich diese Elitekunden charakterisieren? Das ist für jede Branche sicher unterschiedlich. Aber um ein erstes Empfinden dafür zu bekommen, hilft es, in die Internet-Community hineinzuhören. Sehr pointierten Aufschluss gibt hier das so genannte Cluetrain Manifest (von Levine u.a. 2000), das von Vertretern des amerikanischen „Hightech-Establishments" geschrieben wurde und seit einiger Zeit bei den Querdenkern in großen Unternehmen Beachtung findet. Dort heißt es eindeutig und kritisch:

- „Märkte sind Gespräche." (These 1)

- „Es gibt keine Geheimnisse. Der vernetzte Markt weiß mehr als jeder Hersteller über seine Produkte. Ob gut oder schlecht, das Wissen spricht sich herum." (These 12)

- „Die Unternehmen müssen von ihren Elfenbeintürmen herabsteigen und das Gespräch mit den Menschen suchen, mit denen sie hoffen, eine Beziehung aufbauen zu können." (These 25)

- „Schon jetzt kommen die hohlen Phrasen vieler Unternehmen bei den Menschen nicht mehr an." (These 16)

- „Die Unternehmen haben vor nichts größere Angst als vor ihren Märkten." (These 26)

- „Die Märkte sind die soziale Gemeinschaft, in der Menschen sich über menschliche Belange unterhalten, in der ein Diskurs stattfindet." (These 39)

- „Unternehmen, die sich an diesem Diskurs nicht beteiligen, sind dem Tode geweiht." (These 40)

Für denjenigen, der das zum ersten Mal liest, mag es erschreckend klingen. Wer es ein zweites Mal liest, kann es für ein kleines gedankliches Experiment nutzen: Wie müsste sich unsere Kommunikation mit unseren Kunden verändern, wenn wir diese Ansprüche ernst nähmen?

Koordinaten für eine neue Kommunikation

Für Unternehmen ist es wichtig, eine *Outside-In-Perspective* zu institutionalisieren. Hören, was Kunden zu sagen haben. Das reicht vom Beschwerdemanagement bis zur Bildung von Entwicklungspartnerschaften und Soundingboards. Die IT-Branche weiß um den Wert, den sie erhält, wenn sie Beta-Versionen ihrer neuen Produkte zum Test in den Markt gibt. Markenartikler, die um die Macht des Kunden wissen, testen in Fokusgruppen nicht nur die klassische Werbung, sondern auch die Kommunikationsbotschaften und Instrumente bei PR und Events, bevor sie umgesetzt werden.

Um auch größere Kundensegmente mit zentralen Botschaften zu erreichen, bedarf es sicherlich auch weiterhin der klassischen Werbung. Für Unternehmen stellt PR ein unverzichtbares Instrument dar, um Glaubwürdigkeit herzustellen. Kein Auto lässt sich heute erfolgreich vermarkten, das nicht von Journalisten mit Lob geadelt wurde. Zusätzlich ist in vielen Fällen das Erlebbarmachen des Produktes von großer Wichtigkeit. Insgesamt gilt: Der Kommunikationsmix, der sich an dem Ziel orientiert (und nicht an Abteilungen), ist heute unverzichtbar. Diesen zielgerichtet zu planen und einzusetzen, entscheidet über die Akzeptanz der Marke beim Konsumenten.

Eine immer stärkere Gewichtung nimmt dabei das sensorische und haptische Erleben der Marke ein. Über dieses Erlebbarmachen wird beim Konsumenten Emotionalität und Glaubwürdigkeit der Marke transferiert und das Zugehörigkeitsgefühl zur Marke gefestigt. Insofern ist es nur konsequent, was Marketingvorstand Joachim Schmidt angekündigt hat: „Im Rahmen der Neuorganisation unserer Retail-Organisation ist konkret geplant, das Marken- und Produkterlebnis näher zu unseren Kunden zu bringen. In den Metropolen werden wir Brand-Center haben und in den übrigen Städten so genannte High-Street-Outlets aufbauen".

Aber auch für den seriösen Bankenbereich stehen Veränderungen in der Kommunikation mit dem Kunden an, wenn man den Umfragen von CMI Consulting Management Institute Ossig glauben darf. Danach waren die Hälfte von 222 befragten Kunden daran interessiert, „einem Bankclub beizutreten, der Zusatzleistungen bietet" – beispielsweise „Sondertarife für bankfremde Produkte, Tickets für Veranstaltungen sowie ein Clubmagazin" (F.A.Z., 20.02.02, 29). Das sind Hinweise, nicht mehr. Doch enthalten sie die Aufforderung, nachzuprüfen, wie sich mit den Elitekunden Innovationen entwickeln lassen, um sie dann auf breitem Wege zu kommunizieren.

Strategiewechsel: Closer to the customers' life

Wenn die oben erläuterten Koordinaten der neuen Kommunikation das relevante Aktionsfeld umreißen, muss sich die Strategie von Kampagnen ändern. Dazu zwei Beispiele, die als richtungsweisend gelten können:

Beispiel 1: Von bloßem Roll-out zur Tie-in-Strategie

Wer in Kampagnen denkt, denkt vor allem in Zeit- und Mediaplänen: Mit welchem Big Bang startet der Roll-out, wann erscheint welche Anzeige in welchen Medien, welche Handelspromotion gehört dazu und wo kann PR noch mithelfen, lauten die typischen Fragen. Sind sie geklärt, werden die Konsumenten mit Botschaften, Informationen und Informationsmaterial regelrecht überrollt – bis sie gar nicht mehr anders können, als sich irgendwie zu erinnern, was dann in Recall-Tests auch regelmäßig bewiesen wird. Doch von Markentreue und positivem Markenimage sind derart angelegte Kampagnen weit entfernt.

Den Kunden und seine gesendeten Botschaften ernst nehmen heißt, mit ihm in Dialog zu treten. Ein effektives, aber mühsames Instrument ist die Kommunikation via Internet, und zwar nicht nur auf den eigenen Unternehmensseiten, sondern insbesondere dort, wo sich der Konsument gewissermaßen privat aufhält und mit anderen Consumern kommuniziert.

Ebenfalls aufwändig, dafür aber persönlicher und emotionaler, ist die Einbindung des Kunden in Markenwelten, die je nach Zielgruppensegmentierung ausgerichtet werden müssen. In Dialog mit dem Kunden zu treten heißt, seine aktuellen Bedürfnisse aufzugreifen und adäquat zur Markenidentität umzusetzen. Durch das Tie-in von gesellschaftlichen Interessen kann ein Höchstmaß an Aufmerksamkeit erzielt werden. Glaubwürdigkeit und ein ernsthaftes Interesse seitens des initiierenden Unternehmens und seiner Marke sind dafür jedoch primäre Voraussetzungen.

Beispiel 2: Vom Event zum Medienereignis

Ob das Fußballspiel zweier Bundesligamannschaften, der Kirchentag in einer Großstadt oder die Berlinale – sie alle haben eines gemeinsam: Sie finden real und in den Medien statt, weil sie als ein gesellschaftliches Ereignis akzeptiert werden. Doch was sportliche, sozialkulturelle oder künstlerische Dienstleistungen vermögen, können auch kommerzielle Dienstleitungen und Produkte leisten: Die Einführung eines neuen Betriebssystems von Microsoft oder die Vorstellung eines Mobil-Telefons der neuen Generation von Nokia lassen sich als Medienereignis inszenieren, weil sie eine relevante Botschaft für die Gesellschaft darstellen; was zuvor nicht vorhanden war, aber dringend erwartet wurde, ist nun endlich trendsetzend da – und dies für jedermann. Unternehmen, die sich etwas zutrauen, müssen sich als gesellschaftliches Ereignis begreifen, sich so verhalten und inszenieren. Das ist nicht risikolos. In jedem Fall aber chancenreich und in wettbewerbsintensiven Zeiten ein entscheidender Erfolgsfaktor.

Die neue Strategie, in dem sich die Unternehmen stärker als bisher ihrer gesellschaftliche Relevanz bewusst werden und die damit verbundene Aufmerksamkeit nutzen, benötigt drei Helfer: Dialog, Emotionalität und Glaubwürdigkeit. Erfolgreiche Kampagnen integrierter Kommunikation werden ausschließlich von diesen Faktoren getragen.

Die Selbstveränderung der Kommunikatoren

Wenn Kunden sich nicht mehr so verhalten, wie es für Unternehmen und die Kommunikationsbranche wünschenswert ist, dann können Letztere darauf hoffen, dass die Kunden wieder so werden, wie sie früher waren. Oder sie können ihr Kommunikationsverhalten ändern, was aussichtsreicher scheint. Noch tun sich viele Kommunikatoren aus Unternehmen und Agenturen damit schwer; noch stehen „Unternehmen und die Agenturen wie Silos nebeneinander ..., die Stockwerke sind getrennt, kommuniziert wird nur auf gleicher Höhe" (Sorell, W&V 2001, S. 30).

Um hier Abhilfe zu schaffen, besteht eine einfache Übung darin, den Kunden als Menschen zu betrachten, der eben auch Zeitungsleser, vielleicht auch Anwohner, Anleger und mitunter sogar Mitarbeiter ist. Der auf jeden Fall jemanden kennt, der anders als er selbst mit dem Unternehmen verbunden ist. Wer so anfängt zu denken, wird in dem Kunden einen Wertschöpfungspartner sehen und die Verbindung zum Mitarbeiter im eigenen Haus herstellen. Wenn er dann auch noch die Erwartungen des Kunden mit dem Verhalten des Mitarbeiters nachhaltig synchronisieren will, wird er seine Kommunikation verändern: „Zwei Kommunikationsstränge lassen sich verfolgen: der eine in den Unternehmen, der andere auf den Märkten", heißt es im Cluetrain Manifest (These 54) visionär. „Die beiden Kommunikationsstränge (der interne und der externe) suchen das Gespräch miteinander. Sie sprechen dieselbe Sprache und erkennen einander an ihren authentischen Stimmen". In der Internet-/Intranet-Kommunikation ist das mitunter schon Wirklichkeit. In der Offline-Welt muss es vielerorts noch gelernt werden. Aus Sicht der Kunden ist es wünschenswert, wenn Hersteller und Werbewirtschaft ihnen dabei näher kämen.

Literatur

Bruhn, Manfred (2000): Integrierte Kommunikation ist Relationship Marketing. In: Bruhn/Schmidt/Tropp (MG): Integrierte Kommunikation in Theorie und Praxis, Wiesbaden, S. 3-20.

Diekhof, Rolf (2001): Raus aus der Klassik-Gasse, W&V, 25.06.2001, S. 25-28.

F.A.Z. (2002): Wodurch sich innovative Unternehmen auszeichnen, 18.02.2002, S. 27.

F.A.Z. (2002): Kunden wünschen Bankchecks, 20.02.2002, S. 29.

Frese, Gunnhild (2001): Kollegenverhalten für die Starv., Die Zeit, 04.10.2001, S. 30.

Herrmann, Christoph (1999): Die Zukunft der Marke: mit effizienten Führungsentscheidungen zum Markterfolg, Frankfurt am Main, S. 12.

Levine, Rick u.a. (2000): Das Cluetrain Manifest, München.

Schmidt, Joachim (2001): Die Instrumente werden sich ergänzen (Interview), W&V, 29.06.2001, S. 28.

Sorell, Martin (2001): „Die Systeme ändern!" (Interview), 20.07.2001, S. 30/31.

Die Autorin

Sabine Klaas, M.A., ist Geschäftsführerin bei Trimedia Communications Deutschland GmbH in Frankfurt. Tätigkeitsschwerpunkte: Nach dem Studium der Germanistik und Ethnologie an der Universität Frankfurt am Main arbeitete Sabine Klaas als Journalistin im Kulturbereich für die Frankfurter Allgemeine Zeitung, im Lokalressort für die Frankfurter Neue Presse sowie für Stadtmagazine und als freie Mitarbeiterin beim Hessischen Rundfunk (Fernsehen) im Bereich Unterhaltung und Show.

Kommunikation, die durch den Magen geht: Kundenbindung in neuen Dimensionen

Gerald Spitzer

Am 17. August 1897 wurde die Maggi Gesellschaft mbH, Singen, in das deutsche Handelsregister eingetragen. Seit diesem Tag stehen die Bedingungen einer sich stets wandelnden Lebenswelt mit ihrem Einfluss auf die Ernährung im ständigen Fokus des Unternehmens.

Begonnen hat alles mit der Erfindung der Leguminosen-Suppen und der berühmten Maggi-Würze durch den Schweizer Müller Julius Maggi (1846-1912). Die in all den Jahren eingesetzte charakteristische braune, viereckige Würze-Flasche hat allen Modeerscheinungen und gewandelten Ernährungstrends trotzend den Markennamen nicht nur in jeden deutschen Haushalt getragen, sondern in aller Welt bekannt gemacht.

In Deutschland umfasst das Maggi-Sortiment heute rund 300 Artikel aus den Produktbereichen Suppen, Soßen, Würzmittel, Bouillons, Fix-Produkte, Fertiggerichte und Beilagen, welche pro Jahr insgesamt rund 870 Millionen Mal über den Ladentisch gehen. Damit erzielt Maggi eine Käuferreichweite von 88 Prozent – die höchste in Deutschland.

„Die Erfüllung der Bedürfnisse, Erwartungen und Anliegen unserer Kunden", das ist der wichtigste Unternehmensgrundsatz der Maggi GmbH. Dabei versteht sich das Unternehmen seit jeher als „Helfer, Freund und guter Geist in allen Fragen rund ums Essen", ganz im Sinne von Julius Maggi, der bereits im ersten Jahr der Firmengründung ein „Reclame und Pressbureau" einrichtete. Bürovorsteher war Frank Wedekind, noch am Anfang seiner literarischen Karriere. Die Reklametexte in Prosa oder Versform gingen über die reine Produktbewerbung weit hinaus: Der Konsument sollte bedarfsgerecht über Ernährung, Gesundheit und Essenszubereitung informiert werden.

Heute gehört die Maggi GmbH zu den Top-20-Werbetreibenden in Deutschland (Brutto-Ausgaben in 2001: 104 Millionen Euro). Genutzt wurden stets alle Kommunikationskanäle der Zeit – von Printmedien, Film, Hörfunk und Fernsehen bis hin zum Internet als jüngstes Medium. Neben der produkt- und markenorientierten Massenkommunikation in den klassischen Medien bekommt dabei der verbraucherindividuelle Dialog und damit der Gedanke des „closer to the consumer" mit dem Ziel einer intensiven Kundenbindung eine immer bedeutendere Rolle. Dabei stehen die individuellen Bedürfnisse des Verbrauchers sowie ein entsprechendes kundenorientiertes Beratungs- und Serviceangebot im Vordergrund.

Plattform für diesen individuellen Dialog ist das Maggi Kochstudio, eine Institution, die bereits seit über 40 Jahren zum Unternehmen gehört wie die Schürze zum Koch. Unter diesem Dach ist eine Reihe von Dialog-Instrumenten entwickelt worden, wie z.B. die Verbraucherberatung, der Rezeptservice, der Maggi Kochstudio Treff, der Maggi Kochstudio Club oder der Internetauftritt www.maggi.de. Im Folgenden sollen diese Dialoginstrumente näher beleuchtet werden.

Das Maggi Kochstudio

Als das Maggi Kochstudio 1959 startete, gehörte zur Ausstattung lediglich ein Gästeraum mit Herd und Tisch, den sich Hauswirtschafterinnen und ein Kochwissenschaftler teilten. Zwei Jahre später wurde ausgebaut und eine der ersten Vorführküchen Deutschlands eingeweiht. Parallel dazu implementierte Maggi einen Rezeptdienst für Redaktionen, Schulen und Verbraucher. In den 90er-Jahren erfolgte der Um- und Ausbau zur heutigen Größe mit modernster Haushalts-, Versuchs- und Schulungsküche sowie Vortragsräumen.

Das Maggi Kochstudio ist die direkte Schnittstelle zum Konsumenten. Jährlich werden mehr als 100.000 Anfragen in schriftlicher Form und über 30.000 Telefonate von den Beraterinnen beantwortet. Dazu kommen mehr als 25.000 E-Mail-Anfragen. Bis heute wurden vom Maggi Kochstudio überdies mehr als 30 Millionen Rezeptbroschüren und über 20 Millionen Minikochbücher verteilt. Im Jahr 2001 erschien auf vielfachen Wunsch „Maggi Kochstudio – Das Kochbuch" mit mehr als 300 Rezepten, einem Lexikon, Hinweisen zur Warenkunde und Tipps für die

Zubereitung im deutschen Buchhandel. Innerhalb weniger Monate wurde es zu einem Bestseller im Kochbuch-Bereich.

Der Maggi Kochstudio Treff zum „Anfassen und Erleben"

Um die Nähe zum Verbraucher weiter auszubauen, wurde 1996 der erste Maggi Kochstudio Treff – das Maggi Kochstudio zum „Anfassen und Erleben" – in Frankffurt am Main eröffnet. Seit Frühjahr 2002 gibt es sogar einen zweiten Treffpunkt für Kochfreunde und Genießer im Herzen der Messestadt Leipzig.

Ein Team von ausgebildeten Ernährungsberaterinnen ist an sechs Tagen in der Woche Ansprechpartner für Fragen rund ums Kochen, um Warenkunde und Haushaltsführung. Maggi-Produkte und besondere Küchen-Accessoires sind ebenfalls erhältlich. Gleichzeitig ist der Maggi Kochstudio Treff eine Art Börse für Ideen und Wünsche von Verbrauchern. Für das Unternehmen ist diese Erlebniswelt für Kunden deshalb auch mehr als ein Imagefaktor oder Werbegimmick: Sie ist elementarer Bestandteil der konsequent verbraucherorientierten und zeitgemäßen Entwicklung von Maggi-Produkten, hilft dem Aufspüren von Trends und ihrer Rückkopplung ins Unternehmen. Beim Verbraucher findet der Maggi Kochstudio Treff hohe Akzeptanz:

- Die täglich stattfindenden *Kochkurse* für Gruppen bis 20 Personen, Kinder ab acht Jahren, einzelne Teilnehmer und VIPs sind äußerst beliebt und Monate im Voraus ausgebucht. Jährlich nehmen allein in Frankfurt über 6.000 Kochfreunde teil, die in ca. drei Stunden sechs- bis achtgängige Gerichte zubereiten und gemeinsam genießen.

- An der *Suppen Bar* gibt es täglich (außer sonntags) immer eine gute Suppe, auch zum Mitnehmen. In Frankfurt werden mittlerweile jährlich über 20.000 Portionen verkauft.

- Im *Shop* ist die gesamte Maggi-Produktpalette verfügbar, attraktive und praktische Küchen-Accessoires auch für Kinder oder nostalgische Maggi-Motive.

www.maggi.de: Das Maggi Kochstudio auch zu Hause

Um das Maggi Kochstudio zu erleben, ist es nicht notwendig, nach Frankfurt oder Leipzig zu reisen; via Internet kommt es auch nach Hause. Herzstück des „virtuellen Maggi Kochstudios" ist die Rezept-Datenbank mit mehr als 3.000 Rezepten, die nach verschiedensten Kategorien und Kriterien (z.B. Party- oder Kinder-Rezepte, Zutaten, Zubereitungszeit etc.) abgerufen werden können. Ein „Rezept-Roulette" beantwortet die Frage „Was koche ich heute bloß?" jeden Tag aufs Neue mit abwechslungsreichen Menüvorschlägen. Darüber hinaus kann jeder Nutzer in einem passwortgeschützten Bereich sein individuelles Rezeptarchiv als „Mein Kochbuch" anlegen.

Selbstverständlich gibt es auch im Web den direkten Draht zum Maggi-Expertenteam, per direktem Kontakt-Link für Kochtipps und -tricks, Warenkunde oder Rezeptideen. Alle zwei Wochen erscheint das „Maggizin" mit Informationen und Trends aus der Welt des Genießens. Unter der Rubrik „Treffpunkt" lebt die Maggi Community den Austausch mit dem Unternehmen und mit anderen Nutzern per Chat-Forum oder Kleinanzeigen für Kulinarisches.

Das Internetangebot findet enormen Zuspruch. Monatlich mehr als 250.000 Besucher, 2,8 Millionen Seitenabrufe und rund 400.000 einzelne Rezeptabrufe beweisen: Das virtuelle Maggi Kochstudio ist bei den Verbrauchern zu Hause in vollem Umfang angenommen worden.

Der Maggi Kochstudio Club

Die ganze Welt des Kochens und Genießens offeriert auch der Maggi Kochstudio Club. Als Kundenbindungsinstrument bietet er allen Kochinteressierten eine Fülle von Rezepten, jede Menge Tipps und Tricks und besondere Dekorations-Vorschläge. Für einen Jahresbeitrag von 12,27 Euro beziehen die bis dato mehr als 180.000 Mitglieder dreimal jährlich das umfangreiche Clubmagazin mit Rezepten für jede Saison sowie weitere spezielle Club-Aussendungen mit neuen Zubereitungsideen und neuen Produkten zum Probieren.

Clubmitglieder kommen außerdem in den Genuss individueller Beratung am gebührenfreien Club-Telefon und spezieller Angebote im exklusiven Club-Shop. Nicht zu vergessen auch die Möglichkeit der Teilnahme an den heiß begehrten Prominenten-Kochen im Maggi Kochstudio Treff.

Kommunikations- & Servicekraft: Antrieb für das 21. Jahrhundert

Wenngleich im Zentrum der Aktivitäten der Maggi GmbH schlichtweg die Produktion industriell gefertigter Nahrungsmittel steht, so ist die starke Kommunikations- und Servicekraft der Marke Maggi mit Ihrer Nähe zum Verbraucher entscheidender Erfolgsfaktor des Unternehmens. Die Gründerdevise „Helfen und Dienen in allen Fragen rund ums Essen" steht dabei immer im Vordergrund. Maggi betrachtet den Verbraucher ganzheitlich – unabhängig von Alter, Beruf, Nationalität, Status oder einer bestimmten gesellschaftlichen Gruppe – und bewegt sich deshalb im Kontext einer Vielzahl von Interessengruppen aus den Bereichen Ernährung, Gesundheit, Umwelt und Lifestyle. Sie alle beeinflussen die Koch- und Essgewohnheiten der Verbraucher, ebenso wie die Gestaltung von Arbeit und Freizeit oder familiäre Strukturen.

Wie sehr die beschriebene Nähe zum Verbraucher sich in der Realität widerspiegelt, bestätigen Image-Untersuchungen immer wieder aufs Neue. Dabei erzielt Maggi gegenüber seinen Wettbewerbern regelmäßig eine signifikante Imageführerschaft in wesentlichen Dimensionen wie z.B. Produktqualität, Vertrauen in die Marke, Verbrauchernähe, Service-Kompetenz oder Kommunikationsqualität. Dabei werden der Marke Maggi aus Sicht der Verbraucher Werte wie Wärme, Sicherheit, Wohlbehagen und Geborgenheit sehr stark zugeschrieben – Werte, die in einer immer stärker von Unsicherheit geprägten Welt wichtiger sind denn je. Ideale Antriebskräfte somit, um den Erfolg auch in Zukunft zu sichern.

Der Autor

Gerald Spitzer, Dr., ist seit 1997 bei der Maggi GmbH/Nestlé Deutschland AG in Frankfurt am Main als Leiter Marketing Communication für die Marken Maggi, Thomy und Buitoni tätig. Dort verantwortet er sämtliche klassischen und Below-the-line-Werbeaktivitäten, den Bereich Public Relations sowie den Consumer Service in Form des Maggi Kochstudios. Nach dem Studium der Wirtschaftswissenschaften in Wien war Dr. Spitzer zunächst im Bereich Merchandising & Kooperationen des ORF – Österreichisches Fernsehen in Wien tätig; danach wechselte er als Teamleiter Marketing-Analyse zum Werbezeitenvermarkter der ProSieben-Gruppe SevenOne Media nach München.

Veröffentlichung u.a.:

Spitzer, Gerald: Sonderwerbeformen im TV, Deutscher Universitätsverlag, Wiesbaden 1996.

Die Kundenzufriedenheitsanalyse als Faktor zur Qualitätssicherung

Jörg Hilker

In Zeiten zunehmenden Wettbewerbs wird der „Kampf" um die Gunst der Kunden intensiver. Deren Zufriedenheit gehört heute zu einem der wichtigsten Kriterien für den Erfolg eines Unternehmens. „Nur zufriedene Kunden sind gute Kunden", lautet das passende Sprichwort. Doch was ist Zufriedenheit, und vor allem: Wie lässt sie sich messen? DB Cargo nutzt zur Klärung dieser Frage seit einigen Jahren eine speziell auf das Unternehmen zugeschnittene Kundenzufriedenheitsanalyse. Sie hat sich als zuverlässiges Instrument nicht nur zur Ermittlung des Zufriedenheitsniveaus der Kunden, sondern auch als Grundlage für die Entwicklung innovativer Methoden zur Qualitätssicherung etabliert.

Kunden wollen individuell betreut und angesprochen und nicht mehr lediglich als Abnehmer eines Produktes behandelt werden. Individualisierung und Selbstbewusstsein gewinnen rasant an Bedeutung. 25 Prozent aller Kunden sind permanent dazu bereit, zu einem anderen Anbieter zu wechseln. Dienstleister wissen jedoch nur von etwa vier Prozent der Abwanderer, dass sie unzufrieden waren, der Rest kündigt die Treue kommentarlos. 91 Prozent der unzufriedenen Kunden sind für immer verloren. Ein unzufriedener Kunde erzählt etwa acht bis zehn weiteren potenziellen Kunden, dass er mit dem verlassenen Unternehmen Ärger hatte. Die Zufriedenheit der Kunden kann daher nicht hoch genug bewertet werden. Sie entscheidet letztlich über den Erfolg im Wettbewerb.

Integraler Bestandteil des Marketing

Eine systematische Kundenzufriedenheitsanalayse gehört daher zu den integralen Bestandteilen des Marketinginstrumentariums der meisten größeren Unternehmen. Bei DB Cargo ist sie zum festen Bestandteil der Zufriedenheits- und Schwachstellenanalyse geworden und wird seit 1997 durchgeführt. Die ersten drei Befragungen wurden halbjährlich realisiert, um Kontinuität in das damals neue Instrument zu bringen.

Nur durch die dank Kundenzufriedenheitsanalyse fundierte Kenntnis der Kundenanforderungen können wir heute gezielt auf Bedürfnisse eingehen und unser Angebot weiter verbessern. So gesehen hat das Instrument zu einer erhöhten Kundenorientierung und -bindung bei DB Cargo beigetragen. Gerade im wettbewerbsintensiven Transport- und Logistikmarkt werden sich langfristig nur jene Unternehmen behaupten, bei denen der Kunde sprichwörtlich „König" ist.

Die große Bereitschaft der Kunden zur Teilnahme an unseren Befragungen zeigt, dass diese ein großes Interesse an den Veränderungsprozessen bei DB Cargo haben und mit ihren Antworten auch aktiv dazu beitragen wollen. Die Umsetzung einer kontinuierlichen Kundenzufriedenheitsanalyse lohnt sich prinzipiell für jedes größere Unternehmen. Bevor der Kunde befragt wird, sollten jedoch einige grundsätzliche Überlegungen angestellt werden.

Zufriedenheit als individueller psychologischer Vergleichsprozess

Was führt zu Kundenzufriedenheit? Dies ist die entscheidende Frage, die jeder Kundenzufriedenheitsstudie vorausgeht. Ihre Beantwortung ist der eigentliche Sinn. Was kann ein Unternehmen tun, damit seine Kunden zufrieden sind, und was muss es unbedingt unterlassen, um seine Kunden nicht zu verärgern? Bevor diese Fragen beantwortet werden können, stellt sich eine andere, sehr grundsätzliche Frage: Was ist überhaupt Zufriedenheit bei einem Kunden?

In der Literatur gibt es dazu mehrere Erklärungsansätze. Im Kern wird die Kundenzufriedenheit in fast allen Theorien als das Resultat eines komplexen psychologischen Vergleichsprozesses beschrieben. Danach vergleicht der Kunde seine wahrgenommenen Erfahrungen nach dem Gebrauch eines Produkts oder einer Dienstleistung mit seinen Wünschen, Erwartungen oder persönlichen Normen. Die Messlatte der Soll-Leistung kann jedoch auch ein anderer Vergleichsstandard vor der Nutzung sein. Wird auf Grund dieses Vergleichs die Soll-Leistung bestätigt oder übertroffen, ist der Kunde zufrieden. Werden seine Erwartungen nicht erfüllt, ist er unzufrieden.

Die richtige Methode

Wie stellt man nun fest, ob die Erwartung des Kunden und die tatsächlich erbrachte Leistung auseinanderklaffen? Auf dieser Fragestellung basiert die traditionelle Methode der Kundenzufriedenheitsmessung. Die befragten Personen werden mit mehreren Dimensionen der Kundenbeziehung konfrontiert und geben eine Note für die Zufriedenheit mit einzelnen, zuvor definierten Kriterien. Wir verwenden eine Skala von 1 (völlig unzufrieden/völlig unwichtig) bis 7 (sehr zufrieden/sehr wichtig). Diese Skala hat sich in der Praxis sehr bewährt und wird u.a. von der American Marketing Association empfohlen. Mit den Zwischennoten kann die Beurteilung abgestuft werden. Insgesamt werden so 24 Einzelkriterien abgefragt und von unseren Kunden bewertet. Die Einzelkriterien werden zu Gruppen zusammengefaßt, um zum einen die Übersichtlichkeit zu erhöhen und zum anderen einen eigenen Zufriedenheitswert für die Kategorie ermitteln zu können. Die von DB Cargo abgefragten Kategorien lauten „transportbezogene Merkmale", „Preis für die Gesamtleistung", „Betreuung durch den Verkauf" sowie „Auftragsbearbeitung und Abrechnung".

Die traditionelle Methode zur Ermittlung der Kundenzufriedenheit besteht in der Gegenüberstellung der Wichtigkeit und der Zufriedenheit verschiedener Dimensionen der erbrachten Leistung. Marktforschern ist seit längerer Zeit bekannt, dass es für die befragten Personen oft sehr schwierig zu beurteilen ist, wie wichtig für sie bestimmte Dimensionen eines Produktes oder einer Dienstleistung sind. Studien zeigen, dass die Wichtigkeitswerte oft sehr nahe beieinander liegen. In der Fachliteratur wird dies oft unter dem Begriff „Anspruchsinflation" zusammengefasst.

Besonders beim Kriterium „Preis" kann beobachtet werden, dass diesem Kriterium gleichzeitig eine hohe Wichtigkeit und eine geringe Zufriedenheit bescheinigt wird. Dies wird häufig damit interpretiert, dass der Proband sich durch dieses Antwortverhalten eine günstigere Ausgangsposition im Bezug auf zukünftige Preisverhandlungen erhofft. Weiter ist bekannt, dass Notenskalen von den Befragten unterschiedlich verwendet werden. So gibt es Personen, die nie die beste Note geben, weil sie davon überzeugt sind, dass nie etwas so gut sein kann, dass es die höchste Note verdient. Daher ist es wichtig, bei der späteren Auswertung der Befragung diese Punkte im Hinterkopf zu behalten und gewisse Reaktionen nicht überzubewerten.

Der Vorteil externer Dienstleister

Entwickelt werden die Fragebögen bei DB Cargo in Zusammenarbeit mit der Forschungsstelle Güterverkehrsmarketing (FGVM) an der Universität Münster; mit der Datenerhebung mittels Interviews wird regelmäßig das renommierte Marktforschungsinstitut EMNID Marketing Services GmbH beauftragt. Der Einsatz externer Dienstleister stellt die Objektivität und Unparteilichkeit sicher. Bei der Datenerhebung werden so zusätzlich Hemmschwellen zur offenen Kritik auf Kundenseite abgebaut. Beides, nämlich die Neutralität und die ausgewiesene Fachkompetenz unabhängiger Dritter, haben sich in den zurückliegenden Befragungen im Hinblick auf Akzeptanz und Beteiligungsbereitschaft sehr bewährt.

Die seit 1997 zusammen mit der FGVM entwickelten Fragebögen sind nicht statisch, sondern werden jährlich überarbeitet. Dabei wird der Standardteil jedoch weitgehend konstant gehalten, um eine Vergleichbarkeit und Auswertbarkeit im Zeitablauf zu gewährleisten. Je nach Anlass und Wichtigkeit von neuen Projekten mit unmittelbarer Auswirkung auf die Kundenbeziehungen werden weitere Fragen zu exakt diesen Projekten angeschlossen. Zusammengefasst könnte man sagen: Die Weiterentwicklung der Fragebögen erfolgt evolutionär und nicht revolutionär.

Der Vorteil der schriftlich-telefonischen Befragung

Adressaten unserer jährlichen Befragung sind über 700 Unternehmen, ausgewogen verteilt über die fünf Marktbereiche von DB Cargo. Dabei werden je Marktbereich die zirka 150 wichtigsten Kunden in die Stichprobe aufgenommen. Die Namen der zu befragenden Interviewpartner auf Kundenseite werden von den DB Cargo Vertriebsmitarbeitern geliefert, die sich im täglichen Kontakt mit dem Kunden befinden.

Befragt werden seit 2001 zudem nicht nur die Logistikentscheider, sondern auch die Logistikdisponenten auf Kundenseite. Der Fragebogen wird den Kunden mit einem persönlichen Brief der DB Cargo-Vorstandsmitglieder für die Ressorts „Wagenladungsverkehr" und „Kombinierter Verkehr" zugesendet. Darauf folgt die telefonische Datenerhebung bei den angeschriebenen Interviewpartnern.

Im Durchschnitt antworten zirka 60 Prozent der angeschriebenen Kunden. Die Verweigerungsquote ist zwar seit zwei Jahren etwas angestiegen, die Vorgehensweise der kombinierten schriftlich-telefonischen Befragung hat sich jedoch grundsätzlich als sehr erfolgreiche Strategie herausgestellt. Auf Grund der höheren Kosten ist dieses Vorgehen jedoch nur für Erhebungen im B2B-Sektor zu empfehlen.

Der Wettbewerbsfaktor als relativierendes Element

Die Interviewpartner werden nicht nur nach ihrer Zufriedenheit mit den Leistungen von DB Cargo befragt, sondern auch nach ihrer Zufriedenheit zu den Leistungen des besten alternativen Wettbewerbers. So erkennen wir jedes Jahr, ob sich beispielsweise Zufriedenheitslücken zum Wettbewerb ergeben haben. Dadurch wird nicht nur ein Vergleich der Entwicklung der Zufriedenheit mit DB Cargo möglich, sondern darüber hinaus die Bestimmung der Position unserer Leistungen im unmittelbaren Vergleich mit dem Wettbewerber.

Ergebnisse als Ausgangspunkt für Verbesserungen

Durch eine verstärkte Kundenorientierung nimmt die Messung der Kundenzufriedenheit in Unternehmen einen immer höheren Stellenwert ein. Dabei spielt jedoch die konkrete Umsetzbarkeit von Maßnahmen als Folge der Ergebnisse auf allen Ebenen des Unternehmens die entscheidende Rolle. Denn was nützen Befragungen, wenn der Kunde nicht realisiert, dass seine Antworten auch zu Verbesserungen des Angebots führen? Im schlechtesten Fall erweist sich in solchen Fällen eine Kundenzufriedenheitsanalyse als kontraproduktiv. Da durch die Befragung zusätzliche Erwartungen beim Kunden geweckt werden können, sinkt die Zufriedenheit kontinuierlich, wenn diese auf Dauer nicht erfüllt werden. Die Wahrnehmung von Veränderungen auf Kundenseite wird so zu einem entscheidenden Faktor und zu einer der Hauptaufgaben des Marketing.

Für DB Cargo ist die Kundenzufriedenheitsanalyse Grundlage und Ansporn für die weitere konsequente Entwicklung und Umsetzung von Verbesserungsmaßnahmen. Dabei ist der Prozess für die Verwendung der Ergebnisse in Richtung Leistungserstellung und -verbesserung kontinuierlich gewachsen und hat erheblich an Bedeutung gewonnen. Zu Beginn wurden die Ergebnisse vornehmlich kommuniziert und von einzelnen Marktbereichen als Anlass für Veränderungen genommen. Dann wurden einige Kriterien der Befragung in die BahnStrategieCard – unserem kennzahlenorientierten Unternehmensführungsinstrument – übernommen. Im nächsten Schritt folgte die Aufbereitung der Detailergebnisse für die Vertriebsmitarbeiter sowie die Integration von Kriterien als Zielgrößen zur Leistungsbeurteilung der für die Betreuung der Kunden verantwortlichen Vertriebsmitarbeiter.

Die Erwartungen haben sich erfüllt

Bis heute haben sich die von uns in die Kundenzufriedenheitsanalyse gesetzten Erwartungen voll erfüllt. Zum einen konnten wir die Wichtigkeit von Leistungsmerkmalen für unsere Kunden sowie deren Zufriedenheit erheben – und das immer im Vergleich zum Wettbewerb. Die Befragungen haben uns in die Lage versetzt, einzelne Bestandteile unserer Leistungskette zu identifizieren, mit denen die Kunden nicht zufrieden sind, und diese den entsprechenden Organisationseinheiten zuzuordnen. Daraufhin wurde der notwendige Handlungsbedarf ermittelt, und es wurden unterschiedlichste Maßnahmen bis hin zu unmittelbaren Gesprächen auf Grund von Befragungsergebnissen mit den Kunden vereinbart. So waren wir in der Lage, die Kundenbindung zu erhöhen.

DB Cargo wird auch weiterhin auf die Kundenzufriedenheitsanalyse setzen. Im Blick haben wir kurzfristig vor allem die Weiterentwicklung der internen Kommunikation der Ergebnisse. Die Daten und Informationen sollen in Zukunft noch umfassender aufbereitet und beispielsweise auch allen Mitarbeitern in den Niederlassungen zugänglich gemacht werden. Dabei werden wir die Weiterentwicklung und Aktualisierung der Fragen nicht aus dem Auge verlieren. Wir erhoffen uns auch in den Folgejahren umfassende Erkenntnisse über das, was unseren Kunden wichtig ist und wie sie unsere Leistungen bewerten. Nur so sind wir in der Lage, auf Versäumnisse zu reagieren und die Kundenzufriedenheit im zunehmenden Wettbewerb langfristig und nachhaltig zu erhöhen.

Der Autor

Jörg Hilker, Dr., ist Bereichsleiter Marketing/Vertriebsunterstützung bei der DB Cargo AG in Mainz. Nach dem Studium der Betriebswirtschaft in Bielefeld und Münster zunächst als Wissenschaftlicher Mitarbeiter am Institut für Anlagen und Systemtechnologien an der Universität Münster (1989-1994), danach als Leiter Angebotssysteme in der Unternehmensentwicklung, Geschäftsbereich Ladungsverkehr, der Deutschen Bahn AG in Berlin tätig (1994-1995), anschließend Assistent Vorstand Güterverkehr der DB AG in Frankfurt am Main (1995-1996), dann Hauptabteilungsleiter Zentrales Marketing bei der DB Cargo AG (1996-2001) in Mainz und seit 2001 Bereichsleiter Marketing/Vertriebsunterstützung der DB Cargo AG.

Echtzeit-Kommunikation in aller Öffentlichkeit: Public Relations in schnellen Massenmärkten

Claas Sandrock

Öffentliche Vollausleuchtung

Die drei Manager gehen auf das Gewirr aus Mikrofonen, Kameraobjektiven, Notizblöcken und Stiften zu, das sich vor dem Eingang aufgebaut hat. Fünf, vier, drei, zwei, eins – und los geht's: Wie fühlen Sie sich in diesem historischen Augenblick? Ist die Auktion zu spät zu Ende gegangen? Ist es gut, dass nun sechs Unternehmen im Rennen sind? Sind die Summen für die Lizenzen nicht zu hoch? Belasten Sie die hohen Summen?

Belasten? Belastend ist für die drei Manager in diesem Augenblick eher eins: Ihr Unternehmen hat vor wenigen Stunden über acht Milliarden Euro für eine UMTS-Lizenz ausgegeben, und auf der Fahrt vom Heliport zum Auktionsort kamen über das Handy irritierende Gerüchte. Ein Partner sei sich seiner Sache nicht mehr so sicher. Genaues weiß man aber nicht. Aber soviel steht fest: Vor einem stehen über 100 Journalisten, die Fragen stellen. Und Antworten erwarten. Jetzt, sofort.

Die Szene, die sich im Jahr 2000 nach der Versteigerung der UMTS-Lizenzen ereignete, symbolisiert zweierlei: die Geschwindigkeit, mit der neue Entwicklungen im modernen Massenmarkt Moblifunk der Öffentlichkeit ausgesetzt sein können – mit einer Aktions- und Reaktionszeit nahe null; und die extreme Informiertheit der gesamten Öffentlichkeit: von den Mitarbeitern, den Marktpartnern, der internationalen Financial Community über die Medien bis hin zu den Kunden.

Die UMTS-Auktion, bei der es um Milliardensummen ging, hatte natürlich eine besonders starke öffentliche Wirkung. Dennoch ist sie beispielhaft für das Kommunikationsverhalten eines modernen, schnellen Marktes und das Interesse an seinen Produkten, die die Menschen bewegen, wie sonst nur das Auto, das Fernsehen und die Rentenreform.

Schon im Vorfeld der Auktion – also eineinhalb Jahre zuvor – begannen Journalisten, sich für das Universal Mobile Telecommunications System (UMTS) zu interessieren, mit dem sich erstmals Bewegtbilder mobil abrufen lassen. Von den künftigen Bietern wurden die ersten Technik-Workshops für Journalisten abgehalten, um die eigene Kompetenz auf diesem Themengebiet zu unterstreichen und sich darüber in die Medien zu heben. Der Wettlauf um die Stichwortgeber-Führerschaft für Journalisten hatte begonnen. Eineinhalb Jahre später kannten die Journalisten nicht nur die Bedeutung von UMTS, sondern auf die Kommastelle genau die Finanzkraft jedes einzelnen Bieters.

Wurde früher die Marktmacht von Mobilfunkanbietern nach der Anzahl der Kunden bemessen, so kannten die Journalisten der führenden Medien zur Auktion den ARPU (Average Revenue per User oder Durchschnittsumsatz pro Kunde) getrennt nach Vertragskunden und Kunden mit einer Guthabenkarte, nach Quartalen und nach den unterschiedlichen Geschäftsjahren. Umsatz und Ergebnis reichten als Richtgrößen nicht mehr aus. Ansonsten technisch völlig uninteressierte Verbraucher kennen heute die Bedeutung von Abkürzungen wie GPRS und HSCSD, die lediglich mobile Übertragungstechnologien kennzeichnen, für den normalen Durchschnittskunden aber weitestgehend unwichtig sein sollten. Wer kennt schließlich die Einspritztechnik beim Motor seines Autos?

Mobile Kommunikation berührt zwei fundamentale menschliche Bedürfnisse, den Wunsch nach Bewegung und den Wunsch nach zwischenmenschlichem Austausch und Kontakt. Die Konsumenten haben diese zentrale Bedeutung mobiler Kommunikation für sich und die Auswirkungen auf Wirtschaft und Gesellschaft erkannt.

Gas geben im Informationskreislauf

Zu den kommunikativen Eigenheiten des Marktes für mobile Kommunikation gehört die sehr hohe Informationsdichte und die hohe Geschwindigkeit, mit der die interne und externe Öffentlichkeit nach und nach die unterschiedlichen Informationschichten des Marktes abträgt. Beides verstärkt sich wechselseitig. Je mehr Informationen die Unternehmen preisgeben, desto mehr neue werden nachgefragt.

Das sehr hohe Grundinteresse aller Stakeholder an diesem Markt, seinen Unternehmen und seinen Produkten schafft eine hohe, schnelle Nachfrage nach „frischen" Informationen. Die Beschleuniger in diesem Prozess sind die Journalisten. Sie müssen bei einem immer vielfältigeren Angebot für ihre Leser den Überblick behalten und eine professionelle Beratungsleistung abliefern (ohne sachliche Fehler, sonst steht der fehlinformierte Leser anderntags per E-Mail-Leserbrief auf der Matte). Zugleich sind sie selbst einer starken Konkurrenz ausgesetzt. Wer hier zu den Meinungsbildnern unter den Medienvertretern zählen will, muss relevante Neuigkeiten vorweisen können.

Nicht bei der Entdeckung der News selbst, aber bei ihrer Interpretation spielen die Analysten eine wichtige Rolle. Ihre Bedeutung in der öffentlichen Meinungsbildung ist mit der Unübersichtlichkeit und der Flut an Informationen gestiegen. Hier sind unabhängige Experten im Hintergrund einfach unabdingbar. Aber auch Analysten sind nur sich informierende Menschen. Unternehmen müssen diese Adressaten deshalb zwingend in ihre Kommunikation.

Die in populären Massenmärkten – wie dem Mobilfunk – entfachte Dynamik der Meinungsbildung erfordert einen bestimmten Typus als PR-Berater/in: weniger den in vielen Personalanzeigen immer noch gesuchten glänzenden Verkäufer „mit hervorragenden Kontakten zu den Medien" (die muss sie oder er ohnehin haben), sondern einen Kommunikationsmanager, der dafür sorgt, dass innen und außen die notwendigen Informationen zur richtigen Zeit bei ihren Abnehmern sind. Das schließt die korrekte Interpretation eines Fakts ein.

In einem sich sehr schnell und intensiv bewegenden Meinungsmarkt müssen Unternehmen die Informationsabläufe selbst in Gang halten. Ansonsten sind sie Getriebene von Meinungen über ihre eigenen Leistungen. In schnellen Meinungsmärkten werden Gerüchte auch schneller zu Klischees und sorgsam aufgebaute Images schneller wieder beschädigt.

Always on und alles erklären

Mobilfunkunternehmen können sich keine Sendepausen oder Funkstörungen bei ihrer Informationsarbeit erlauben. Über ihre Call Center stehen sie ihren Kunden bei Fragen zu ihren Tarifen, Datendiensten und den von ihnen verkauften Mobiltelefonen hundertausend- bis millionenfach pro Monat Rede und Antwort. Ein schlechter Medienbericht, und die Kunden wollen von den Mitarbeitern an der Hotline wissen, was tatsächlich dran ist. Sprachregelungen zu medienträchtigen Themen müssen deshalb auch den Hotline- und Vertriebsmitarbeitern bekannt sein.

Bei E-Plus erfolgt die Abstimmung zwischen der Unternehmenskommunikation und den Kollegen aus der Kundenkommunikation, die für die rund 1.000 Call Center Agents in einem elektronischen Handbuch die wichtigsten Fragen und Antworten bereithalten. Besondere Vorkommnisse müssen unmittelbar an Mitarbeiter, Marktpartner, Politiker, Kunden und Medien vermittelt werden, bevor sie über das Internet oder andere Medien zirkulieren und irreführend dargestellt oder interpretiert werden.

Schnell und kreativ reagieren

Mitunter berichten Medien schneller und vermeintlich detaillierter über ein Thema, als es das Unternehmen selbst überhaupt schon kann. So geschehen bei der Einführung des mobilen Multimedia durch E-Plus im Frühjahr 2002. Im Januar 2001 war bekannt gegeben worden, dass E-Plus mobiles Multimedia nach dem japanischen Vorbild i-mode in Deutschland einführen werde. Schon lange bevor das Produkt für den deutschen Markt überhaupt entwickelt worden war, begannen die Medien, darüber zu berichten. Quellen waren Korrespondenten in Japan, Unternehmensberater, Analysten und selbst ernannte Telekommunikations-Experten. Transportiert und diskutiert wurden Vorurteile über japanische Konsumgewohnheiten, besondere Marktkonstellationen in Japan und eine vermeintliche technologische Insellösung, die in Europa angeblich nicht funktioniere.

Die Eigendynamik des Meinungsmarktes begann sich zu entfalten. Bevor die an sich positive Einstellung gegenüber dem mobilen Multimedia aus Japan in eine übermäßig kritische Haltung umschlug, musste schnell gehandelt werden. Die Lösung: Ohne dass Details zum Angebot wie die Anzahl und Art der Inhalte/Angebote, die Preise und die Endgeräte für den Kunden schon feststanden, gingen die Mitarbeiter der Presseabteilung auf Reisen. Ausgestattet mit einer Laptop-Präsentation und einer nur bedingt schon funktionierenden Demo-Version des neuen Handsets, besuchten sie binnen drei Wochen bundesweit 60 Journalisten und griffen in jedem Einzelfall die kursierenden Gerüchte auf.

Kommunikationsunternehmen sind kommunikative Unternehmen

In einem schnell agierenden Massenmarkt sind die Unternehmen gezwungen, schnell und flexibel zu agieren, damit sie den Kunden die Angebote von morgen machen können und nicht mit Produkten an den Markt gehen, die in den Augen der veröffentlichten Meinung schon wieder „von gestern" sind. Dazu müssen die Strukturen von zentralen Unternehmensbereichen wie Technik, Marketing und Vertrieb mit teilweise mehreren hundert Mitarbeitern fortlaufend auf den neuesten Stand gebracht werden.

Kommunikation im Unternehmen ist in erster Linie eine zentrale Führungsaufgabe und damit eine Managertätigkeit. Das quantitative und qualitative Ausmaß der Kommunikation der Führungskräfte steigt in schnellen Märkten erheblich an. Die reine Information der Mitarbeiter reicht nicht mehr aus. Wie die externe Öffentlichkeit haben sich auch die Mitarbeiter die verschiedenen Informationsschichten des Marktes erschlossen. Manager sollten ihre Mitarbeiter deshalb nicht nur informieren, sondern angesichts der Vielzahl an Informationen darüber hinaus Interpretationen geben und das Feedback der Mitarbeiter im Unternehmen weiterleiten, damit die maßgeblichen Entscheidungsträger im Management wissen, wie die Meinungsbildung im eigenen Haus aussieht und ob künftige Entscheidungen die Anforderungen der Mitarbeiter treffen.

Kommunikationsunternehmen mit einer großen Öffentlichkeitswirkung sind gezwungenermaßen auch kommunikative Unternehmen. Die hohe Medienpräsenz des eigenen Unternehmens macht es unmöglich, Wettbewerbsschwächen vor den eigenen Mitarbeitern zu verbergen. Sie werden mit einem Blick in die Zeitung aufgedeckt. Fragen der Belegschaft kann nicht mit einem autoritären Kommunikationsstil begegnet werden, sondern nur mit einer offenen Diskussion. Wie externe Stakeholder auch, fordern Mitarbeiter täglich schnelle Informationen und handfeste Argumente ein. Die Unternehmensführung ist gut beraten, einen offenen Kommunikationsstil zu pflegen: Schließlich sind es die gut informierten und motivierten Mitarbeiter, die sich mit „ihrer Marke" identifizieren, die bei ihren jählich abertausenden persönlichen Kontakten mit Kunden, Händlern, Lieferanten und anderen Marktpartnern den Unterschied zum Wettbewerb ausmachen.

Zielsetzung von E-Plus ist es deshalb, eine völlig transparente interne Kommunikation zu besitzen, bei der alle Mitarbeiter die Ziele des Unternehmens, den Stand der Zielerreichung und die nächsten Schritte im Wettbewerb kennen. Nachdem in den ersten Jahren des erst neun Jahre jungen Unternehmens interne Kommunikation „nebenbei" erledigt wurde, kümmert sich seit anderthalb Jahren eine neu aufgebaute Abteilung um den schnellen Informationsfluss. Den Mitarbeitern stehen als Medien SMS-Infos (für Vorankündigungen und Ad-hoc-News), E-Mails (punktuell und aktuell bei wesentlichen Anlässen), das Intranet, ein Online-Newsletter (Umfang ca. neun Seiten, zweiwöchentlich) und ein zweimonatliches Mitarbeitermagazin (mit Themenschwerpunkten und vertiefenden Informationen) zur Verfügung.

Selbst das redaktionelle Konzept des Mitarbeitermagazins zielt auf eine hohe Bereitschaft zu persönlicher Kommunikation ab. Im Mittelpunkt stehen die Menschen bei E-Plus, ihre Aufgaben, Meinungen und Motivationen. Vorgelebt und initiiert wird ein Kennenlernen, Vernetzen und Öffnen für neue Themen und Kollegen unabhängig vom eigenen Standort in Deutschland und dem eigenen Unternehmensbereich.

Zu den Medien kommt ein umfangreiches Veranstaltungsprogramm hinzu. Dazu gehören Maßnahmen, die ausschließlich der schnellen und korrekten Information dienen (Präsentationsreihen zu den eigenen Produkten, zu Neuausrichtungen des Unternehmens etc.) bis hin zu unterhaltenden Veranstaltungen auf regionaler und nationaler Ebene. Zielsetzung aller Maßnahmen ist die schnelle Information und die Förderung einer offenen Unternehmenskultur, damit eine reibungslose Kommunikation das Öl und nicht der Sand im Getriebe einer komplexen und schlagkräftigen Organisation und ihre Prozesse sind.

Öffentlicher Auftritt und innere Haltung

In einem Markt, in dem nahezu jede Information binnen kürzester Zeit von den Stakeholdern auf ihren Wahrheitsgehalt hin überprüft werden kann, können auch Vertrauen und Glaubwürdigkeit in ebenso kurzer Zeit verspielt werden. Echtheit und Konsistenz der gelieferten Informationen sind daher ein absolutes Muss. Das Spielen und Dealen mit Informationen gehören zwar immer noch zum Klischee der Public Relations, aber weniger zur Kommunikationsrealität im Markt für mobile Kommunikation; nicht zuletzt, weil die Reputation der für die Unternehmen ein- und auftretenden Personen selbst (Top-Management und Kommunikationsmanager) auf dem Spiel steht.

Sie sind es, die für ihr Unternehmen den Informationskreislauf aufrechterhalten. Die permanente Nähe zu den Stakeholdern schafft hohe Maßstäbe für ihre persönliche Kommunikationsfähigkeit. Sie müssen authentisch sein und überzeugend wirken. Das alleine ist nichts Neues, allerdings verschärft auch hier die notorische Zeitknappheit die Anforderungen. Botschaften und Argumente müssen mit Stichworten abrufbar sein. In einem gut informierten Medienumfeld kommt es noch mehr als ohnehin schon auf vielfältige Fakten und noch weniger auf die Art ihrer Darbietung an. Die Fakten sollte jeder, der für das Unternehmen spricht, immer parat haben. Und leere Verpackungen – z.B. aufwändige, aber inhaltsfreie Pressekonferenzen oder vollmundige Versprechungen – werden wohl von allen Medien schnell entsorgt: Entweder gibt es keine Berichterstattung oder eine bissige.

Die Art des Auftretens spielt dennoch eine Rolle. Bei E-Plus laufen alle Produktpräsentationen und Pressekonferenzen mit mehr als 60 Journalisten nicht mehr nach dem Muster einer klassischen Pressekonferenz (Vorstand verschanzt sich auf dem Podium hinter Tischen und Namensschildern) ab. Wer von sich behauptet, er verkauft Kommunikationsprodukte, die Menschen einander näher bringen, kann nicht Distanz aufbauen. Wer als starke Nummer drei im Markt die größeren Konkurrenten herausfordern will, muss sich offen und couragiert zeigen. Folglich präsentiert der Chief Executive Officer die Zahlen zum letzten Geschäftsjahr und die Innovationen, die Bewegung in den Markt bringen sollen, auf offener Bühne und mit Visualisierung im Hintergrund. Kurz, knapp, konzentriert, damit ausreichend Zeit für die Fragen der Journalisten bleibt.

Die Haltung der Kommunikationsabteilung

Die Unternehmenskommunikation von E-Plus arbeitet dem eigenen Verständnis nach wie eine kommunikative Verteilerdose. Die Mitarbeiter sollen sich laufend mit Kollegen aus den unterschiedlichen Unternehmensbereichen austauschen, damit sie Informationen schnell ins Unternehmen hinein- und wieder heraustragen sowie im eigenen Haus hin- und hertransportieren. Die Unternehmenskommuniktion ist an der Entwicklung aller maßgeblichen Kommunikationsaktivitäten beteiligt. Die Interne Kommunikation arbeitet mit dem Management Board und dem Personalbereich beispielsweise bei der Weiterentwicklung der Unternehmenskultur zusammen. Die Mitarbeiter der Presse- und Öffentlichkeitsarbeit arbeiten mit dem Marketing an den Kommunikationsmaßnahmen für neue Produkte. Vom Prinzip, alle Produkte auch durch Public Relations in den Markt zu „pushen", hat sich E-Plus jedoch verabschiedet. Nur solche Produkte erhalten PR-Begleitung, die über dieses Kommunikationsinstrument vermittelt werden können.

Fünf Grundsätze für eine reibungslose Kommunikation

Nachfolgende Stichworte für die Kommunikation von Unternehmen in beweglichen Märkten und bewegten Zeiten sind sicher nicht neu und einzigartig, sie haben sich jedoch in einem Markt, der kommunikativer und deutlich schneller ist als selbst der der so genannten „fast moving consumer goods", als hilfreich erwiesen.

Klarheit: Wo viele Informationen zirkulieren, können leicht Widersprüche aufkommen. Die Unternehmen sollten also den Überblick behalten, welche Informationen wann an welche Stakeholder vermittelt wurden. Andernfalls kommen Verstimmungen auf.

Konsistenz: Es gibt kaum eine Information, die nicht allen Stakeholdern gleichzeitig zugänglich ist. Das setzt Schönfärberei gegenüber bestimmten Gruppen deutliche Grenzen.

Kontinuität: Alle Informationen bauen aufeinander auf. Einmal gemachte Angaben können nicht nachträglich umgedeutet werden. Das würde Misstrauen schaffen.

Konsequenz: Wer nicht kommuniziert, existiert nicht. In einer Mediengesellschaft werden Unternehmen, die nicht mit gleichbleibender Dynamik kommunizieren, nicht wahrgenommen. Wer sich in den Medien selbst erst einmal sanft ausgeblendet hat, muss sich durch engagierte Kontaktarbeit und den Aufbau von Vertrauen zurück ins Rennen bringen.

Konzentration: In einem hart umkämpften Markt machen die Wettbewerber freundlicherweise gerne mal die eigene Kommunikationsarbeit gleich mit. Das Ergebnis wird jedoch nicht wirklich zufrieden stellen. Aber auch die Konkurrenz kann bei der Medienarbeit hinter den Kulissen nur solche Argumente einsetzen, die auf öffentlich zugänglichen Fakten basieren. Gegenüber den Stakeholdern die Entwicklung des eigenen Unternehmens vor dem Hintergrund von Marktanteilen, Finanzfragen, Innovationen, Expertenmeinungen, neuen Standardisierungen etc. aufzeigen erfordert eine aktive und vorausschauende Kommunikation.

Der Autor

Claas Sandrock ist Director Corporate Communications bei der E-Plus Mobilfunk GmbH & Co. KG in Düsseldorf. Nach dem Studium der Politischen Wissenschaften, Geschichte und neueren deutschen Literatur war er von 1991-1996 bei der PubliKom Kommunikationsberatung GmbH in Hamburg tätig; 1996 wechselte er zu E-Plus nach Düsseldorf. Dort startete er seine Laufbahn als Referent Presse-/Öffentlichkeitsarbeit (1996-1997), wurde dann Pressesprecher (1997-1998), avancierte schließlich zum Abteilungsleiter Presse-/Öffentlichkeitsarbeit (1999-2000) und ist seit 2000 Director Corporate Communications.

Neue Wege im Customer Relationship Management

Hubert Österle/Rainer Alt

„Know who" kommt vor „Know-how"

Wie werden in gesättigten Märkten Umsatz und Gewinn weiter gesteigert? Die Antwort auf diese Frage stellt den Kunden und seine Bedürfnisse in den Mittelpunkt: Customer Relationship Management (CRM). Das effektive Management der Kundenbeziehung trägt in vielen Branchen erheblich zur Kundenbindung bei und kann neue Umsatzpotenziale eröffnen. In den Unternehmen hat deshalb eine beinahe hektische Suche nach der Umsetzung kundenorientierter Ansätze eingesetzt. 1999 wurden gemäß Gartner Group weltweit nicht weniger als 7,8 Milliarden US-Dollar für CRM-Projekte aufgewendet. Während im Jahr 2000 der CRM-Markt aber noch um 89 Prozent gewachsen ist, wird angesichts vieler gescheiterter CRM-Projekte das ehemalige Zauberwort heute differenzierter beurteilt. Ein langsames Wachstum von zehn Prozent wird für 2003 prognostiziert (Gartner Dataquest).

Das Potenzial ist vorhanden, konnten 2001 doch gerade drei Prozent der europäischen Unternehmen ein vollständig umgesetztes CRM-Projekt vorweisen. Während bei 35 Prozent die Einführung eines CRM-Systems in Planung war, hatten sich 45 Prozent noch nicht damit beschäftigt (vgl. Hippner et al. 2001). In vielen Fällen ist dies gleichbedeutend mit einer grundsätzlichen Denkweise, denn mehr noch als die Einführung eines Informationssystems bedeutet CRM die Ablösung der (internen) Produktsicht durch eine kundenorientierte Philosophie. Nur wer den engsten Kundenkontakt besitzt, weiß, welche Services dem Kunden den meisten Nutzen bieten und kann dadurch seine Kundenbindung verbessern (vgl. Bach et al. 2000).

Beispielsweise bieten Banken heute über das Internet eine Vielzahl an Services – von personalisierter Konto- und Depotübersicht hin zu „Alerts" für Kursentwicklungen, Vorlagen für Überweisungen etc. Hat ein Kunde diese Services auf seine Bedürfnisse angepasst (Konto-, Depotnummern etc.), so wird er einen Wechsel nur bei hoher Unzufriedenheit oder entsprechend besseren Leistungen eines Konkurrenten in Erwägung ziehen.

Kunden wünschen nicht nur ein Produkt oder eine Dienstleistung, sondern die Lösung für ein Kundenproblem. Für die Unternehmen heißt dies, dass über die eigentliche Kauftransaktion hinaus begleitende Services angeboten werden. Dazu ist es allerdings notwendig, die Bedürfnisse des Kunden, also seinen Kundenprozess, im Detail zu kennen.

Diese konsequente Kundenorientierung illustriert Avnet, ein auf den Vertrieb von elektronischen Komponenten spezialisiertes und weltweit tätiges Unternehmen mit Sitz in Phoenix (USA). Die Gesellschaft kennt keine herkömmliche Organisationsstruktur nach Produktgruppen, sondern ist nach den vier wichtigen Kundenprozessen organisiert. Über die Website werden neben einem Multi-Lieferantenkatalog vielfältige Zusatzservices (z.B. die Suche und Evaluation einer Antenne, das Design und den Test dieser Antenne in einem neuen Gerät, die Montageanleitung, die Kalkulation aus einer Hand etc.) angeboten. In der Produktion hilft Avnet, den Teilebedarf zu planen und die Artikelstammdaten der Kunden zu pflegen. Zudem übernimmt die Gesellschaft die Lagerhaltung sowie die Abrechnung der Produkte und Dienstleistungen.

Das „Know who", also die Kenntnis der Anspruchsgruppen und ihrer Bedürfnisse, kommt vor dem „Know-how", dem Wissen über die Umsetzung der Kommunikation und der Bearbeitung. Im Bereich des „Know-how" wurden in den letzten Jahren neue Strategien und Kanäle geschaffen, Milliardenbeträge aufgewendet und (vermeintliche) Kundengruppen bearbeitet, ohne dass genügend Kenntnis darüber vorhanden war, ob man das Richtige für die Richtigen tut.

Sechs Erfolgsfaktoren der CRM-Strategie

Was kennzeichnet nun die erfolgreiche Umsetzung einer CRM-Strategie? Das Institut für Wirtschaftsinformatik führte zusammen mit dem TECTEM der Universität St. Gallen eine Benchmarking-Studie bei 120 CRM-Anwendern durch (vgl. TECTEM-IWI 2001) und identifizierte sechs Faktoren für die erfolgreiche CRM-Umsetzung.

1. Unternehmen reorganisieren

Die Mehrheit der untersuchten Unternehmen unterzogen sich mit dem CRM-Projekt einer kompletten Reorganisation und orientieren sich neu an Kunden- bzw. Marktsegmenten. Schlüssel zum Erfolg in der Reorganisation war jeweils, dass die Kundenorientierung (und -verantwortung) im Vorstand bzw. in der Geschäftsleitung verankert und von diesen mitgetragen wird. Die neuen Organisationseinheiten werden durch ein zentrales Marketing unterstützt.

Bei der Consors Discount-Broker AG in Nürnberg ist jedes Geschäftsleitungsmitglied für ein Kundensegment (Neukunden, Easy Trader, Heavy Trader) verantwortlich. Ein zentraler Marketingbereich unterstützt die Aktivitäten der Divisionen und koordiniert sie firmenübergreifend.

2. Best Practice im Projektmanagement

Durch die Verankerung der Kundenaktivitäten auf oberster Ebene ist auch die ausreichende Ressourcenausstattung und die Priorität des Projektes sichergestellt. Der Mentor in der Geschäftsleitung ist insbesondere dann wichtig, wenn die übergreifende CRM-Strategie und die Road-Map zu entwickeln sind, wenn übergreifende Lösungen wie z.B. eine einheitliche Kundennummer oder ein einheitlicher Verkaufsprozess notwendig werden oder wenn das Projekt nicht unmittelbar zum Erfolg führt. Mit der Einführung eines CRM-Systems waren die CRM-Projekte daher auch nicht beendet.

Bei der Heidelberger Druckmaschinen AG wurde direkt vom Vorstandsvorsitzenden ein Projekt zur Neuausrichtung der Organisation am Kunden durchgeführt. Dabei wurde eine übergreifende Organisation und Umsetzungsplanung für die CRM-Aktivitäten des Unternehmens ins Leben gerufen. So wurden nach dem Entscheid zur CRM-Einführung alle laufenden Aktivitäten konsolidiert und als selbstständige Teilprojekte unter der Leitung der Marketing Intelligence & CRM-Gruppe weiterbearbeitet. Gemeinsam mit den Länderorganisation werden Roadmaps für Einführung und Umsetzung von Pilotprojekten entwickelt. Mittels dieser gewonnenen „Best Practices" soll ein unternehmensweiter Roll-out und damit eine Standardisierung erreicht werden.

3. Kundenprozess verstehen

Das Verständnis des Kundenprozesses ist die Voraussetzung zur Schaffung von Mehrwert gegenüber dem Kunden und zur Ableitung der unternehmensinternen Prozesse über die verschiedensten Kanäle und Systeme hinweg. Die meisten Best-Practice-Unternehmen orientieren sich dabei an vollständigen Kreisläufen, welche die wichtigsten Phasen des Kundenlebenszyklus umfassen. Zum Verständnis, welche Kundensegmente zu unterscheiden sind, welches Potenzial diese besitzen und welche Leistungen gefragt sind, vertrauen die Unternehmen auf systematisches analytisches CRM.

Die Swisscom in Bern verwendet beispielsweise den Lebenszyklusansatz zur Vorbereitung ihrer Marketing- und Rückgewinnungskampagnen. Nach der Analyse und Bewertung der einzelnen Kundensegmente nach Umsatz wird aus dem Kundenlebenszyklus abgeleitet, welche Kunden über eine Kampagne angesprochen werden und was ihnen angeboten wird. Swisscom unterscheidet die fünf Phasen Acquisition, Growth, Retention, Prevention und Win-back. Diese Segmentierung dient auch als Ausgangsbasis für Marketing-Kampagnen; so werden z.B. absprunggefährdete Kunden in so genannten Churn-Analysen identifiziert und bearbeitet.

4. Kundendatenbank als Kernstück

Eine Kundendatenbank ist neben der Neudefinition der Prozesse der Schlüssel einer erfolgreichen CRM-Strategie und Voraussetzung für ein wirkungsvolles Customer Profiling. Die Studie bestätigt, dass der Aufbau einer Kundendatenbank bis zu einer profitablen Nutzung im Durchschnitt zwei Jahre benötigt. Entscheidend ist nicht die Fülle der Informationen, sondern vielmehr deren inhaltliche und datentechnische Verknüpfbarkeit sowie deren handlungsorientierter Problembezug. Die Integration erfolgt vielfach über Data Warehouses.

In einem Gemeinschaftsprojekt von The Information Management Group (IMG) und der SAP AG bei der AOK werden sämtliche Geschäftspartnerdaten, also alle Kundenstammdaten, alle Beziehungsdaten und alle Kontaktdaten zu Kunden, in einer Geschäftspartneranwendung zusammengefasst. Diese bilden die zentrale Datenbasis für alle darauf aufbauenden Geschäftsprozesse und Kundeninteraktionen. Darüber hinaus werden kundenabhängige Bewegungsdaten gesammelt. Beide Informationsquellen werden künftig den Mitarbeitern in unterschiedlichen Aggregationsstufen online zur Interaktion mit dem Kunden zur Verfügung gestellt.

5. Identifikation der Messgrößen

Als Messgröße für den Erfolg der CRM-Strategie identifizierten die Unternehmen einhellig die Kundenzufriedenheit. Damit wird aber auch die Messbarkeit des Erfolgs schwierig, weil zwischen qualitativen Messgrößen und eindeutigen, quantitativen Kennzahlen eine lange Wirkungskette liegt. Produktivitätsverbesserungen oder eine verbesserte Positionierung am Markt benötigen eine längere Laufzeit als etwa eine subjektiv wahrnehmbare einfachere Kundenbetreuung oder der Erfolg einer einzelnen Marketing-Aktion. Alle an unserem Benchmarking beteiligten Unternehmen haben darum spezifische interne oder externe Kennzahlen als Messgrößen für den Erfolg definiert.

Der Outsourcing-Dienstleister Alta Resources mit Sitz in Neenah und Fullerton (USA) verankert seine CRM-Strategie in Balanced Scorecards. Alta Resources verbindet die eigenen Kennzahlen mit der Scorecard ihrer Kunden, um eine maximale gemeinsame Ausrichtung zu schaffen. Indizes zu Kundenzufriedenheit und -loyalität werden auf Unternehmensebene konsolidiert und über die Balanced Scorecards verfolgt. Damit werden die Unternehmensziele in die Organisationseinheiten und teilweise bis zum individuellen Mitarbeiter heruntergebrochen.

6. Kundenzentriert denken und handeln

Als Herausforderung erwies sich der notwendige Sinnes- und Verhaltenswandel auf allen Stufen des Unternehmens. Um den Erfolg von CRM zu sichern, muss der neue Kundenfokus als Wettbewerbsfaktor erkannt werden. Das Projekt wurde darum meist an ein umfassendes Change Management gekoppelt, um allen Beteiligten die Notwendigkeit zum Umdenken und die Vorteile der neuen Ausrichtung zu verdeutlichen. Nicht neu, aber in seiner Deutlichkeit überraschend ist der Umstand, dass das Management aller Unternehmen durch Vorbildrolle und Commitment den entscheidenden Beitrag zur Entstehung kundenzentrischer Kulturen erbringen musste.

Bei der Unisys (Schweiz) AG in Zürich ist ein Mitglied der Geschäftsleitung Projektsponsor für die CRM-Einführung. Das CRM-System unterstützt den Verkaufsprozess und wird vor allem von den Vertriebs- und Servicemitarbeitern genutzt. Die Bereichsleitung ist in die Erarbeitung und Verfolgung der strategischen CRM-Ziele aktiv eingebunden.

Rolle der Informationstechnologie im CRM

Obwohl das Thema CRM in der aktuellen Diskussion durch den IT-Sektor besetzt ist, kommt der Technologie nur eine unterstützende Funktion zu („Enabler"). Die technologischen Herausforderungen sind mehrheitlich bewältigt. Wenn im Einzelfall ein CRM-Projekt zu scheitern droht, so sind die Gründe weniger im Unvermögen der Technologie als in der fehlenden Umsetzung der sechs Erfolgfaktoren in der eigenen Strategie zu suchen.

Erfahrungsgemäß wird die Bedeutung der Evaluation der CRM-Systeme für die unternehmenseigenen Bedürfnisse überschätzt. Alle namhaften Systeme bieten trotz unterschiedlicher Wurzeln in der IT dieselben Funktionalitäten und sind genügend flexibel, um den unternehmensspezifischen Vorgängen gerecht zu werden. Ist der Einsatzzweck des Systems klar definiert, spielt vielmehr die Standardisierung der Prozesse und Systemfunktionalitäten die entscheidende Rolle.

Die Bosch-Rexroth AG, ein marktführender Maschinenbau-Zulieferer im Bereich Industrie- und Fabrikautomation sowie Mobiltechnik, implementierte gemeinsam mit The Information Management Group (IMG) eine kundenorientierte E-Business-Strategie: Ein Kundenportal sammelt alle Produktinformationen über den gesamten Produkt-Lebenszyklus und macht sie den Kunden verfügbar. Gleichzeitig eröffnet es einen zusätzlichen Vertriebskanal, ohne bestehende Kanäle zu gefährden. Das Portal wurde in die bestehenden Informationssysteme des Unternehmens integriert und sorgte rasch für Zusatznutzen: Durch die Vereinheitlichung und Zentralisierung von Unternehmensinformationen wurden interne Einsparpotenziale erschlossen und ein homogener Unternehmensauftritt nach außen gewährleistet. Zudem konnten die internen Prozesskosten, etwa bei der Bestellung von Standardkomponenten, deutlich gesenkt werden. Schließlich sorgte die gezielte Bereitstellung von Informationen für eine verbesserte Kommunikation im weltweiten Vertrieb.

Die Integration des CRM-Systems mit den bestehenden Systemen ist eine Voraussetzung zur Abbildung funktions- und kanalübergreifender Prozesse. Integrationspunkte bestehen je nach abgebildetem Prozess beispielsweise hinsichtlich Benutzerdaten aus Human Resources-Systemen oder der Übergabe von Bestellungen an „Enterprise Ressource Planning"-Systeme. Im CRM muss neben der horizontalen Integration mit anderen operativen Applikationen zusätzlich die Dimension der vertikalen Integration berücksichtigt werden. Während die horizontale Integration primär die Integration von Applikationen entlang des Kundenprozesses umfasst, adressiert die vertikale Integration die Verbindung und Verdichtung von Daten z.b. in einem Data Warehouse zu Analysezwecken (analytisches CRM).

Sechs Trends am CRM-Horizont

Neben der aktuellen Umsetzung von CRM-Projekten wurden die wichtigen Entwicklungstrends mit den Teilnehmern der Benchmarking-Studie diskutiert. Aufbauend auf den positiv eingeschätzten Auswirkungen von CRM, wurden sechs Trends genannt.

1. Vollständiger CRM-Kreislauf über alle Kanäle

Die Leistungen des Unternehmens sind keineswegs auf das Web als Vertriebskanal beschränkt, sondern stehen über mehrere Kanäle (z.b. Offline-Kanal, Call Center, Web-Portal, WAP) gleichermaßen zur Verfügung. Der Kunde wählt den Vertriebskanal je nach Situation und Präferenz, z.b. zur Informationssuche das Web, zur persönlichen Beratung eine Verkaufsstelle und für die telefonische Bestellung ein Call Center. Obwohl noch kein Unternehmen der Benchmarking-Studie seine Web-Aktivitäten mit seinen CRM-Aktivitäten verbunden hatte, wird diese Integration als ein wichtiger Entwicklungstrend beurteilt. Ziel ist der Zugriff auf die Leistungen des Prozessportal eines Unternehmens (Österle 2002) über mehrere Kommunikationskanäle (Multi-Channel).

2. Bildung von Communities

Die Kommunikation bleibt nicht mehr länger auf den vertikalen Informationsaustausch zwischen Lieferant, Unternehmen und Kunden beschränkt; es etabliert sich vielmehr eine horizontale Kommunikation zwischen Kunden, Unternehmen und Lieferanten. In Communities werden Erfahrungen in Chats, Online-Seminaren, FAQ-Foren ausgetauscht und Beziehungen geknüpft. Als Teil des Wissensmanagements liefern Communities wichtige Feedbacks, die schließlich im Unternehmen für die Verbesserung der Produkte und Dienstleistungen, für die

Erweiterung der Service-Palette oder die Befriedigung neuer Kundenbedürfnisse genutzt werden können.

Ein herausragendes Beispiel für eine E-Community ist ENEN.com, das von Avnet betrieben wird. Nicht weniger als 500.000 Ingenieure aus über 20 Ländern partizipieren regelmäßig an Diskussionsforen, Online-Seminaren etc. Im Durchschnitt verbringen sie 2,5 Stunden pro Monat in der Community und sichern damit die Stellung von Avnet als eine der ersten Adressen für Know-how im Tätigkeitsbereich des Unternehmens.

3. Integration von CRM und Supply Chain Management

Um die Möglichkeiten von CRM auszuschöpfen, ist die Integration mit anderen Systemen des Unternehmens anzustreben. Ein wichtiger Bereich ist die Verbindung zum Supply Chain Management (SCM), da Prognosen zum Erfolg von Marketing-Kampagnen direkt in die Absatzplanung einfließen können. Durch die gesteigerte Planungssicherheit lassen sich Bestände in der Supply Chain verringern.

Beispielsweise hat die Bertelsmann AG gemeinsam mit der Syskoplan AG eine integrierte CRM-Umgebung auf Basis von mySAP.com realisiert. Ausgehend von sinkenden Kundenzahlen und Erlösen, wurde 1996 eine Reorganisation des Buchklub-Geschäftes durchgeführt. Traditionell konträre Ziele (z.B. Reduktion von Bestandskosten vs. Kundenzufriedenheit durch Vorrätigkeit) wurden mit einer so genannten Marketing Intelligence Organisation realisiert, die eine übergreifende Planung auf Basis einer Integration von SAP CRM, APO, BW und PS durchführen kann.

4. Integration der Mobilkommunikation

Der mobile Geschäftsverkehr (M-Commerce) gilt als ein künftig wichtiger Bereich zur verbesserten Abdeckung von Kundenbedürfnissen. Im Vordergrund steht allerdings weniger, ob Kunden ihre Kommunikation von anderen Kanälen auf die mobilen Endgeräte wie WAP-fähige Mobiltelefone oder so genannte Personal Digital Assistants (PDA) verlagern werden. Interessanter wird sein, wie der Kunde in seinem Problemlösungsprozess besser unterstützt wird und welche Dienste Unternehmen zusätzlich anbieten können.

Die Anwendungsbeispiele des M-Commerce sind vielfältig und reichen von der Unterstützung von Außendienst- und Service-Mitarbeitern bis hin zu Straßenver-

kehrs- und Tourismusinformationen und Überwachungssystemen. *Letztere erlau-*
ben im Gesundheitswesen ein effektives Patient Monitoring, d.h. die kontinuierli-
che Überwachung von Blutdruck, Puls etc., und reagieren auf Veränderungen des
Gesundheitszustandes (z.B. durch automatischen Arztruf).

5. Predictive Customer Care

Nur 48 Prozent der Unternehmen erkennen die Bedürfnisse des Kunden
vor dem Kunden (vgl. Chatham et al. 2000). Die Gewinnung eines neu-
en Kunden kostet jedoch ungefähr das Fünffache dessen, was zum Halten eines „absprungbereiten" Bestandskunden notwendig ist. Aufbauend auf einem differenzierten analytischen CRM (Data Warehousing,
Data Mining), sollen Kunden mit Angeboten versorgt werden, die den
Kundenwunsch „vorwegnehmen".

Consors teilt ihre Kunden in die drei Segmente Bestandskunden, StarTraders und
PlatinumStars ein, wobei jedem Segment eine eigene Kundenorganisation zuge-
ordnet ist. In einem dreistufigen Prozess werden aus den Charakteristika der Kun-
den konkrete Segmente und Kampagnen abgeleitet. Dabei werden die Aktivitäten
bei solchen verstärkt, die einerseits ein hohes Umsatzpotenzial aufweisen und ande-
rerseits eine hohe Kündigungswahrscheinlichkeit haben.

6. Öffnung der Portale

Als sechster und letzter Trend zeichnet sich die Öffnung der vormals von
einem einzigen Unternehmen betriebenen Prozessportale ab. Die Bildung von Communities und die Abdeckung des gesamten Kundenprozesses führen dazu, dass Leistungen, die ein Unternehmen nicht selbst
erbringen will oder kann, von Dritten angeboten werden. Ob und in welcher Form diese Öffnung geschieht, hängt maßgeblich von der Struktur
des jeweiligen Sektors ab. Es führt jedoch zu einer stärkeren Entflech-
tung von Portal und Unternehmen.

Literatur

[Bach et al. 2000]

Bach, V., Gronover, S., Schmid, R. E.: Customer Relationship Management: Der Weg zur profitablen Kundenbeziehung, in: Österle, H., Winter, R. (Hrsg.): Business Engineering – Auf
dem Weg zum Unternehmen des Informationszeitalters, Springer, Berlin etc., 2000, S. 125-
139.

[Chatham et al. 2000]

Chatham, B., Orlov, L. M., Howard, E., Worthen, B., Coutts, A., The Customer Conversation, Forrester Research, Inc., Cambridge, 2000.

[Hippner 2001]

Hippner, H., Martin, S., Wilde, K. D., CRM-Systeme – Eine Marktübersicht, in: HMD – Praxis der Wirtschaftsinformatik, 38 (2001) 221, S. 27-36.

[Österle 2002]

Österle, H., Geschäftsmodell des Informationszeitalters, in: Österle, H., Fleisch, E., Alt, R.: Business Networking in der Praxis – Beispiele und Strategien für die Vernetzung mit Kunden und Lieferanten, Springer, Berlin etc., 2002, S. 17-38.

[TECTEM-IWI]

TECTEM Transferzentrum für Technologiemanagement, Institut für Wirtschaftsinformatik (Hrsg.): Benchmarking-Projekt Customer Relationship Management – Abschlussbericht, Universität St. Gallen, 2001.

[Schmid et al. 2000]

Schmid, R. E. et al.: Mit Customer Relationship Management zum Prozessportal, in: Bach, V., Österle, H. (Hrsg.): Customer Relationship Management in der Praxis – Erfolgreiche Wege zu kundenzentrierten Lösungen, Springer, Berlin etc., 2000, S. 3-55.

Die Autoren

Hubert Österle, Prof. Dr., ist Direktor des Instituts für Wirtschaftsinformatik an der Universität St. Gallen (IWI-HSG) sowie Chief Technology Officer und Mitbegründer der Unternehmensberatung The Information Management Group (IMG). Studium, Promotion und Habilitation an den Universitäten Innsbruck, Linz, Erlangen-Nürnberg und Dortmund. Tätigkeit in der Systemberatung der IBM Deutschland GmbH. Gründung und Leitung des Forschungsprogrammes Business Engineering HSG. Forschung, Publikationen und Praxis auf den Gebieten Business Networking, Knowledge Management, Business Engineering und Informationsmanagement.

Website: http://www.iwi.unisg.ch

Rainer Alt, Dr., ist Projektleiter des Kompetenzzentrums Business Networking 2 am IWI-HSG und Nachwuchsdozent an der Universität St. Gallen. Studium und Promotion an den Universitäten Erlangen-Nürnberg und St. Gallen sowie der University of California, Irvine. Senior Consultant bei Roland Berger Strategy Consultants. Forschungs- und Projektschwerpunkte in Architekturen und Methoden für das Business Networking, insbesondere Customer Relationship und Supply Chain Management.

Website: http://ccbn2.iwi.unisg.ch

Mehr Kundendemokratie wagen

Franziska von der Malsburg/Rainer Bartel

> *„Die wichtigste Voraussetzung für den Erfolg in der künftigen vernetzten Wirtschaft wird die Fähigkeit des Unternehmers sein, zuzuhören, zu beobachten und vom Kunden zu lernen."*
>
> (T. COLE, 2001)

In einer längst vergangenen Ära, als das Internet noch nicht als Vermarktungsmedium gesehen wurde, waren die schönsten Hoffnungen der Freigeister mit dem World Wide Web verknüpft. Utopisten aller Schattierungen glaubten fest daran, dass mit dem „Netz" die Träume von einer weltumspannenden, von keiner Macht zu kontrollierenden Kommunikation zwischen den Menschen wahr würden. Demokratie, riefen sie, Demokratie für alle! – Und tatsächlich, auf der politischen Ebene ging mit dem Einbruch des Internetzeitalters ein Wandel einher. Weltweit finden sich heute politisch gleich Gesinnte über das Netz zusammen, tauschen sich aus, bilden Interessensgemeinschaften und akquirieren neue Anhänger für ihre Idee. Das Web als freies, ungebundenes Demokratie-Medium funktioniert also – zumindest in der politischen Welt.

Anders hingegen verhält es sich im World Wide Business Web: Hier geriet die Vision vom demokratischen Medium im Zuge des Dotcom-Booms fast völlig in Vergessenheit. Zwar sind sich die Unternehmen der Rolle des Internets als Medium der Produktivitätssteigerung bewusst; sie fürchten jedoch die Veränderungen, die es zugleich mit sich bringt: den Verlust der Kontrolle, den ungezwungenen Meinungsaustausch und damit einhergehend auch mögliche öffentliche Kritik.[1]

---

1 E. K. Geffroy, Das Web gehört dem Kunden, in: Ders., Zukunft Kunde.Com, Landsberg/Lech 2001, S. 59ff.

Die Folge: Nach fast zehn Jahren Internetbilanz gehen entscheidende Veränderungen hinsichtlich der Integration von Kunden in unternehmerische Entscheidungsprozesse im Business Web nicht von Firmen, sondern von Organisationen[2], Kunden[3] und Medien[4] aus.[5]

Dies erstaunt in Anbetracht der Bedeutung, die dem Thema Kundenzufriedenheit in der offline-geprägten Marketingwelt längst eingeräumt wird, und angesichts einer wichtigen Veränderung, die mit dem Einbruch des Internetzeitalters einherging, von den meisten Firmen bisher jedoch nicht ernst genommen wird: der steigenden Macht der Kunden im Internet. Verbraucher nutzen das Internet, um Vergleiche anzustellen, Kartelle zu bilden und ihren Bedarf zu bündeln. Und: sie tauschen sich aus. Durch diese Ansammlung von Usern im Netz werden Meinungen publik – und diese wiederum prägen Kaufentscheidungen. Wie nie zuvor gilt daher im World Wide Web der Grundsatz: „Der Kunde ist König" – oder anders ausgedrückt: „Das Web gehört dem Kunden!"[6]

Firmen, die sich diesen vielfältigen Veränderungen sowie den damit verbundenen Chancen und Risiken verschließen, werden in der Zukunft von der Entwicklung überrollt werden. Der Schlachtruf muss daher lauten: Unternehmen dieser Erde, gründet selbst Diskussionsforen und Newsgroups für Eure Kunden – ehe Eure Kritiker es tun!

---

2 Wie etwa www.indymedia.org, die sich als Verbreiter unerwünschter Nachrichten verstehen, oder www.dotcomtod.com, deren Betreiber sich rühmen, „Krankheits- und Todesnachrichten" über Unternehmen i.d.R. als erste zu vermelden.

3 Zu nennen sind hier die so genannten „HatesSites", Seiten, auf denen sich unzufriedene Verbraucher zu Wort melden und Unternehmen attackieren, mit deren Leistungen bzw. Produkten sie nicht zufrieden sind.

4 So etwa www.wallstreet.online.de, das sich in Diskussionsforen intensiv und nicht immer zum Nutzen der Firmen mit börsennotierten Unternehmen auseinander setzen.

5 Vgl. dazu: P. Wippermann, Mut zum Dialog. Über den Umgang mit vernetzten Konsumenten, in: W. Lippert (Hrsg.), Online-Strategien. Den vernetzten Kunden erreichen, Düsseldorf/Berlin 2000, S. 29.

6 T. Cole, König Kunde ergreift die Macht, in: E. K. Geffroy (Hrsg.), Zukunft Kunde.com, Landsberg/Lech 2001, S. 71ff.

Kundendemokratie und mögliche Anwendungsgebiete

Kundendemokratie bedeutet aktiven Dialog mit den Kunden und ihre aktive Einbindung in Teile der Geschäftsprozesse. Sie fördert die Meinungsbildung und den Meinungsaustausch zu kundenrelevanten Fragen bis hin zur Berücksichtigung des Kundeninputs bei der Vorbereitung unternehmerischer Entscheidungen. Der Demokratiebegriff ist nicht so weit zu fassen, dass damit Beschlüsse dem Votum der Kunden zu unterwerfen sind. Aber es sollte den Unternehmen um die Beteiligung ihrer Kunden bei Fragestellungen gehen, die diese betreffen und von unternehmerischem Nutzen sein können.

Welche Geschäftsprozesse eignen sich für die digitale Kundendemokratie? In erster Linie natürlich solche, die mit der Produkt- bzw. Service-Entwicklung zu tun haben. Darüber hinaus können Unternehmen aber auch in selbst initiierten Foren Entscheidungen diskutieren (lassen), deren Auswirkungen ihre Kunden tangieren. Wenn beispielsweise eine Ladenkette darüber nachdenkt, ihre Öffnungszeiten zu ändern, dann wäre dies eine Frage, zu der die Kunden durchaus Stellung nehmen könnten und sollten.

Internetbasierte Instrumente der Kundendemokratie

C. K. Prahalad und sein Kollege V. Ramaswamy, Wirtschaftswissenschaftler an der Michigan University, haben eine Liste von Maßnahmen aufgestellt, die es Unternehmen ermöglichen sollen, das Wissen der Kunden in den eigenen Dienst zu stellen und damit die neue Macht des Kunden im Online-Zeitalter zu ihren Gunsten zu nutzen.

Zu diesen Maßnahmen gehören der aktive Dialog und die Mobilisierung von Kundencommunities. Das Ziel größerer Kundendemokratie sollte die Einbindung der Kunden bei Geschäftsprozessen sein.

Unternehmen sind gefordert, individuelle, innovative Dialogformen zu entwickeln, die den Kunden an Prozessen beteiligen und ihn als Partner an das Unternehmen binden.

Aktiver Dialog

Firmen müssen – mehr als bisher – den *aktiven Dialog* mit ihren Kunden suchen. Statt einseitiger Fokussierung auf unternehmensspezifische Kernkompetenzen sollten zusätzliche Anstrengungen unternommen werden, um herauszufinden, wie das Unternehmen von den Kunden wahrgenommen wird.

Das Potenzial dafür ist vorhanden, denn: Kunden im Internet-Zeitalter wollen sich stärker mitteilen. Sie wollen ernst genommen werden und fordern dies selbstbewusster ein als je zuvor. Nach einer Studie von AOL und Bertelsmann bewirkt der Umgang mit dem interaktiven Medium Internet nachweisbare Veränderungen im Verhalten und Kommunikationsstil der Kunden: Die Selbstsicherheit der Internetnutzer steigt, die Zurückhaltung wird abgelegt. Kunden machen ihrem Unmut über Produktfehler oder schlechten Service im Internet eher Luft. Derartige Kritik sollte nicht als Belastung oder Gefahr aufgefasst werden, sondern vielmehr als Chance, den direkten Dialog zum Kunden zu suchen und sich um die Beseitigung der möglichen Schwachstellen zu bemühen.[7]

Die Realität im World Wide Web zeigt jedoch, dass sich die Mehrheit der Unternehmen dem Dialog mit ihren Kunden noch nicht stellt. Die Folge: Unzufriedene Kunden suchen sich Sites, auf denen sie ihrem Unmut Luft machen können.[8]

Ein Vorzeigebeispiel für proaktiven Dialog mit Kunden ist Amazon.com. Wer über Suchmaschinen oder direkt auf die Amazon-Site kommt, wird auf eine Fülle von Buchtiteln zu dem Thema aufmerksam gemacht, für das er sich durch die Eingabe des Suchbegriffs interessiert hat. Und mehr noch: Er findet dort eine Fülle von Buchempfehlungen und -besprechungen anderer Leser, von Verlagen oder Autoren und wird aufgefordert, sich seinerseits an diesem System mit seinem Input zu beteiligen. Bei Abgabe seines persönlichen Profils wird er regelmäßig proaktiv auf neue Titel zu seinen Interessengebieten aufmerksam gemacht. Das System lernt aus diesem aktiven Dialog die Kaufgewohnheiten und Präferenzschwerpunkte seiner Kunden kennen und kann diese in die Geschäftsprozesse integrieren.

---

7 Vgl. dazu: E. K. Geffroy, Die Stimme im Internet, in: Ders., Zukunft Kunde.Com, Landsberg/Lech 2001, S. 13ff.

8 P. Wippermann, a.a.O., S. 29.

Das Beispiel Amazon.com zeigt, inwiefern Unternehmen und Kunde in ähnlicher Weise von Kundendemokratie über das Internet profitieren können und somit eine Win-Win-Situation hergestellt wird. Die Kunden erhalten 1) die Möglichkeit zum Austausch mit Gleichgesinnten, die sich für dieselbe Materie (Produkt oder Dienstleistung) interessieren; sie können 2) Anregungen und Kritik äußern, und sie erhalten 3) Zugang zu einem breiten Informationsangebot. Amazon.com seinerseits erzielt durch die „durchgängige, dialogische One-to-One-Betreuung des Kunden (...) eine personalisierte Kundenbeziehung wie im Tante-Emma-Laden". Damit lassen sich zielgenaue Werbeaktivitäten ohne die sonst üblichen Streuverluste konzipieren. Noch wichtiger jedoch ist die Möglichkeit, aus dem gewonnenen Datenmaterial automatisch individualisierte Follow-up-Angebote zu generieren. Die Folgen sind vielfältig positiver Art: Amazon erreicht 1) eine hohe Kundenzufriedenheit und daraus resultierend große Kundenbindung, 2) einen aus PR-Sicht nicht zu überbietenden Imagegewinn (je transparenter sich ein Unternehmen gibt, desto sympathischer wird es in der öffentlichen Wahrnehmung) und schließlich 3) kann der Online-Shop durch die stete Verbesserung seiner Produkte Abverkäufe sichern.[9]

Natürlich bedeutet dieses Mehr an Kundendemokratie auch einen erhöhten Aufwand. Denn die gewonnenen Erkenntnisse zu kanalisieren, auszuwerten und daraus zu lernen, ist eine überaus anspruchsvolle Aufgabe. Sie erfordert eine intensive Überarbeitung unternehmensinterner Kommunikationsprozesse und Informationsschnittstellen. Langfristig werden die veränderten Anforderungen eine grundsätzliche Neuorganisation klassischer Unternehmensstrukturen mit sich bringen. Wie gut ein Unternehmen diesen kritischen Prozess meistert, wird ausschlaggebend sein für seinen Erfolg.

---

9 P. Kabel, König Kunde im Internet. Elektronisches Aftersales- und Customer-Relationship-Management, in: W. Lippert (Hrsg.), Online-Strategien, Düsseldorf/Berlin 2000, S. 50ff.

Mobilisierung von Kundencommunities

Ein zweiter Schlüssel zum Erfolg ist die Mobilisierung von Kunden-communities. Internet-Nutzer lieben es, zu chatten. Das Hamburger Martforschungsinstitut Fittkau & Maaß hat ermittelt, dass rund fünf Millionen Deutsche regelmäßig chatten – Tendenz steigend. Weltweit sind es ca. 27 Prozent aller Internetnutzer. Bei Focus Online waren 2001 bereits 200.000 Plauderwillige registriert. Warum? Was früher der Schwatz am Marktstand oder im Tante-Emma-Laden war, ist heute der Chat. Menschen befriedigen im Internet ihre Neugier. Kein Wunder also, dass Chats mit Prominenten (z.B. unter www.bravo.de) zu den beliebtesten Events im deutschsprachigen Web zählen.

Doch damit nicht genug: Chatten dient auch dem Beziehungsaufbau, der Suche nach Gleichgesinnten und der Vernetzung.[10] Und auch hier ist der User anspruchsvoll geworden. Er will heute auf seine ganz individuelle Communitiy („Communities of Choice") nicht mehr verzichten. Diese basiert nicht auf herkömmlichen verbindlichen Zugehörigkeiten wie Familie oder Nachbarn. Stattdessen umgibt man sich im Web mit Menschen, die die eigenen Einstellungen, Interessen und Wertevorstellungen, nicht zuletzt denselben persönlichen Lebensstil teilen. So entstehen Chaträume, Newsgroups und Freesite-Communities, in denen sich Menschen rund um den Globus zu ihren Interessengebieten und Lieblings-marken austauschen. Marken erhalten dadurch „gemeinschaftstiftende Funktion und entwickeln sich zum Speicher kultureller Werte".[11]

Eine große Chance – und zugleich eine Herausforderung an die Unter-nehmen. Das Beispiel von www.ciao.com mit zwei Millionen Erfah-rungsberichten auf der Site zeigt, wie groß die Mitteilungsbereitschaft der Kunden ist. Unternehmen sollten sich dieses Wissen und Engage-ment zu Nutze machen.[12]

---

10 J. D. Odell, Account-Coordinator bei Schwartz Communications (Business Week vom 25.10.1999), in: J. Gordon, Die Macht des Kunden – und wie sie ihn trotzdem kriegen. 17 Wege zur langfristigen Partnerschaft, Wiesbaden 2001, S. 168.

11 Vgl. dazu: P. Wippermann, a.a.O., S. 26f.

12 M. Cartellieri, K. Pflüger, Kunde der Zukunft: Defizitärer Unbekannter oder Gewinn bringender Evangelist, in: E. K. Geffroy (Hrsg.), Zukunft Kunde.com, Landsberg/Lech 2001, S. 81ff.

Bisher haben dies allerdings fast nur Medien für sich erkannt und auf ihren Online-Ablegern umgesetzt. So lädt z.B. www.wallstreet-online.de regelmäßig Vorstände börsennotierter Unternehmen auf der Website zur Diskussion mit Aktionären und Kunden ein.

Damit nicht genug: Das Web bietet die Voraussetzungen, um eine schier unbegrenzte Anzahl von Beziehungen aufzubauen und sie zu organisieren. Neben der Forderung an Unternehmen, ihren Kunden und Partnern eine eigene Plattform zu bieten, auf der sie sich mitteilen und austauschen können, werden sie künftig ein vernetztes System von Beziehungen schaffen müssen, um ein breit gefächertes Informations- und Serviceangebot sicherzustellen. Die Bereitstellung von Informationen („Wissen als die neue Internetwährung") werden insofern ebenso zur Messlatte unternehmerischen Erfolgs werden wie das Angebot von Beziehungen und von glaubwürdigen Partnersystemen.[13]

Einbindung der Kunden in Geschäftsprozesse

Ziel funktionierender Kundendemokratie sollte schließlich die *Einbindung der Kunden in Geschäftsprozesse* sein. Das Internet bietet dem Hersteller neue Möglichkeiten, die Kunden zu erreichen und damit den Erlebniswert des Produktes zu verändern. In so genannten Erlebnisgemeinschaften können sich die Kunden über Nutzen und Anwendungsmöglichkeiten eines Produkts austauschen, aber auch mögliche Schwachstellen aufzeigen und Lösungsvorschläge äußern. Diese Auseinandersetzung bringt zweierlei Nutzen: Zum einen können die Hersteller viel daraus lernen, denn meist kennt der Kunde ein Produkt besser als der Anbieter. Zum anderen entsteht aus der Auseinandersetzung zugleich eine größere Bindung an das Produkt (= Steigerung der Erlebniswelt).

Aus der Offline-Welt ist als Paradebeispiel für die interaktive Einbindung von Kunden bei Produktentwicklungen die Einführung von Windows 2000 bekannt. Microsoft stellte damals mehr als 600.000 Anwendern kostenlose Testversionen zur Verfügung und bat sie um ihren Input. Ihre Erfahrungen (Fehlermeldungen und Verbesserungsvor-

---

13 E. K. Geffroy, Das Web gehört dem Kunden, a.a.O., S. 59ff.; vgl. dazu: M. Lennertz, Höchste Zeit für vernetzte Kommunikation, in: W. Lippert (Hrsg.), Online-Strategien, Düsseldorf/Berlin 2000, S. 69ff.

schläge) flossen noch vor der offiziellen Markteinführung von Windows 2000 in das Produkt ein.

Derartige Ansätze sind unter dem Schlagwort „Customer Integration Deployment" offline längst bekannt.[14] Das Internet bietet dafür neue ungeahnte Möglichkeiten.

Ebenfalls aus der Internet-Vorzeit bekannt, ist das Instrument des Kundenbeirats. Im Offline-Bereich erprobt – Jaguar Deutschland etwa hat einen Kundenbeirat bestehend aus zehn engagierten Jaguar-Fahrern, die sich fortlaufend mit Stärken und Schwächen der Fahrzeuge auseinander setzen und ihre Anregungen an das Unternehmen weitergeben –, kommt dieses Instrument nun auch im Internet zur Anwendung.

Ein Beispiel: Im Jahr 2000 berief der krisengeschüttelte Internet-Service-Provider Strato AG, Berlin, einen Kundenbeirat ein, um engagierte Kunden bei schwierigen – in diesem Fall vorwiegend technischen – Fragen einzubinden. In der Internet-orientierten Medienszene sorgte dies für gewaltiges Aufsehen. Strato durchlief in der Folge einen wahren „demokratischen Meinungsbildungsprozess". Denn: Vom Beirat bezichtigt, Diskussionsbeiträge gesperrt zu haben, die bestimmte „schmutzige" Wörter – so genannte „bad words" – enthielten, berichtete der Internet-Szene-Newsdienst ZDNet am 13. Dezember 2000, der Strato-Kundenbeirat habe das Unternehmen „kritisiert". Durch das Einberufen eines runden Tisches konnte dieser „Streit" jedoch beigelegt und ein Kompromiss gefunden werden, mit dem Beirat und Unternehmen leben konnten. Positives Ergebnis der Auseinandersetzung mit dem Kundenbeirat: Das Verhältnis zwischen Unternehmen und Kunden wurde dadurch nachhaltig verbessert.

Selbstverständlich besteht auch hier – wie immer, wenn sich jemand demokratischen Regeln unterwirft – die Gefahr der Kritik. Aber gerade davon lebt ein Unternehmen. Kritik im Sinne einer offenen Kommunikation zwischen Firmen und Kunden bewirkt, dass das Unternehmen in der öffentlichen Wahrnehmung das Bild eines interessierten, transparenten und kritikfähigen Wirtschaftspartners hinterlässt – alles Eigenschaften, die ein positives Image ausmachen.

---

14 Vgl. dazu: A. Wyrwoll, CID-Customer Integration Deployment. Entwicklung einer Methode zur Integration der Kunden in die frühen Phasen des Produktentstehungsprozesses am Beispiel der Automobilindustrie, Clausthal 2001.

Kundendemokratie ist PR

Und darum geht es: Image-Aufbau und -Pflege über unmittelbare Kommunikation mit dem Kunden. An dieser Stelle betritt der Kommunikationsprofi die Szene. Denn: Die hier postulierte Kundendemokratie über das Internet ist dezidiert eine Kommunikationsaufgabe. Was ohne das Internet nur mit massivem Aufwand (z.b. Roadshow des Vorstands, umfangreiche Produktpräsentationen, Kundenbefragungen) möglich wäre, wird online ganz einfach. Vorausgesetzt, das Unternehmen bekennt sich zur Kundendemokratie und erkennt den Wert des offenen Dialogs als entscheidenden Image-Faktor.

Die Autoren

Franziska von der Malsburg, M.A., ist seit 1. Juli 2000 Bereichsleiterin Markenkommunikation bei der Agentur Trimedia Communications Deutschland GmbH in Frankfurt am Main. Nach der Ausbildung zur Verlagskauffrau bei Gruner + Jahr AG & Co. in Hamburg studierte sie Geschichte, Politik und Rechtswissenschaften in Bonn, Madrid und Berlin, ehe sie 1997 bei Trimedia in Frankfurt begann; Tätigkeitsschwerpunkte: Corporate- und Markenkommunikation.

Rainer Bartel ist Senior-Berater und Bereichsleiter bei der Trimedia Communications Deutschland GmbH in Düsseldorf. Nach dem Studium von Kunst und Deutsch für das Lehramt Sekundarstufe II in Düsseldorf bis 1983 als PR-Berater bei der EMKA-Press in Düsseldorf tätig, danach bis 1988 Chefredakteur der Computer-Zeitschriften Data Welt und PC Praxis sowie Autor von Computer-Fachbüchern; anschließend bis 1990 freie Mitarbeit als Berater bei APITZ IMAGE+STRATEGIE in Düsseldorf; bis Anfang 1999 freiberufliche Tätigkeit als Fachjournalist, Texter und Trainer; seit Mai 1999 als Berater mit den Schwerpunkten Informationstechnologie, E-Commerce und E-Business bei Trimedia Communications.

Veröffentlichungen: Von 1984 bis 1994 mehr als 70 Computer-Fachbücher.

Welcome to „The Good Life": Markenführung eines Premium-Produktes durch konsequente Kommunikation mit Fach- und Top-Medien

Corina Atzli

„Davidoff – The Good Life". Dieser Claim begleitet die Dachmarkenstrategie für Davidoff-Produkte seit Mitte der 90er-Jahre. Er gilt für das „Urprodukt" Cigarren und die gesamte Davidoff-Linie aus Cigaretten, Cognac, Accessoires, Düften, der Leder- und Brillenkollektion, Schreibgeräten und Kaffee. Seit Ende der 90er-Jahre trägt auch eine neue Duftkomposition diesen Namen. „Good Life", das steht für einen natürlichen Umgang mit höchster Qualität, dafür, einen Anspruch zu haben und diesen durchzusetzen.

Die Verpflichtung zu Spitzenqualität gilt gleichermaßen für die Produkte aus eigener Herstellung wie für Lizensierungen. Für die Düfte zum Beispiel arbeitet Davidoff mit Lancaster zusammen, für Davidoff Cognac ist Hennessy der exklusive Partner.

Kernprodukt des Portfolios sind jedoch nach wie vor Cigarren. Mit Tabakprodukten hat 1911 im Genfer Geschäft von Henri Davidoff – einem erfahrenen Tabakspezialisten – alles begonnen. Sohn Zino lernte das Handwerk von der Pike auf und begründete den Mythos der Marke „Davidoff". Zurzeit werden sechs Cigarren-Serien mit über 30 Formaten aus insgesamt fünf Tabakmischungen verschiedener Jahrgänge, Lagen und Sorten angeboten.

Spitzenprodukte ziehen mag(net)isch an

Da Cigarren – als Ursprungsprodukt der Marke – im Unternehmen einen wichtigen magnetischen Pol darstellen, wird im Folgenden demonstriert, wie sich die Navigation der Stakeholder auf sie ausrichtet. Dazu zählt die Firmengruppe nicht nur die klassischen externen Kreise wie Kunden, Vertriebspartner oder Medien. In ihrem Selbstverständnis spielen die internen Interessengruppen der Mitarbeiter und Lieferanten eine absolut gleichrangige Rolle. Bei den Vertriebspartnern ist die Grenze zwischen extern und intern fließend. Bevor nun die Medienarbeit in den Mittelpunkt rückt, muss zunächst das Umfeld als Basis der Kommunikation mit Journalisten beschrieben werden.

Die Firmenkultur ist geprägt von einem starken Familiengedanken, gepaart mit bester handwerklicher Tradition, langfristig vertrauensvoller Zusammenarbeit und der Freude am Produkt. Das ist ein solides Fundament, auf dem man sich aber keinesfalls ausruhen kann: Ein Naturprodukt wie Cigarren bedarf sorgfältiger Behandlung und ist mit viel Handarbeit verbunden: Mit jedem Tabaksamen beginnt ein neuer Produktzyklus; bis zur Konfektionierung und Darreichung wird jede Cigarre von strengen Qualitätsmaßstäben begleitet. Im Jahr 2001 waren es gut acht Millionen Stück, von den erfahrenen Torcedores – den Cigarrenrollern – auf höchstem handwerklichen Niveau angefertigt. Außer Deckblättern für bestimmte Formate kommen sämtliche Tabaksorten für die „Davidoffs" aus der Dominikanischen Republik. Dort arbeitet Davidoff seit dem Wechsel von Cuba 1991 mit derzeit 120 Vertragsfarmern zusammen und betreibt eine eigene Manufaktur. Die Oettinger-Davidoff-Group hat drei, aber nur eine, CIDAV, arbeitet für Davidoff.

Firmenkultur, Material und Handwerk sind also die wichtigsten Koordinaten der Markenführung und bestimmen die Markenwerte: Authentizität, Emotionalität, Glaubwürdigkeit, Sympathie, Exklusivität, Genuss, Weitsicht und Eleganz.

Wichtigstes Instrument für die Führung der Marke und Vermittlung dieser Werte ist der Imagetransfer über den direkten Kundenkontakt. So werden die Werte erlebbar, nach dem Grundsatz: ein warmer Empfang, ein breites Sortiment und wissen, wovon man spricht.

Zugegeben, Marketing und Unternehmenskommunikation sind in einer glücklichen Lage: Die Produkte sind positiv besetzt und wenig erklärungsbedürftig – auch wenn eine Cigarre nicht „einfach so" geraucht wird. Doch das heißt selbstverständlich nicht, man könne auf Steuerung verzichten. Höchstes Produktniveau vom Tabaksamen bis zur Darreichung der Cigarre erfordert neben Fachwissen, Erfahrung und Liebe zum Detail eine durchgängige Qualitätskontrolle.

Außerdem ist eine Premiummarke anziehend für Produktpiraten: Im Kampf um den Markenschutz waren weltweit mehr als 30 Prozesse zu führen – und zu gewinnen. Das Markenrecht wiederum zwang ab 1985 zum Einstieg in die Diversifizierung, die mit dem Duft „Davidoff Classic" begann; drei Jahre später erlebte die Duftreihe mit „Davidoff Cool Water" einen weltweit durchschlagenden Erfolg. Das war 18 Jahre nach dem Zusammenschluss von Zino Davidoff mit seinem langjährigen Freund Dr. Ernst Schneider, Chef der Oettinger-Gruppe. Jener hatte das Tabakgeschäft an der Genfer Rue de Rive übernommen, und gemeinsam bauten sie die Marke Davidoff – sie war bereits ein Klassiker – unter dem Dach der heutigen Oettinger-Davidoff-Group zur Weltmarke aus. Zino Davidoff blieb zeitlebens ihr Botschafter.

Die Steuerung von Qualität setzt sich im Vertrieb fort. „Für ein Premium-Produkt müssen sie die Verteilung, den Vertrieb kontrollieren, damit sich die Marke nicht verläuft", bringt Dr. Schneider, heute Präsident und Delegierter des Verwaltungsrates der Unternehmensgruppe, die Marketingstrategie auf den Punkt. Sie wird konsequent, in allen Ländern, bei allen Vertriebspartnern gepflegt. Schließlich muss auch beim Endverkäufer die fachgerechte Lagerung in einem Cigarren-Keller oder Humidor gewährleistet sein. Eine konstante Luftfeuchtigkeit von 70 bis 72 Prozent ist nur eine der Bedingungen. Partner für den deutschen Markt ist seit nunmehr fast 30 Jahren die Gebr. Heinemann Tabakwaren-Import- und Vertriebsgesellschaft. Das Besondere dieser Zusammenarbeit: Die Gebr. Heinemann sind ein traditionsreiches Familienunternehmen mit einer ähnlichen Firmenkultur und -struktur wie die Oettinger-Davidoff-Group, sodass auch hier der Familiengedanke konsequent fortgeführt wird. So basiert eine Säule des Erfolges auf einer klar definierten Vertriebsstruktur: Ausbau der Marke mit fairen Preisen für Bestprodukte, die über ein Netz eigens geschulter Partner – Fachhändler und First-Class-Gastronomen – verteilt werden. Das Netzwerk besteht zurzeit aus weltweit etwa 500 autorisierten Fachhändlern, 1.750 Depots in der Gastronomie und 41 eigenen Davidoff-Flagship-Stores, die über das gesamte Sortiment verfügen.

Gelebte Medienkommunikation

All diese Faktoren – Firmenkultur, Markenwerte, Spitzenqualität für Produkte und Vertrieb – beeinflussen die Medienarbeit. Und zwar sehr unmittelbar, denn jeder Journalist kann jederzeit selbst die Probe aufs Exempel machen und die Produkte testen und die Marke erleben. Die aktive Medienkommunikation für Davidoff-Cigarren baut vor allem auf den Kontakt zur Fachpresse, zu Special Interest-Medien rund um den Tabak, ausgewählten Männer-, Frauen- und Lifestyle-Medien sowie zu Top-Wirtschaftsredaktionen. Für die Kommunikation werden selbstverständlich die klassischen Instrumente eingesetzt: regelmäßige Presseinformationen, Pressegespräche und Interviews. Davidoff ist außerdem im Internet präsent, und es werden Anzeigen geschaltet, jedoch ganz konzentriert auf ausgewählte Fachmagazine und Special Interest-Medien (Bereich Tabak). Mit diesen Medien sind die fokussierten Kundengruppen am besten erreichbar, Streuverluste werden vermieden.

Kern der Medienarbeit ist deshalb der Imagetransfer, die Vermittlung von Markenwerten über den unmittelbaren Kontakt. Journalisten können sie in unterschiedlichen Kontexten selbst erleben. Dafür gibt es drei Möglichkeiten: Journalistenreisen und der Besuch von Veranstaltungen – eigenen oder gesponserten Events.

Der Blick für den feinen Unterschied von Produkten und Ambiente macht Fach- und Lifestyle-Journalisten zu kritischen Gästen.

Die Welt von Davidoff

In der Kommunikation mit ihnen setzt Davidoff vertrauensvoll auf Qualität und die Markenwerte. Und auf die Überzeugung: Gerade weil Davidoff zeitlose, solide Qualitätsmaßstäbe pflegt, Modetrends nicht hinterherjagt und die Produktqualität bis zur Darreichung kontrolliert, erfährt der Markenauftritt bei den angesprochenen Medien beständige Wertschätzung. Das Neue ist das Bewährte, das immer weiterentwickelt und deshalb nie unmodern wird.

Eine Veranstaltung mit vorrangig informativem Charakter ist die Journalistenreise, zu der Davidoff regelmäßig auf die Tabakfelder und in die Manufaktur einlädt. Der Einblick in die Welt des Tabaks ist für erfahrene Fachjournalisten genauso interessant wie für jene, die sich damit erst vertraut machen. Das fängt, wie im Weinanbau, mit der Bodenbeschaffenheit und Lage an: Das Cibao-Tal im Nordwesten der Dominikanischen Republik, dem Anbaugebiet für Davidoff Cigarren, ist ideal. Und es geht weiter mit der Anzucht, dem Umpflanzen der Setzlinge auf die Felder, den vier bis fünf Pflückdurchläufen in der Ernte bis zur Reifung der Tabakblätter. Nach drei bis sieben Jahren Lagerung beweisen die Tabacaleros, die Tabakspezialisten, ihre Kunst des Mischens nach den speziellen Rezepturen für die Davidoff-Cigarrenlinien, bis schließlich in den Händen der Torcedores aus Umblatt, Einlageblättern und Deckblatt die Cigarren entstehen.

Eindeutig im Vordergrund steht der Erlebnischarakter auf den Events mit Spitzengastronomen, Veranstaltern von Sportturnieren oder für firmeneigene Arrangements.

Wichtig ist, dass der Stil einer Veranstaltung zu Davidoff passt. Dafür wird geprüft: Wer ist der Gastgeber? Welche anderen Sponsoren sind dabei? Wo liegt der Veranstaltungsort? Wenn der gesamte Rahmen stimmt, wird zum Beispiel eine Lounge eingerichtet.

In Deutschland sind Veranstaltungsorte beispielsweise der Bundespresseball in Berlin oder die UNESCO-Gala in Düsseldorf. Darüber hinaus ist das Unternehmen auf den Golfturnieren La-Suisse-Trophy in Ascona und Lausanne, Pro-Am in Vilars und auf Reuters-Turnieren in Europa präsent.

Ob als aktiver Teilnehmer einer Veranstaltung oder gar als Namensgeber – gesucht ist die Chance für einen markanten Auftritt. Auf Veranstaltungen unter dem Namen Davidoff ist die Einflussnahme auf die Atmosphäre am größten – bei den Davidoff Smoker Nights beispielsweise oder auf dem wichtigsten Sponsoring-Event im Sport, dem Tennisturnier Davidoff Swiss Indoors in Basel. In der Gastronomie haben sich die Davidoff Gourmet-Festivals auf Sylt, in Berlin und seit neuestem auch in Kitzbühel einen Namen unter Feinschmeckern gemacht. Bei allen drei Events, auf denen Starköche aus der ganzen Welt ihre Kochkünste in ausgewählten Restaurants der Austragungsorte beweisen, ist die Marke Titelsponsor.

Ob Journalisten nun von Oettinger-Davidoff eingeladen werden oder von anderen Gastgebern: Sie kommen auf diesen Veranstaltungen ganz selbstverständlich mit dem firmeneigenen Verständnis von Qualität und Lebensart in Berührung. Das Kommunikationsmanagement kann und will nicht die Themen der Gespräche vorgeben, aber es sorgt für eine angenehme Atmosphäre.

Weil Ambiente und Atmosphäre wesentliche Elemente des USP sind, bergen solche Events auch ein gewisses Risiko: Sie sind nicht wiederholbar – alles konzentriert sich auf einen bestimmten Zeitpunkt, zu dem alles stimmen muss. Eine entspannte Atmosphäre lässt sich aber nicht ausschließlich durch vorab genau kalkulierbare Faktoren wie Schulung, Top-Ausstattung und Top-Produkte schaffen. Dann wäre es vielleicht mit dem bloßen Verteilen von Cigarren getan. Ein Ambiente lebt vielmehr wesentlich von einem Top-Service, und dieser von den Menschen, die ihn anbieten. Hier schließt sich der Kreis zum Familiengedanken: Weil der menschliche Faktor eine so große Rolle spielt, setzt die Oettinger-Davidoff-Group Vertrauen in die partnerschaftliche Zusammenarbeit mit Organisatoren und Mitarbeitern, in die Wertschätzung und Freude am Produkt.

Traditionell auf Erfolgskurs

Die Mischung macht es also – für Cigarren ebenso wie für das Instrumentarium der Markenführung. Das ist die Stärke von Produkt und Kommunikation. Das Konzept von „The Good Life" honorieren übrigens auch Marketingexperten: 1999 wurde die Oettinger-Davidoff-Group von der Schweizerischen Gesellschaft für Marketing (GfM) mit ihrem Preis bedacht.

Auch künftig stehen für einen Großteil der weltweit etwa 2000 Mitarbeiter die Cigarren im Mittelpunkt der Aktivitäten. Davidoff nimmt weltweit den Spitzenplatz in der Premiumklasse ein. Konsumschwankungen, wie sie Ende der 90er-Jahre vor allem auf dem US-Markt auftraten, waren durch die Eröffnung neuer Märkte aufzufangen. Das Wachstum beruht vor allem auf neuen Produkten. Ihre Bedeutung nimmt in der traditionell eher konservativen Branche stetig zu.

Neben den bestehenden, klassischen Tabakmischungen werden kontinuierlich neue, zeitgemäße Mischungen kreiert, die einen Klassiker wie Davidoff Cigarren jung halten. Begleitet wird er von hochwertigen

Accessoires und neuen Vertriebswegen. Ein erfolgreiches Beispiel ist der „Metropolitan"-Businessreisezug zwischen Köln und Hamburg, in dem für die Reisenden der schnellste Humidor der Welt eröffnet wurde.

Um Spitzenprodukte über Jahrzehnte hinweg an der Spitze zu halten, muss zudem die Kommunikation stimmen – umso mehr bei einer globalen Präsenz in unterschiedlichen Kulturkreisen. Die Oettinger-Davidoff-Group orientiert sich dafür in ihrer mehr als 125-jährigen Firmengeschichte an der Maxime, dass gute Kommunikation nach außen von innen kommt. Das ist die Basis für vernetzte, glaubwürdige Unternehmenskommunikation mit allen Stakeholdern: Mitarbeitern, Lieferanten, Vertriebs- und PR-Partnern, Kunden, Veranstaltern und Medien. „Einander zuliebe statt gegeneinander", ist das Lebensmotto von Dr. Ernst Schneider, privat wie beruflich. Es gilt auch unter seinem Nachfolger in der operativen Führung, Dr. Reto Cina, seit 1998 Generaldirektor und Vorsitzender der Konzernleitung.

Apropos Kommunikation: Zino Davidoff verstand es, unterschiedslos jeden, der sein Tabakgeschäft in Genf betrat, herzlich und auf eine ganz persönliche Art zu begrüßen und individuell zu beraten. Auch nach dem Verkauf an die Oettinger-Gruppe war er häufig im Laden anzutreffen, bis zum seinem Tod 1994, mit 88 Jahren. Sein ganz persönlicher Charme ist nicht zu kopieren, aber seine Botschaft lebt weiter: Das Unternehmen sagt allen, die es zu schätzen wissen: „Welcome to The Good Life".

Die Autorin

Corina Atzli (Lic. Phil I und diplom. PR-Beraterin) ist Chief Communications Officer und Mitglied der Konzernleitung der Oettinger-Davidoff-Gruppe. Nach dem Studium der Anglistik und Romanistik in Zürich war sie als Leiterin Public Relations des Finanzdienstleistungsunternehmens Telekurs AG tätig. Danach arbeitete sie als Senior Consultant bei der internationalen Kommunikationsagentur Burson-Marsteller, wo sie Kunden aus dem Finanz- und Industriesektor betreute. Nach einer Weiterbildung an der Harvard Business School übernahm sie 1999 die Verantwortung für den Bereich Corporate Communications der Oettinger-Davidoff-Gruppe.

Vom *ort.zukunft* zurück in die Gegenwart: Die PVC-Branche als Partner für Architekten, Künstler und Designer

Peter Ziesicke

Ausgangssituation

Der Werkstoff PVC (Polyvinylchlorid), aus dem eine Vielzahl von unterschiedlichen Produkten des täglichen Lebens hergestellt werden, geriet in den 80er-Jahren durch eine sich verschärfende ökologische Diskussion mehr und mehr ins Kreuzfeuer der Kritik. Mit offensichtlichen Halbwahrheiten wurde PVC schlichtweg als „giftig" bezeichnet, und der Ruf nach Verboten machte die Runde. Der Tiefpunkt war erreicht, als beim Brand des Düsseldorfer Flughafens 1995 angeblich PVC als Ursache allen Übels ausgemacht wurde. Das stellte sich zwar später als falsch heraus, aber der Imageschaden war gewaltig. In dieser Situation begannen herstellende Industrie und verarbeitende Unternehmen, intensiv über strategische Maßnahmen und Kommunikationskonzepte nachzudenken. Aus Umfragergebnissen wusste man, dass es neben Vorurteilen, Skepsis und einfacher Ignoranz aber auch sehr viel Gleichgültigkeit und Unsicherheit gab. Bei einer Umfrage unter Entscheidern der Wirtschaft antworteten auf die Frage, wie sie denn PVC bewerten würden, ca. 20 Prozent mit „schlecht", 20 Prozent mit „gut", aber 60 Prozent mit „weiß nicht". Vor diesem Hintergrund galt es nun, mit den zunächst auf drei Jahre begrenzten Mitteln eine offensive Strategie, zugeschnitten auf die wesentlichen Zielgruppen, zu entwickeln.

Welche Strategie sollte das Image verbessern und gleichzeitig die Kernzielgruppen möglichst direkt erreichen?

Die vorangestellte Analyse ergab zunächst einige klare und zu berücksichtigende Fakten:

- Grundsätzlich richtet sich die Botschaft an alle Entscheider und Meinungsbildner in Wirtschaft, Politik und Behörden.

- Von der PVC-Rohstoffproduktion von etwa 1,5 Millionen Tonnen ist, bezogen auf die verarbeitete PVC-Menge, die Bauwirtschaft mit ca. 60 Prozent der größte Abnehmer. Hier werden vor allem Produkte wie beispielsweise Rohre, Fensterprofile, Fußböden, Dachbahnen, aber auch transparente Folien für moderne Membranbauten (z.B. Stadiondächer etc.), hergestellt.

- Untersuchungen haben ergeben, dass im Bereich innovativer Baustoffe zukünftig Zuwächse zu erwarten sind.

- Kernzielgruppen sollten also vorrangig in der Bauwirtschaft engagierte Entscheider sein:
  - Architekten, Planer;
  - Verarbeiter, Handwerker;
  - kommunale Baubereiche

Zum Wesentlichen des strategischen Ansatzes selbst

Es musste gelingen, alle Marketing- und Kommunikationsinstrumente so aufeinander abzustimmen, dass – wie bei einem großen Orchester – letztendlich ein wirklicher Wohlklang zu erzeugen war. Gleichzeitig mussten alle Maßnahmen im überfluteten Markt der Kommunikation auch wahrgenommen werden.

Zunächst also ein Überblick über die wesentlichen Instrumente des Orchesters, die nachfolgend im Hinblick auf Ausführung und Ergebnis noch beschrieben werden.

- Printkampagne für Image und Neupositionierung von PVC, breit angelegt (quasi als ständig vorhandene Begleitmusik);

- Workshops *„ort.zukunft"* für Architekten und Planer (gezielter Dialog mit opinion leaders);

- Projekt „*ort.zukunft:* weniger ist mehr" gemeinsam mit dem Bauhaus in Dessau;

- Studentenwettbewerb der Unis in München, Wien Zürich, Wuppertal (Nachwuchsförderung und Zugang zum Lehrbereich);

- Dialogprogramm „Starke Seiten" im 4-Monats-Rhythmus (responseaktives Direct Mailing an ca. 40.000 ausgewählte Adressen).

Von Anfang an war man sich darüber im Klaren, die Zielgruppen nun gerade nicht mit dem zweifelsohne vorhandenen Fach- und Produktinformationen zu überhäufen. Es musste gelingen, mit emotionalen Bildern und persönlicher Ansprache die „Marke" PVC positiv zu verankern.

Die Printkampagne

Für die Entscheider-Zielgruppen Medizin, Bau, Wirtschaft und Politik wurde eine doppelseitige vierfarbige Anzeigenserie entwickelt und kontinuierlich in Magazinen (z.B. SPIEGEL) und Fachliteratur (z.B. deutsche bauzeitung) geschaltet. Die Motive lebten durch emotionale Bilder (z.B. Babyhand mit Infrarot-Sensor) und formelhafte Headlines (z.B. PVC + Licht = Leben). Der Slogan „PVC, wenn's drauf ankommt" und das „Markenzeichen" PVC plus sorgten für kontinuierlichen Erinnerungswert.

Der workshop *ort.zukunft*

Die Idee: Für die wichtige Zielgruppe der Architekten im stärksten Produktbereich „Bau" wird ein exklusiver Raum geschaffen, in dem Zukunftsvisionen des Wohnens debattiert werden können. In einer ersten Runde wurden internationale Architekten, Designer, Künstler und Soziologen nach Berlin eingeladen und in 24 Stunden gemeinsam so genannte „Visionsbogen" entwickelt. Die daraus entstandene hochwertige Dokumentation wurde durch Presseinformationen und PR-Maßnahmen bekannt gemacht. Motto: „PVC gehört wie selbstverständlich zu unserem Lebensumfeld in den nächsten Jahrzehnten." Das an die Veranstaltung anschließende Feedback ergab, dass neben der entwickelten Theorie auch praktische Aktivitäten folgen sollten. Daraus entstand in Zusammenarbeit mit dem Bauhaus in Dessau das Folgeprojekt:

Ort.zukunft: weniger ist mehr

Der Zusatz „weniger ist mehr" geht zurück auf den ehemaligen Bauhausdirektor und berühmten Architekten Mies van der Rohe und nimmt in diesem Zusammenhang Bezug auf die in der Gegenwart aufgebrochene Debatte über die Schrumpfung der Städte. Gemeinsam mit dem Bauhaus entstand ein weiterer Workshop mit nun realem Bezug zum morbiden Gründerzeitviertel in Magdeburg und den verlassenen Plattenbauten in Wolfen. Acht Architektengruppen erarbeiteten dazu futuristische, jedoch realisierbare Lösungen. In einer abschließenden Präsentation wurden diese Arbeiten Journalisten, Politikern und Fachleuten vorgestellt. Unterstützt durch Life-Internet konnten sich Interessierte an der Diskussion beteiligen. Die in 2002 eröffnete IBA (Internationale Bau-Ausstellung) in Sachsen-Anhalt greift unter Führung des Bauhauses in Dessau das Thema erneut auf. PVC ist wie selbstverständlich bei der Lösung von Zukunftsproblemen integriert. Die exklusive und hochwertige Dokumentation wird durch ein responseaktives Dialogprogramm national kommunalen Baubehörden, Politikern und Fachpublikum bekannt gemacht.

Studentenwettbewerb an renommierten Universitäten

Ein weiterer Baustein der zielgruppenorientierten Kommunikation ist der studentische Architekturnachwuchs. Unter dem Thema „Individualität und Serie" wurde unter Führung der leitenden Professoren in München, Wien, Zürich und Wuppertal ein Wettbewerb für zukunftsorientierte Projekte ausgeschrieben. Eine hochkarätig besetzte Jury wählte unter den zwölf eingereichten Arbeiten die Preisträger aus und stellte diese in einer Großveranstaltung im Audimax der Münchener Universität etwa 700 geladenen Gästen vor. Für den Festprolog konnte der international renommierte Architekt Prof. Matthias Sauerbruch gewonnen werden. Für die Preisträger wurde zusätzlich eine eigene Ausstellung im Deutschen Architekturmuseum in Frankfurt organisiert. In allen Projekten war PVC wie selbstverständlich dabei.

Dialogprogramm „*Starke Seiten*"

Ein viermonatlich erscheinendes farbiges Magazin im Zeitungsformat greift aktuelle Projekte und Lifestyle-Themen auf, kommentiert Geschichten und fordert in regelmäßigen Gewinnspielen mittels Rückantwortfax zur Kommunikation auf. Rücklaufquoten zwischen fünf und zehn Prozent sichern das regelmäßige Update der Datenbank. Ergänzt werden alle Maßnahmen durch umfangreiche Lobbyarbeit in Politik und Wirtschaft sowie zusätzliche punktuelle Marketinginstrumente (Messer, Give-aways etc.)

Conclusio

Das wirklich Interessante an diesem interpretierten Kommunikationskonzept der PVC-Branche ist sicherlich die Einmaligkeit der Problemstellung (eine vergleichbare, schwierige Krisensituation einer gesamten Rohstoffbranche gab es höchstens in den 70er-/80er-Jahren in der verarbeitenden Asbestindustrie) und der daraus folgende neue Ansatz einer vernetzten individuellen und kontinuierlichen Kommunikation mit ausgewählten Zielgruppen und stark auf die jeweiligen opinion leader reduzierten Maßnahmen.

Natürlich legt die traditionelle, gleichwohl aber auffällige Printkampagne die Basis, pflegt die Marke, stärkt das Image und sorgt für Wiedererkennungseffekte. In allen anderen Kommunikationsaktivitäten ist aber die direkte individuelle Ansprache herausragend. Vornehmlich die führenden Entscheidergruppen werden bei ihren eigenen Interessen angepackt und womöglich zu Handelnden gemacht. Das faszinierende Szenario Zukunft und Innovation wird anschaulich dargestellt und erlebbar gemacht. Dialog ist gewollt und wird sowohl persönlich (face to face) als auch durch modernste Medien (Internet, Data Base etc.) ermöglicht. Vielleicht leben wir ja schon im ort.zukunft. Und da ist womöglich tatsächlich weniger mehr: weniger finanzieller output, aber mehr intelligente Aktionen. Weniger breit gestreute Werbung, aber mehr individuelle, persönliche Dialoge.

Der Autor

Peter Ziesicke, Jahrgang 1943, ist selbstständiger Unternehmensberater mit den Schwerpunkten Kommunikation und strategisches Marketing. 30 Jahre Erfahrung in Führungspositionen der Baustoffindustrie (Vertrieb und Marketing). Zweimaliger Gewinner des Deutschen Direktmarketingpreises in Silber im Bereich Business to Business, Autor von Fachartikeln und gefragter Referent zum Thema Dialogmarketing. Seit 1989 Mitglied des Vorstandes der Arbeitsgemeinschaft PVC und Umwelt (AGPU) e.V. in Bonn.

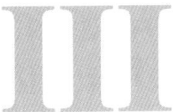

Mehr Power durch Gemeinsamkeit:
Mitarbeiter und Lieferanten
als Partner

Mitarbeitermotivation und Prozessstandardisierung für mehr Kundenzufriedenheit

Petra Rittersberger

Kürzeste Lieferzeiten bei absoluter Zuverlässigkeit hat sich das Express-Luftfrachtunternehmen Federal Express (FedEx) bei der Unternehmensgründung 1973 zum Ziel gesetzt. Die Idee, Pakete in den Vereinigten Staaten über Nacht zu transportieren, war gleichzeitig der Keim zur Entstehung einer bis dahin unbekannten Transport-Industrie – dem Overnight-Express. 1983 war FedEx das erste Unternehmen in der amerikanischen Wirtschaftsgeschichte, das innerhalb von zehn Jahren seit der Gründung einen Umsatz von über einer Milliarde Dollar erzielte. Die verstärkte Internationalisierung eröffnete Zugang zu neuen Märkten. Heute beschäftigt FedEx Express 143.000 Mitarbeiter und bedient mit über 640 Flugzeugen und 45.000 Fahrzeugen 211 Länder der Welt.

Der Unternehmenserfolg eines Dienstleisters hängt maßgeblich von der wahrgenommenen Servicequalität, der daraus entstehenden Kundenzufriedenheit und dem zukünftigen Kaufverhalten ab. Langfristig werden nur zufriedene oder begeisterte Kunden die Kaufentscheidung wieder zu Gunsten desselben Anbieters fällen, wodurch die Umsatzentwicklung des Unternehmens nachhaltig beeinflusst wird.

Unternehmen gehen zunehmend dazu über, nicht nur finanzielle Ergebnisse und Produktivitätskennzahlen zu überwachen, sondern auch Mitarbeiter- und Kundenzufriedenheitswerte in ihre Scorecard einzubeziehen. Bei der Entstehung von Kundenzufriedenheit ist das Verhältnis zwischen wahrgenommener Dienstleistung und den Erwartungen des Kunden ausschlaggebend. Eine Erwartungshaltung wird unter anderem durch bisherige Erfahrungen, Produktversprechen, Zusagen seitens der Verkäufer und durch Werbebotschaften aufgebaut.

Kundenzufriedenheit und Kundenbindung entstehen erst durch den Vergleich zwischen der Servicerealität und den Erwartungen des Kunden.

Mit zunehmender Kundenzufriedenheit sinkt zum einen die Abwanderungswahrscheinlichkeit zum Mitbewerber und zum anderen steigt die Bereitschaft der Kunden, die Dienstleistungen an Dritte weiterzuempfehlen. Untersuchungen bei Federal Express haben zudem gezeigt, dass Kunden, die mehrere Anbieter gleichzeitig nutzen, mit steigendem Zufriedenheitsgrad zum Single-Sourcing übergehen. Die Nutzungsintensität bei einem Anbieter steigt, Mitbewerber werden von der „Shopping-Liste" gestrichen.

In einem Wettbewerbsumfeld, das durch einen aggressiven Verdrängungs- und Akquisitionswettbewerb gekennzeichnet ist, stürzen sich viele Dienstleister in zumeist ruinöse Preiskämpfe, um Marktanteile zu gewinnen. Um dieser Falle auszuweichen, kann der Dienstleister verstärkt auf eine qualitative Wachstumsstrategie setzen.

Das Unternehmen setzt sich hohe Ziele für Kundenzufriedenheit und kommuniziert diese am Markt. Gleichzeitig sorgt der Dienstleister dafür, dass die Kundenerwartungen in der Branche steigen und erbringt erwartungsgerecht höhere Leistungen. Langfristig werden sich allerdings nur solche Unternehmen durchsetzen, die ihre Kunden am besten zufrieden stellen und gleichzeitig profitabel arbeiten.

Bei der Umsetzung einer qualitäts- und kundenzufriedenheitsorientierten Wachstumsstrategie muss ein Dienstleistungsunternehmen vor allem in drei Bereichen ansetzen.

- Durch die *Marktsegmentierung,* d.h. die Aufteilung eines heterogenen Gesamtmarktes in homogene Untergruppen (Segmente), kann das Unternehmen den differenzierten Erwartungen von existierenden und potenziellen Kunden besser entsprechen.

- Innerhalb der eigenen Organisation müssen Rahmenbedingungen geschaffen werden, die den Mitarbeitern kundenorientiertes *Denken und Handeln* ermöglichen.

- Um die Servicequalität abzusichern und möglichst reibungslose Abläufe bei der Dienstleistungserbringung zu garantieren, ist eine *Prozessstandardisierung und -überwachung* erforderlich.

Mit welchen konkreten Maßnahmen die Erfolgsfaktoren kundenorientiertes Denken und Handeln und Prozessstandardisierung bei Federal Express umgesetzt werden, zeigen die folgenden Beispiele.

People Policy

Die Umsetzung einer Strategie beginnt mit der Philosophie. Als Manifest der strategischen Erfolgsfaktoren hat FedEx eine Qualitätsanforderung formuliert, die für jeden einzelnen Mitarbeiter einen grundsätzlichen Orientierungs- und Handlungsrahmen schafft. Im Vordergrund stehen die Schlüsselprinzipien einer qualitativen Wachstumsstrategie:

„Federal Express's Service policy is to create a completely satisfied customer at the end of each transaction. We will achieve 100 percent customer satisfaction by performing 100 percent our standards, as perceived by the customer. To realize this goal, we will strive relentlessly to enhance quality in order to improve productivity, please our customers, and reduce costs. Our commitment is to achieve 100 percent customer satisfaction and 100 percent service levels, while remaining dedicated to the principles of our People-Service-Profit philosophy."

Da Dienstleistungen zumeist von Menschen und nicht überwiegend von Maschinen erbracht werden, steht die Erfüllung von Kundenbedürfnissen in unmittelbarem Zusammenhang mit motivierten Mitarbeitern. Dieser Grundsatz wird entsprechend in der Unternehmensphilosophie von FedEx gewürdigt:

People – Service – Profit

„Take care of our people; they, in turn, will deliver the impeccable service demanded by our customers, who will reward us with the profitability necessary to secure our future. People-Service-Profit: these three words are the very foundation of Federal Express."

Die Unterstützung und das Engagement, das den Mitarbeitern entgegengebracht wird, sind Voraussetzung, um den Kunden jenen exzellenten Service zu bieten, durch dessen wiederholte Inanspruchnahme die Kunden ihrerseits zu einer gesunden Entwicklung des Unternehmens beitragen. Nicht nur aus diesem Grund werden Mitarbeiter bei FedEx in nahezu alle Unternehmensaktivitäten und -entscheidungen eingebunden. Für diese Vorgehensweise spricht ein einfaches Argument: „After all, who knows more about how the job should be done than those doing it?"

Um die Energien der Mitarbeiter in die richtige Richtung zu kanalisieren, werden die strategischen Ziele von FedEx an alle Mitarbeiter kommuniziert. Die strategischen Ziele werden über verschiedene Kommunikationswege bekannt gegeben, z.B. weltweit über den eigenen Fernsehsender FXTV (Federal Express -Television), über Mitarbeiterzeitungen und Präsentationen. Zu Beginn eines jeden Geschäftsjahres verfasst der Unternehmensgründer Frederick W. Smith (Chief Executive Officer & Chairman of the Board) ein strategisches Memorandum, das jedem Mitarbeiter weltweit schriftlich zugeht. Auch in den verschiedenen Regionen (Europa, Mittlerer Osten und Afrika) gibt es Kommunikationsprogramme, die Mitarbeiter genau über die strategische Ausrichtung des Unternehmens informieren. Hier werden auch die taktischen Maßnahmen genau erläutert, um jedem Mitarbeiter zu vermitteln, welche Rolle ihm bei der Erreichung der Unternehmensziele zugeschrieben wird. In regelmäßigen Briefings wird den Mitarbeitern auch der Zielerreichungsgrad dargelegt.

Auf Managementebene wird die Umsetzung der strategischen Ziele durch das Management by Objectives (MbO)- und Professional by Objectives (PbO)-Program gefördert. In einem Top-Down-Prozess erstellt jeder Vorgesetzte gemeinsam mit den Mitarbeitern die individuelle Zielsetzung für einen fest definierten Zeitraum.

Der Zielerreichungsgrad wird halbjährlich oder jährlich beurteilt. Die Bewertungskategorien und Entlohnungsmechanismen beziehen sich ebenfalls auf die Bereiche, die den Unternehmenserfolg maßgeblich bestimmen. Neben finanziellen Ergebnissen werden auch Mitarbeiter und Kundenzufriedenheitswerte in die Kalkulation einbezogen.

Besonders die Organisationsstruktur muss der strategischen Orientierung des Unternehmens Rechnung tragen. Innovative, kundenorientierte Unternehmen haben deshalb flache Organisationsstrukturen. Bei FedEx gibt es nur vier Managementebenen, bzw. vom Frontline-Mitarbeiter bis zur obersten Ebene nur fünf Hierarchiestufen.

Reduzierte Ebenen zwischen Kundenkontaktpersonal und Management sollen sicherstellen, dass an der Unternehmensspitze keine Entscheidungen gefällt werden, die an der Schnittstelle zwischen Kunde und Kontaktperson nur schwer umzusetzen sind.

Wichtig ist in diesem Zusammenhang neben offenen Kommunikationswegen zwischen Management und Mitarbeitern eine funktions- und abteilungsübergreifende Kommunikation. Aus diesem Grund arbeiten bei FedEx auf allen Ebenen der Organisation abteilungsinterne sowie abteilungs- und länderübergreifende Teams. Je nach Ausrichtung fungieren diese Mitarbeitergruppen als Qualitiy Improvement Teams oder auch als Alignment Teams, die die Abstimmung zwischen Abteilungen fördern. Quality Improvement Teams verfolgen sowohl qualitätsorientierte Zielsetzungen, wie ständige Verbesserung der Qualität, aktive und vorausschauende Fehlervermeidung, Erhöhung der Kundenzufriedenheit von internen und externen Kunden, Senkung der Kundenbeschwerden, als auch produktivitätsorientierte Zielsetzungen. Dazu zählen unter anderen Kostensenkung, Verbesserung der Koordination und Kommunikation sowie Optimierung interner Kunden-Lieferanten-Beziehungen.

Um die Erfolge und Misserfolge bei der Umsetzung der People-Service-Profit-Philosophie transparent zu machen, führt FedEx weltweit eine Zufriedenheitserhebung unter Mitarbeitern durch.

Die Umfrageaktion ist Bestandteil des Survey-Feedback-Action-Kommunikationsprogramms, das vor allem darauf ausgerichtet ist, Schwachstellen zu identifizieren und einen unternehmensweiten, kontinuierlichen Verbesserungsprozess auf allen Ebenen der Organisation in Gang zu setzen. Das gesamte Programm besteht aus drei Komponenten: Mitarbeiterbefragung (Survey), Ergebnisbesprechung (Feedback) und Aktionsplan (Action):

a) Survey

Die Mitarbeiterbefragung zur Erfassung der Zufriedenheit wird bei FedEx einmal im Jahr weltweit zur gleichen Zeit durchgeführt. Es nehmen Unternehmensangehörige aller Hierarchiestufen teil. Die Befragung enthält sieben Themenbereiche, welche jene Aspekte des Arbeitsumfeldes umfassen, von denen man einen Einfluss auf Motivation und Engagement der Mitarbeiter annimmt. Dazu gehören beispielsweise das Führungsverhalten des Vorgesetzten, die Gestaltung des Arbeitsumfeldes oder verschiedene Kooperations- und Kommunikationsaspekte, die in der betrieblichen Zusammenarbeit eine Rolle spielen.

b) Feedback

Die Befragungsergebnisse sind die Gesprächsgrundlage für ein Feedbackgespräch, in das grundsätzlich alle Mitarbeiter einer Arbeitsgruppe einbezogen werden. An Hand der Ergebnisse der einzelnen Fragestellungen werden die verschiedenen Ursachen erarbeitet, die der Bewertung zu Grunde gelegt wurden, um Aufschluss darüber zu gewinnen, welche Ereignisse, Vorgehensweisen oder Schwachstellen Reaktionen ausgelöst haben. Hinterfragt werden deshalb sowohl negative wie auch positive Rückmeldungen. Schon während des Feedbackgespräches ermittelt die Arbeitsgruppe verschiedene Ansätze, um Missstände zu beseitigen und positive Erfahrungen zu verstärken.

c) Action

Der Aktionsplan beinhaltet neben einer Problemdefinition und deren Ursachen entsprechende Lösungswege bzw. Abhilfe und Verbesserungsmaßnahmen. Um die Verbindlichkeit der Vereinbarungen zu demonstrieren, erhalten Mitarbeiter und Vorgesetzte eine Kopie der Arbeitsgruppenpläne, deren Fortschritt in regelmäßigen Meetings diskutiert wird. Der Erfolg des Programms steht und fällt mit der Konsequenz bei der Umsetzung der Maßnahmen.

Das Survey-Feedback-Action-Kommunikationsprogramm ist ein Hilfsmittel, um die Kommunikation zwischen Team und Vorgesetzten zu intensivieren, und es ermöglicht der Führungsspitze, sich einen Überblick über das gesamte Spektrum mitarbeiterbezogener Problembereiche zu verschaffen. Arbeitsgruppen, deren Ergebnis signifikant negativ vom Durchschnittswert abweicht, unterliegen einer besonderen Behandlung. Der Zyklus der Mitarbeiterbefragung bei „Critical Workgroups" wird auf sechs Monate verkürzt.

Standardisierung und Überwachung der Prozessqualität

Um Schwankungen in der Servicequalität auszuschließen, müssen Prozesse standardisiert und überwacht werden. Wesentlicher Bestandteil ist die Festlegung messbarer Qualitätsstandards und die Implementierung eines Kennzahlensystems zur fortlaufenden Kontrolle und Optimierung der Prozessqualität. Im Kundendienst bei FedEx ist z.B. festgelegt, dass ein Anruf spätestens nach dem zweiten Klingelzeichen zu beantworten ist. Im Fall einer Beschwerde muss der Kunde innerhalb von 60 Minuten mit einer verbindlichen Rückmeldung zurückgerufen werden (Call Back-Commitment).

Das Kernstück aller weltweiten Prozesse bei FedEx ist die Tracking und Tracing-Technologie. Alle FedEx-Sendungen sind mit Strichcodes versehen, die auf den wichtigsten Versandetappen von den Mitarbeitern mit Handscannern (den „Supertrackers") eingelesen werden. Jede physische Bewegung einer Sendung wird mit einem vorgesehenen Scancode dokumentiert. Für Abweichungen vom normalen, geplanten Transportverlauf (z.B. Zollverzögerungen, Unwetter, Flughafenstreiks etc.) sind bestimmte Ursachencodes vorgesehen. Jede Sendung wird im Durchschnitt zehnmal gescannt, bevor am Zustellungsort der letzte Strichcode-Check erfolgt und der „Supertracker" automatisch die Zustellzeit speichert.

Gleichzeitig ist der Supertracker Teil eines Leitsystems, das Postleitzahlen einer FedEx Stations-Identifizierung zuordnet. Somit können Irrtümer, Fehlleitungen oder Verspätungen von vornherein minimiert werden. Im Supertracker festgehaltene Informationen fließen automatisch in das global vernetzte Computersystem COSMOS (Customer-Operations-Service-Master-Online-System). Dadurch sind weltweit Kundendienstmitarbeiter in der Lage, ständig und zeitgenau über den jeweiligen Status einer Sendung Auskunft zu geben, Sendungen zu verfolgen und zu agieren, bevor Probleme entstehen.

Um die Prozessqualität fortlaufend zu erfassen, hat FedEx den Service Quality Indicator (SQI) entwickelt. Die Kriterien wurden so ausgewählt, dass sie die Prozessqualität aus der Sicht des Kunden widerspiegeln. Um das vielfältige und komplexe Qualitätserleben des Kunden abzubilden, wurden die einzelnen Kategorien zusätzlich nach Kundenprioritäten gewichtet. Gemessen werden unter anderem

- Lost Packages (verlorene Pakete),
- Damaged Packages (beschädigte Pakete),
- Wrong Day Late (verspätete Auslieferung am falschen Tag),
- Right Day Late (verspätete Auslieferung am richtigen Tag),
- Traces (Nachforschungen),
- Complaints (Beschwerden),
- Invoice Adjustments (Rechnungsänderungen),
- Abandoned Calls (unbeantwortete Anrufe im Call Center),
- Missing POD (fehlender Auslieferungsnachweis).

Die Informationen für die Berechnung des Service Quality Indicators werden hauptsächlich mit Hilfe der Informationstechnologie COSMOS gewonnen. Tritt ein Fehler auf, werden der verantwortlichen Abteilung/Station SQI-Punkte zugerechnet. Die Summe aus den unterschiedlich gewichteten Kategorien ergibt den Service Quality Indicator, der für jede Niederlassung, jedes Land, jeden Kontinent und weltweit täglich berechnet wird.

Zu Beginn jedes Geschäftsjahres wird ausgehend vom weltweiten Indikator pro Kontinent eine Planvorgabe zur Reduzierung des SQI entwickelt. Diese Zielsetzung wird auf alle operationellen Bereiche verteilt, um sicherzustellen, dass überall kontinuierlich an Verbesserungen gearbeitet wird.

Der Service Quality Indicator gibt wertvolle Hinweise auf Veränderungen oder Fehler innerhalb der Prozesse. Jede Abweichung einer Messgröße zwischen tatsächlichen und prognostizierten Ergebnissen (Soll-Ist-Vergleich) gibt Anlass zu einer Problemanalyse, aus der sich korrektive Maßnahmen zur Verbesserung ableiten. Auch die Analyse des SQI-Verlaufs im Zeitvergleich kann wichtige Warnsignale dafür geben, dass etwas außer Kontrolle geraten ist und dass korrigierend eingegriffen werden muss.

Für den Manager ist nicht nur die Information über das aktuelle Niveau der Prozessqualität wichtig, sondern auch die permanente Nutzung des SQI als Coaching-Instrument für die Mitarbeiter. Im Zusammenhang mit Qualitätsverbesserungen spielt das Feedback des Vorgesetzten an die Mitarbeiter eine bedeutende Rolle. Regelmäßige Besprechungen des SQI sind notwendig, um Fortschritte und Erfolge bekannt zu machen und gleichzeitig die Bedeutung der Qualität im Bewusstsein jedes einzelnen Mitarbeiters zu verstärken.

Fazit

Unternehmerisches Denken und Handeln muss am Kunden ausgerichtet werden. Seine Zufriedenheit wird ständig gemessen, um zu Optimierungsansätzen in der Servicequalität zu gelangen. Dem Mitarbeiter werden strategische Unternehmensziele klar und deutlich kommuniziert, er erhält durch die formalisierte Qualitätsphilosophie des Unternehmens einen kundenorientierten Handlungsrahmen und wird als wichtigste Ressource des Unternehmens gewürdigt, mit entsprechenden Kompetenzen ausgestattet und gefördert. Hierzu gehören auch eine flache Hierarchie, die die Nähe zum Frontline-Mitarbeiter und damit zum Kunden sichert, offene Kommunikationswege und abteilungsübergreifende Kooperationen.

Die Autorin

Petra Rittersberger startete ihre Karriere bei FedEx 1992. Nach verschiedenen Marketingpositionen mit zunehmender Verantwortung ist die studierte Diplom-Kauffrau seit November 2000 Managing Director Marketing Central & Eastern Europe. Seit November 2001 verantwortet sie auch den Bereich Advertising and Communications für die gesamte FedEx-EMEA-Region (Europa, Mittlerer Osten, Afrika).

KomminO: Wie sich Kommunikationsprobleme rational lösen lassen

Markus Sperka/Julia Rózsa/Jürgen Bähr

Der vorliegende Beitrag beschäftigt sich mit den Ansprüchen der Beschäftigten innerhalb einer Organisation. Diese haben einerseits berechtigte Interessen gegenüber ihrem Unternehmen – konkret: an der Bereitstellung guter Arbeitsbedingungen oder an dem Erhalt des Arbeitsplatzes über einen hinreichend langen Zeitraum hinweg zur materiellen Absicherung der eigenen Existenz. Andererseits stellen sie jedoch auch einen grundlegenden Produktivitätsfaktor dar, indem sie durch ihre Arbeitsleistung zum wirtschaftlichen Erfolg wesentlich beitragen. Dabei stehen die Interessen der Beschäftigten und der organisatorische bzw. unternehmerische Erfolg über weite Bereiche in einem synergetischen Verhältnis zueinander, d.h., je besser es beispielsweise gelingt, insbesondere im sozialen Kontext gute Arbeitsbedingungen zu schaffen, desto größer und qualitativ besser wird voraussichtlich das Engagement der Beschäftigten zu Gunsten der Organisation und deren Produktivität sein.

Naturgemäß kommt der internen Kommunikation hierbei eine zentrale Rolle zu. Sie ist nicht nur das Medium, mit dessen Hilfe durch Anweisungen, Absprachen etc. koordinierte Arbeitsabläufe sichergestellt werden. Vielmehr ermöglicht sie es auch, die Mitarbeiter dazu zu bewegen, sich mit der Organisation zu identifizieren, sich als aktiver, mitgestaltender Akteur zu erleben und seine Idee und Gestaltungsvorschläge kreativ einzubringen. Gerade in Zeiten permanenten Wandels stellt interne Kommunikation damit auch einen erheblichen wirtschaftlichen Produktionsfaktor dar. Umgekehrt sind Kommunikationsprobleme nicht nur mit sozialen, sondern auch mit möglicherweise weit reichenden wirtschaftlichen Risiken verbunden.

Ein (Kommunikations-)Drama

Am 28. Januar 1986 explodierte der Space Shuttle „Challenger" 73 Sekunden nach dem Start; alle Besatzungsmitglieder wurden dabei getötet. Ursprünglich war der Start für den 27. geplant, aber starke Seitenwinde ließen das Risiko zu groß erscheinen. Für den 28. sagte der Wetterbericht nun sehr kalte Lufttemperaturen voraus, und die Ingenieure der Firma, die die Booster-Raketen hergestellt hatte, sahen die Gefahr, dass wichtige Teile dieser Raketen durch die Kälte möglicherweise versagen könnten. Sie waren Mitglieder der untersten von vier hierarchisch angeordneten Entscheidungsebenen und gaben ihre Warnung an die nächsthöhere Ebene weiter. Angesichts bereits bestehender Verzögerungen war man dort jedoch ungeduldig geworden und entschied sich, die Warnung nicht nach oben zu kommunizieren. Weder auf der zweithöchsten noch auf der höchsten Ebene war somit die Gefahr des Versagens der Booster-Raketen hinreichend bekannt – der Start wurde für den 28. Januar angesetzt (nach: Neher, 1997).

Kommunikationsprobleme und ihre Analyse – KomminO

In jüngerer Zeit wurde vielfach darauf geachtet, mit großem Aufwand modernste Kommunikationsmedien zu implementieren, um eine reibungslose Kommunikation zu gewährleisten. Betrachtet man sich jedoch die Ursache für Kommunikationsprobleme etwas genauer, so stellt man oft fest, dass diese viel „simpler" sind, als der zur Verfügung stehende technische Apparat vermuten ließe. Informationen werden manchmal nicht weitergegeben, weil man sich gar nicht bewusst ist, wie dringend eine andere Person diese benötigt. Oder man fühlt sich selbst derart mit Informationen bzw. Arbeit überlastet, dass man „nicht mehr dazu kommt", andere ausreichend zu informieren. Und trotz jahrzehntelanger Abhandlungen und Seminare zum Thema „Mitabeitermotivation" kann man auch heute durchaus noch fragen, wer seine Mitarbeiter (bzw. auch andere Personen) dazu motiviert, richtig zu kommunizieren.

Typische Ursachen für Kommunikationsdefizite

- Vergesslichkeit oder Bequemlichkeit bei der Informationsweitergabe.

- Mangelndes Bewusstsein dafür, dass und wofür Informationen von anderen benötigt werden.

- Schlechte Erreichbarkeit für andere.

- Eigene Informations- oder Arbeitsüberlastung und dadurch „keine Zeit" zur Kommunikation.

- Mangelnde Bereitschaft, richtig zuzuhören und andere zur Kommunikation zu motivieren.

- Unzureichende Kommunikationsmedien (auch Besprechungstermine o.ä.).

- Vorbehalte, ungünstige Informationen weiterzugeben, insbesondere wenn der Gesprächspartner möglicherweise damit unsensibel umgeht.

- Mangelndes Vertrauen darin, dass Informationen vom Gesprächspartner gegen die eigene Person verwendet werden könnten.

- Soziale oder strategische Konflikte in oder zwischen Abteilungen.

- Aus eigenen Karriere- oder Statusinteressen Informationen an bestimmte Personen gezielt unterlassen.

(vgl.: Sharma, 1979; Sperka, 2000)

Zur Aufdeckung vorhandener Kommunikationsprobleme wurde ein „Fragebogen zur Erfassung der Kommunikation in Organisationen" (KomminO; Sperka, 1997) konzipiert, der im Rahmen von Mitarbeiterbefragungen in Unternehmen eingesetzt wird. Der Fragebogen erhebt sieben unterschiedliche Aspekte der Kommunikation, und zwar jeweils in Bezug auf

- den direkten Vorgesetzten,
- die unmittelbaren Kollegen und
- die unterstellten Mitarbeiter (nur bei Führungskräften).

Nach der Beantwortung werden die Angaben an Hand einer repräsentativen Normdatenbank mit den Angaben von über 2.000 Personen verglichen und anschließend auf einer Skala von Null bis 100 Prozent dargestellt (siehe nächster Abschnitt). Dabei bedeutet ein Wert von

- 50 Prozent, dass die Angaben aus einer untersuchten Einheit genau dem Durchschnitt entsprechen,
- über 50 Prozent, dass die Bewertungen besser als die Norm sind,
- unter 50 Prozent, dass sie schlechter sind.

Dadurch ist es erstens möglich, durch den Außenvergleich ein kommunikatives Benchmarking abzulesen, zweitens können interne „Problembereiche" oder auch besonders positive Units identifiziert werden. Diese Angaben stellen Indikatoren dar, die anschließend an die jeweils betreffende Arbeitseinheit zurück berichtet werden. Dort dienen sie – im Falle ungünstiger Ergebnisse – als Diskussions- und Bearbeitungsgrundlage einer differenzierteren Ursachenanalyse mit zugehöriger Lösungserarbeitung. Eingesetzt wird KomminO zu verschiedenen Zwecken bzw. aus verschiedenen Anlässen, z.B. beim Vorliegen von „Verdachtsmomenten" kommunikativer Probleme oder begleitend bei Restrukturierungsmaßnahmen.

Skalen zu KomminO

1. Bedeutung der Kommunikation: Wie wichtig ist die Kommunikation mit bestimmten Personengruppen zur Erledigung der eigenen Arbeit?

2. Kommunikationsqualität: Wie wird die Qualität der Kommunikation (Genauigkeit, Zugang bei Bedarf, allgemeine Zufriedenheit, Informationsmangel) mit anderen Personengruppen beurteilt?

3. Verwertbarkeit der Informationsmenge: Sind die erhaltenen Informationen vom Umfang her noch gut verwertbar oder strömen mehr Informationen auf den Befragten ein, als dieser sinnvoll verarbeiten kann?

4. Vertrauen in die Kommunikationspartner: Vertraut der Befragte darauf, dass andere Personengruppen sorgfältig mit Informatio-

nen, die sie von ihm erhalten, umgehen, oder steht aus seiner Sicht zu befürchten, dass Kommunikationspartner seine Informationen eventuell auch zu seinen Ungunsten verwenden?

5. Feedback: Erhält der Befragte von den unterschiedlichen Personengruppen gute und ausreichende Rückmeldungen auf sein eigenes Arbeitsverhalten in der Organisation?

6. Informationsweitergabe – Umfang: Werden Informationen vom Befragten an andere üblicherweise umfassend und mit Einzelheiten oder nur in komprimierter oder verkürzter Form weitergegeben?

7. Informationsweitergabe – Kanaloffenheit: Können eigene Informationen, die andere benötigen, an diese leicht und rechtzeitig weitergegeben werden, oder gibt es dabei Hindernisse?

Exemplarische Ergebnisse zu KomminO

Die folgenden Ergebnisdarstellungen entstammen einer Kommunikationsanalyse, die im Jahr 2000 in einem Dienstleistungsunternehmen mit ca. 1.000 Beschäftigten durchgeführt wurde. In diesem Dienstleistungsunternehmen fanden zuvor Restrukturierungsmaßnahmen statt, die einige Entscheidungsträger als nicht erfolgreich werteten. Dies wurde zum Anlass genommen, die näheren Problemhintergründe durch eine Kommunikationsanalyse auf empirisch-objektiver Grundlage zu erarbeiten.

Im Folgenden sind zunächst die Beurteilungen von Führungskräften (siehe Abbildung 1) und anschließend von Nicht-Führungskräften (siehe Abbildung 2) aus demselben Arbeitsbereich „X" dargestellt. Es handelt sich dabei um eine Arbeitseinheit, die im Zuge der Reorganisation neu gebildet wurde.

Die Beurteilungen der Kommunikationsrichtungen (mit den Vorgesetzten, mit den Kollegen, mit den Mitarbeitern) sind durch die drei unterschiedlich eingefärbten Linien dargestellt; diese Darstellung bildet im Übrigen eine Variante der 180-Grad-Beurteilung. Wie oben erwähnt, bedeutet ein Wert von 50 eine durchschnittliche Ausprägung. Je weiter rechts (50 bis 100) ein Wert angesiedelt ist, umso positiver ist die Beur-

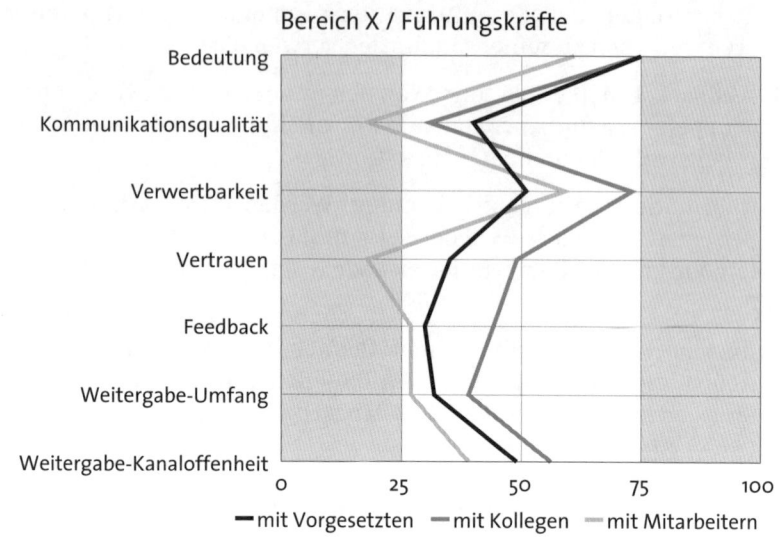

Abb. 1: *Kommunikationsprofil für Führungskräfte aus Arbeitsbereich X*

teilung der entsprechenden Dimension zu bewerten, je weiter links (0 bis 50), umso negativer fällt diese aus.

Zunächst ist erkennbar, dass die „Bedeutung" und die „Verwertbarkeit" der Kommunikation von den Führungskräften in allen Richtungen als hoch bzw. positiv beurteilt wird; hingegen ist die „Kommunikationsqualität", das „Feedback" und der „Weitergabe-Umfang" unterdurchschnittlich gut ausgeprägt. Ferner sind die Beurteilungen der Kommunikation mit den Kollegen am positivsten, die mit den Mitarbeitern am negativsten.

Bemerkenswert sind jedoch vor allem die Kennwerte in den Bereichen der „Kommunikationsqualität" und des „Vertrauens" bezüglich der Kommunikation mit den Mitarbeitern, die auffallend schwach ausgeprägt sind und beide unterhalb der 25-Prozent-Marke liegen. Offensichtlich liegt in diesen beiden Kommunikationsaspekten aus Sicht der Führungskräfte ein Problem mit ihren Mitarbeitern vor. Durch zusätz-

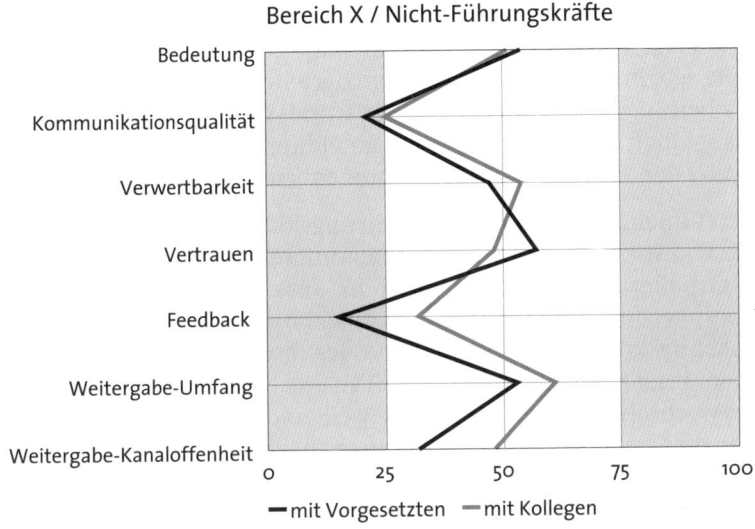

Bereich X / Nicht-Führungskräfte

Bedeutung
Kommunikationsqualität
Verwertbarkeit
Vertrauen
Feedback
Weitergabe-Umfang
Weitergabe-Kanaloffenheit

0   25   50   75   100

— mit Vorgesetzten   — mit Kollegen

Abb. 2: Kommunikationsprofil für Nicht-Führungskräfte aus Arbeitsbereich X

lich erhobene qualitative Angaben (dies ist mit KomminO problemlos realisierbar), teilweise auch durch Rücksprachen mit Organisationsinternen wurden subjektive Befürchtungen erkennbar, dass Mitarbeiter ihre Vorgesetzten nicht ausreichend informierten bzw. diese sogar „auflaufen"ließen.

Nun erhebt sich natürlich die Frage, wie sich diese Problematik aus umgekehrter Perspektive, nämlich in der Beurteilung der Vorgesetzten durch die Mitarbeiter des gleichen Arbeitsbereichs, darstellen.

Dabei fällt auf, dass zwar komplementär zur Perspektive der Führungskräfte ebenfalls eine schlechte Informationsqualität (nun mit den Vorgesetzten) angegeben wird, nicht jedoch ein mangelndes Vertrauen. Dafür wird hier ein schwaches Feedback durch Führungskräfte bemängelt.

Die gegenseitigen Wahrnehmungen sind hier offensichtlich unterschiedlich, was in einem Arbeitsbereich, der noch nicht allzu lange besteht, nicht unbedingt verwundern muss, was sich allerdings auch nicht dauerhaft verfestigen sollte. Wiederum bringen die qualitativen Zusatzangaben – nun von Seiten der Mitarbeiter – weitere Klärung. Diese beklagen zu wenig gemeinsame Besprechungen und stattdessen zu viele schriftliche und damit distanzierte Informationen. Insbesondere erleben Sie jedoch Ihre Führungskräfte als desinteressiert, was mit dem mangelhaften Feedback – der Rückmeldung darauf, wie die Qualität der Arbeit der Mitarbeiter wahrgenommen wurde – in Verbindung steht.

Zusammengefasst erleben die Führungskräfte diese Konfliktproblematik also vornehmlich auf der Beziehungsebene (kein Vertrauen in die Mitarbeiter; „die arbeiten gegen uns" bzw. „machen, was sie wollen"), wohingegen die Mitarbeiter die Problematik eher auf der Sachebene der Führungskräfte erleben („die sind desinteressiert" bzw. „was wir machen, interessiert die gar nicht"). Die Erarbeitung und Verdeutlichung des wechselseitigen Erlebens der jeweils anderen Personengruppe bildet nun die Grundlage, den Konflikt zu entschärfen – hier z.B. durchaus mit sachlichen Maßnahmen, insbesondere direkten Besprechungen und mit direkten Rückmeldungen auf konkrete Arbeitsergebnisse.

Einige weiterführende Betrachtungen

Ebenso wie das Geschehen in sozialen Gruppen bei genauer Betrachtung hochgradig komplex ist, können auch Kommunikationsstörungen und deren Ursachen höchst unterschiedlicher Natur sein. KomminO stellt ein Werkzeug dar, solche Störungen sichtbar und deren Ursachen zugänglich zu machen. Nun könnte man fragen, wozu man eigentlich KomminO benötigt, wo doch die Ursachen selbst – wie oben ersichtlich – nicht durch KomminO allein, sondern auch durch zusätzliche Informationen erschlossen werden. Der Grund ist recht einfach: Natürlich kennt jeder Personalleiter seine „Problemabteilungen", und jede Führungskraft weiß zumindest ungefähr, wo in ihrem Arbeitsbereich Reibungsverluste entstehen. Auch beim informellen Tischgespräch ist mancherlei erfahrbar. Die Schwierigkeit ist aber: Wie soll man ein Problem ansprechen? „Ich habe gehört, dass,..." oder: „Bei Ihnen ist offensichtlich ... der Fall", sind denkbar schlechte Einleitungen, die gut geeignet sind, denjenigen, der eine solche Initiative ergreift, selbst zur „Zielscheibe" zu machen. Über die Mitarbeiterbefragung wird gewissermaßen ein Weg um diese Schwierigkeit herum gewählt, der sich lohnt. Statt subjektiver Meinungen sprechen nun objektive (im Sinne von inter-subjektiven) Daten. Und es geschieht noch mehr: Alle organisatorisch Beschäftigten – von deren Verhalten letztlich eine gute Kommunikation auch abhängt – werden frühzeitig in den Prozess eingebunden. Es sind ihre Urteile (natürlich aus Gründen des Anonymitätsschutzes sowie der Übersichtlichkeit zu Mittelwerten zusammengefasst), die den Ausgangspunkt für eine weitere Problembearbeitung bilden. Dies stärkt Akzeptanz und Veränderungsbereitschaft.

Nicht zuletzt ist die Mitarbeiterbefragung damit selbst eine Kommunikationssituation, in der alle Beschäftigten ihre Meinung abgeben und somit zumindest indirekt ihre Interessen vertreten. Sie werden frühzeitig in den Organisationsentwicklungsprozess integriert und bleiben auch in der Folge ein aktiver Bestandteil. Naturgemäß ist es schwierig, den Nutzen einer Befragung monetär zu bewerten. Dennoch kann erfahrungsgemäß davon ausgegangen werden, dass Mitarbeiterbefragungen in Kombination mit geeigneten Maßnahmen der Organisationsentwicklung zu signifikant positiven Veränderungen im Unternehmen führen. Dies gilt in Bezug auf das Problembewusstsein, aber auch hinsichtlich des Unternehmensklimas sowie der Identifikation mit dem Unternehmen (vgl. Comelli, 1997).

Stärken von Mitarbeiterbefragungen

- Mitarbeiterbefragungen können als „Startsignal" für bevorstehende Innovationsmaßnahmen dienen.

- Im Zuge der Beantwortung werden die beteiligten Personen mit der Thematik konfrontiert und dadurch auch sensibilisiert.

- Dabei werden die Beteiligten auch frühzeitig in bevorstehende Gestaltungsprozesse eingebunden.

- Die Erfassung der Organisationssituation erlaubt es, ein Meinungsbild zu einen bestimmten Zeitpunkt breit, ökonomisch und relativ unbeeinflusst durch interne Kommunikationsprozesse zu erheben (im Gegensatz beispielsweise zu Einzelinterviews, die einen längeren Zeitraum beanspruchen).

- Durch die Rückmeldung der Ergebnisse „schwarz auf weiß" steigt deren Akzeptanz und Verbindlichkeit. Damit wird gleichzeitig die Problemsituation in dem Sinne objektiviert, dass darüber diskutiert werden kann, ohne auf eigene, subjektive Meinungen rekurrieren zu müssen. Durch den faktischen Wert dieser Aussagen können Widerstände leichter entkräftet oder neutraler diskutiert werden.

- Grafisch unterstützte quantitative Ergebnisberichte lassen rasch erkennen, in welchen Bereichen potenzielle Problemsituationen vorliegen oder wo nutzbare Stärken vorhanden sind; Maßnahmen können so gezielt eingeleitet werden.

- So können auch im Rahmen von Wiederholungsmessungen Veränderungen quantitativ differenziert abgebildet und sichtbar gemacht werden.

(vgl.: Borg, 2000)

Mit unterschiedlichen kommunikativen Zielsetzungen stellen eher dezentral angelegte Mitarbeiterbefragungen wie KomminO und zentrale Kommunikationstools wie z.B. Intranet, Mitarbeiterzeitung, Mitarbeiterbrief etc. einen sich gegenseitig sehr gut ergänzenden Medienmix dar. Die Mitarbeiterbefragung benötigt ganz dringend zentrale Kommunikationsmedien, um beispielsweise im Vorfeld über ihre Ziele zu informieren, damit letztendlich die Beteiligung möglichst groß ist; ferner sollte im Anschluss an eine Befragung über die Ergebnisse und auch über die sichtbaren Erfolge berichtet werden. Umgekehrt können zentrale Kommunikationstools nicht auf alle Ereignisse vor Ort differenziert eingehen, und sie sind auch nur sehr begrenzt in der Lage, Informationen aus der organisatorischen Peripherie einzuholen. Hier stellt die Mitarbeiterbefragung ein Medium dar, das Informationen vor Ort einholt und damit auch dazu dient, zu einer offenen, dialogorientierten Unternehmenskultur beizutragen.

Literatur

Borg, I. (2000). Führungsinstrument Mitarbeiterbefragung – Theorien, Tools und Praxiserfahrung. Göttingen: Hogrefe.

Comelli, G. (1997). Mitarbeiterbefragungen und Organisationsentwicklungsprozesse. In W. Bungard & I. Jöns (Hrsg.). Mitarbeiterbefragungen. Weinheim: Psychologie Verlags Union.

Neher, W. W. (1997). Organizational communication: challenges of change, diversity, and continuity. Boston: Allyn and Bacon.

Sharma, J. M. (1979). Organizational communications: a linking process. The Personnel Administrator, 24, S. 35-43.

Sperka, M. (1997). Zur Entwicklung eines „Fragebogens zur Erfassung der Kommunikation in Organisationen" (KomminO). Zeitschrift für Arbeits- und Organisationspsychologie, 4, S. 182-190.

Sperka, M. (2000). Organisationsinterne Kommunikation: Typische Störungseinflüsse und ein diagnostischer Zugang. In O. L. Braun (Hrsg.). Zielvereinbarungen im Kontext strategischer Organisationsentwicklung. Landau: Verlag Empirische Pädagogik.

Die Autoren

Markus Sperka, Dr. Phil, Dipl.-Psych., ist Dozent an der J. W. v. Goethe-Universität Frankfurt am Main. Nach dem Studium der Psychologie in Heidelberg, Göttingen, Santa Barbara (USA) und Aachen zunächst an der Universität Dortmund beschäftigt, danach in Frankfurt am Main; parallel hierzu seit etwa zehn Jahren freiberufliche Organisationsberatung.

Ausgewählte Veröffentlichungen:

Sperka, M. (1996). Richtig kommunizieren im Unternehmen: Wer will das eigentlich?

Zeitschrift für Klientenzentrierung, 1, S. 123-139.

Sperka, M. (1996). Psychologie der Kommunikation in Organisationen:

Eine Einführung auf systemtheoretischer Grundlage. Essen: Die Blaue Eule.

Sperka, M. (2000). Communication diagnostic in research and counselling. In H.-B. Brosius (Hrsg.). Kommunikation über Grenzen und Kulturen. Schriftenreihe der Deutschen Gesellschaft für Publizistik und Kommunikationswissenschaft, Band 27. Konstanz: UKV Medien.

Julia Rózsa, Dr. Phil, Dipl.-Psych., ist Dozentin an der J. W. v. Goethe-Universität Frankfurt am Main. Tätigkeitsschwerpunkte: Studium der Psychologie in Landau und Frankfurt, Kommunikations- und Körpersprachetrainerin, Berufserfahrung in der Erwachsenenbildung, Beratertätigkeit in der Personalentwicklung.

Ausgewählte Veröffentlichungen:

Rózsa, J. (2002). Was bedeutet Lernen? Saliente Konzepte und Aspekte der Wichtigkeit subjektiver Auffassungen von Lernen. Frankfurt: Lang.

Jürgen Bähr, Seniorberater/Bereichsleiter bei Trimedia Communications; Beratungsschwerpunkte: Kommunikation in Change Management-Prozessen (Mergers & Acquisitions, Interne Kommunikation), Krisenkommunikation, Corporate Communications.

More face to face: Veränderungs-management auf der Beziehungsebene

Markus Gladbach/Torsten Kieslich

Gehört nicht die Pflege der Beziehungen schon so zum Wortschatz der modernen Manager, dass man sich darüber kaum noch Gedanken zu machen braucht? Schließlich haben die meisten Unternehmen und Institutionen sogar eine eigene Kommunikationsabteilung oder einen entsprechenden externen Dienstleister und pflegen nach allen Regeln der Kunst ihre Beziehungen – zumindest, bis es einmal nicht so rund läuft und medienseitige Schelte ungefiltert das Ohr bzw. das Auge des Lesers und des Vorstandes erreicht.

Betrachtet man den Begriff der „Beziehung" etwas näher, stellt sich schnell die Frage, was es eigentlich heißt, Beziehungen zu haben. Sehr häufig stößt man auf ein nur sehr diffus ausgestaltetes Bild von „Beziehungen", was schon durch die parallele Nutzung von unterschiedlichen Begrifflichkeiten wie „Beziehungen pflegen", „Beziehungen nutzen" oder gar „spielen lassen" deutlich wird.

Ein weiteres Missverständnis ist die oft anzutreffende Gleichsetzung von „Beziehungen" mit „Kontakte haben". Hier ist zunächst deutlich auf den Unterschied zwischen der eher „handwerklich" orientierten Frage nach den „Kontakten", d.h. der Abfrage nach der Kenntnis der richtigen Ansprechpartner für spezifische Kommunikationssituationen, zum eher langfristig orientierten Beziehungsmanagement hinzuweisen. Ein „Kontakt" ist dabei ein Empfänger von Information, nicht jedoch zwangsläufig ein Beziehungsträger. Entsprechend grenzt sich auch der Begriff der „Beziehungspflege" von dem des „Beziehung nutzen" oder „spielen lassen" ab.

Während die Pflege der Beziehung zu Kommunikationspartnern ein langfristig orientierter, auf gegenseitiges Verständnis angelegter Prozess ist, deuten die anderen Begriffe auf eine punktuelle, auf einen konkreten Nutzen gerichtete Aktivität hin, die unter Ausnutzung von emotionalen oder materiellen Verbindlichkeiten einen kurzfristigen Effekt erreichen sollen. Speziell im Bereich des „Beziehung spielen lassen" handelt es sich nahezu immer um das Aufrechnen von Schuldigkeiten, die, da sie in eine materialistisch geprägte singuläre Situation eingebettet sind, keine positive emotionale Bindung an das Unternehmen vorsehen und somit auch in einer krisenhaften Kommunikationssituation, in der entsprechende „Druckmittel" bzw. Gegenleistungen nicht gegeben sind, weitestgehend wirkungslos bleiben. Spätestens hier wird der feinere Unterschied zwischen den oben genannten Begriffflichkeiten offenbar.

Unschärferelation der Kommunikationslandschaft

In der modernen Kommunikationslandschaft sind reine „Kontakte" ebenso wie die eben aufgeführte singuläre Ausnutzung von Verbindlichkeiten nur noch in sehr geringem Umfang von Nutzen. Nicht zuletzt durch moderne IT-Strukturen und ihre vielfachen, sich überlagernden Informationsmöglichkeiten sehen sich Unternehmen heute einer Unschärferelation der Kommunikationslandschaft gegenüber, in der sich überlappende Zielgruppen mit unterschiedlichem Informationsinteresse aus den vielfältigsten Quellen mit Informationen versorgen, diese miteinander in Beziehung setzen und entsprechend bewerten. So kann es durchaus sein, dass die Person Müller, die man in einem spezifischen Kontext gut zu kennen glaubt und mit der man ein enges Beziehungsgeflecht aufgebaut hat, sich unter einem anderen Namen im Internet bewegt und dort in anderen Kontexten mit unliebsamen Aussagen auftritt.

Abhilfe für das kommunikative Dilemma

Wenn also die traditionelle, segmentierte Information der Zielgruppen mit jeweils unterschiedlichem Gehalt nicht mehr funktioniert, weil global vorgehaltene Information mit ihren Interpretationsmöglichkeiten eine Steuerung der Inhalte kaum noch zulässt, Unternehmen sich aber kommunikativ darstellen wollen und müssen, geraten sie in ein kommunikatives Dilemma, das in letzter Konsequenz sogar nachhaltig schädigend wirken kann. Abhilfe für das Dilemma schafft letztlich nur eine Klarheit der Darstellung nach innen und außen. Die konsistente Darstellung fungiert hier nicht mehr als „Kontaktarbeit", sondern erhält den Status einer identitätsbildenden bzw. identitätsformenden Funktion. Hier gestaltet sich der Inhalt des Begriffs „Beziehung" als eine kontextübergreifende Maßnahme langfristigen Vertrauensaufbaus, die das im kommunikativen Sinne subjektiv vorhandene Gefälle zwischen Unternehmen und ihren Zielgruppen umsetzt in ein Verhältnis auf gleicher Ebene. Die Folge ist, dass Unternehmen über den langfristigen Aufbau und die Pflege von Beziehungen ein transparentes Bild ihrer selbst aufbauen, das auf Grund seiner Offenheit unerwünschte Interpretationsmöglichkeiten weitestgehend ausschließt.

Moderne Unternehmenskommunikation als Schnittstelle

Die moderne Unternehmenskommunikation ist die Schnittstelle zwischen Mitarbeitern, Kunden, Geldgebern und der Öffentlichkeit. So richtet sich das betriebswirtschaftliche Verständnis von Kommunikation vor allem auf den geschäftlichen Vorgang, bei dem Informationen zwischen Menschen zum Zwecke der aufgabenbezogenen Verständigung ausgetauscht werden. Die Systeme „Wirtschaft" und „Kommunikation" stoßen hier aufeinander. Das heißt nichts anderes, als dass die Unternehmenskommunikation – im Allgemeinen als die Gesamtheit aller Kommunikationsmaßnahmen und -instrumente eines Unternehmens definiert – nach wie vor einer der wichtigsten Bereiche in der Unternehmensführung ist, sie in dieser Rolle aber auch einer starken internen Kontrolle unterliegt. Diese Kontrolle kann, je nach Intensität und Ausprägung, dazu führen, dass die Eigenwahrnehmung des Unternehmens sich selbst einschränkt auf eine Fokussierung der aktuell firmenpolitisch als positiv bewerteten Dinge. Negatives indes, ob extern bereits wahrgenommen oder nicht, wird vom Umfeld als nichtexistent deklariert.

Positionierung im Wahrnehmungsfeld

Die einzig wirksame Form zur beständigen Eigenpositionierung im Wahrnehmungsfeld der jeweiligen Zielgruppen, also zumeist bei potenziellen Kunden, Journalisten und auch den eigenen Mitarbeitern, ist eine beständige und wahrhaftige Kommunikation, die nicht nur Beziehungen ausnutzt, sondern sie auf der Basis gegenseitigen Respektierens auf- und ausbaut. Diese Positionierung kann erreicht werden durch Gleichmäßigkeit und Eigenständigkeit in Stil, Erscheinungsbild und Qualität sowie mit Hilfe der identifizierbaren Marke.

Dies gilt umso mehr, da sich mittlerweile die Konzepte und Strukturen der Unternehmenskommunikation erneut in einer Umbruchphase befinden. Das Vorhandensein technisch neuer Kommunikationskanäle sowie eine Vervielfältigung von Kommunikationskanälen durch innovative Medien haben dazu geführt, dass die Komplexität der Anforderungen an die Kommunikation beständig zunimmt.

Daraus resultiert ein wachsender Kommunikations-Wettbewerb und ein großes Bedürfnis nach Differenzierung und Profilierung, um den entsprechenden „Wahrnehmungs-Slot" beim jeweiligen Empfänger besetzen zu können. Die Intention ist hier, sich von den anderen Unternehmen in ihrem öffentlichen Auftritt, ihren Produkten oder ihren Dienstleistungen abzuheben und zu unterscheiden, um die eigene Marktstellung zu festigen. Dies setzt eine entsprechende Wichtigkeit der Kommunikationsinstrumente und deren Träger im Unternehmen voraus.

In einem starken Wettbewerbsumfeld gewinnt dieser Aspekt zunehmend an Bedeutung. Denn Unternehmen gehören dann zu den führenden Wettbewerbern in ihrem jeweiligen Marktsegment, wenn sie imstande sind, kraft ihres Erscheinungsbildes das zu vermitteln, was sie von ihren Konkurrenten unterscheidet – und dies in einem Umfeld dynamischer Veränderungen.

Veränderungsmanagement und Beziehungen

Das Stichwort „Veränderung" ist heute allgegenwärtig. „Ruhezonen" sind in der Wirtschaftslandschaft rar geworden. Der Preis für die rasant gestiegene globale Vernetzung ist eine enorme Erhöhung von Geschwindigkeit und Komplexität.

„Change" wird in zunehmendem Maße ein branchenübergreifendes, treibendes Element für alle Wirtschaftsunternehmen. Die Implementation etwa von neuen Informationstechnologien verändert nicht nur die Arbeitsmittel, sondern auch die Anforderungen an die Mitarbeiter und die Organisationsstrukturen. Dabei wird die Steuerung der Informationsabläufe zu einer der herausragendsten Management-Aufgaben im Veränderungsprozess.

Doch nach wie vor wird im Kontext von Veränderungsprozessen im Unternehmensalltag das Thema Kommunikation nicht ausreichend beachtet. Speziell dann, wenn für die Kommunikationsarbeit im Unternehmen ein Budget bereitgestellt l oder gar externen Beratern ein Honorar gezahlt werden soll. Die Ursache für diese Minderbewertung der Kommunikation gegenüber der „normalen" Projektarbeit liegt größtenteils in zwei Faktoren begründet: Zum einen stellt Kommunikation für die Controlling-Abteilung des Unternehmens eine kaum messbare Größe dar. Da kein In-Out-Verhältnis beziffert werden kann, ist auch der Nutzen nur mittelbar nachweisbar, und eine Investition wird damit oft für nicht sinnvoll oder notwendig erachtet. Ein zweiter Faktor liegt in der stark auf Wirtschaftlichkeit und Sachlogik ausgerichteten Sicht des durchschnittlichen Managers. Kommunikation und Veränderungsmanagement setzen auf die Bewertung und Einbindung von Emotionen, Verhalten, Wünschen und Zielen. Diese „Zutaten" wiederum lassen sich kaum numerisch fassen und sind damit nur schwer integrierbar.

Entschieden früher Technologie und Produkte über den Unternehmenserfolg, so ist es heute mehr denn je die menschliche Arbeitsleistung. Mit der Unternehmenskultur wird eine Wirkungskraft definiert, die das Verhalten der in Unternehmen arbeitenden Menschen durch den Gesamterfolg in grundlegender Weise beschreibt. Sie bezieht die Mitarbeiter mit ihren Werten, Normen und Ressourcen als Erklärungsfaktor für den Erfolg und Misserfolg des Unternehmens ein, wobei der Motivierungsfrage hierbei eine zentrale Rolle zukommt. Motivation ist der Beweggrund eines bestimmten, zielgerichteten Handelns. Finden die Mitarbeiter ihre persönlichen Ziel- und Wertvorstellungen in der Unternehmenskultur wieder, so hat dies eine motivierende Wirkung. Sie identifizieren sich mit dem Unternehmen und können ein Wir-Gefühl entwickeln.

Worum es eigentlich geht: Die richtige Einstellung

Der Kernpunkt beim Thema Change ist das Akzeptieren der Veränderungssituation und die entsprechende Einstellung der Beteiligten dazu. Unternehmen befinden sich heute in einer Situation fortwährender Organisationsveränderung. Jede Veränderungssituation hat ihre ganz eigenen Facetten und kommunikativen Ansätze. Wichtig dabei ist es, die positiven Aspekte, die in jeder ungewohnten, vielleicht auch zunächst ungewünschten Kommunikationssituation stecken, herauszufinden und zu verstärken. Letztlich trägt eine gründliche kommunikative Grundlagenarbeit dazu bei, die entsprechenden Prozesse zu steuern und die sich bietenden Chancen zu nutzen.

Wenn wir von Veränderungen sprechen, sprechen wir immer von einer Veränderung der Wirklichkeit. An dieser Stelle beginnt jedoch bereits das Dilemma: Die meisten Menschen, damit auch die meisten Unternehmen, nehmen ihre aktuelle Situation als Wirklichkeit war. Diese Situation wird als Status quo festgeschrieben, jedoch nicht als Teil eines Prozesses wahrgenommen. Nicht umsonst finden sich immer wieder Aussagen wie „Plötzlich sind die Kunden weggeblieben". Einer der frühen deutschen Automobilhersteller etwa, Borgward, wurde „plötzlich" von geänderten Kundenbedürfnissen überrascht und musste Konkurs anmelden. Hier wurde der Prozess komplett aus dem Auge verloren – das Unternehmen lebte in der Situation „Aufschwung" und hat die sich abzeichnenden Faktoren für eine Veränderung nicht registriert.

Plant und kalkuliert ein Unternehmen z.B. ein Produkt, geschieht dies in der situativen Wahrnehmung von beispielsweise September 2000; der Verkauf startet aber möglicherweise in einer ganz anderen Situation, nämlich der vom März 2001. Je weiter die Entscheidungssituationen bei dieser Vorgehensweise vom wirtschaftlichen Prozess entfernt liegen, umso risikoreicher wird die Planung für das Unternehmen und umso größer ist die Chance, an den sich weiterentwickelten Bedürfnissen der Käufer vorbeigeplant zu haben. Die situative Wahrnehmung führt zu einer Reaktion auf Umstände, ohne die Prozesshaftigkeit wahrzunehmen oder zu antizipieren.

Bei den heute in immer höherem und schnellerem Maße geforderten Veränderungen reicht jedoch die situative Sichtweise nicht mehr aus und lässt Unternehmen in „Krisensituationen" geraten. Dabei sehen sich Unternehmen beständig einer Vielzahl von Prozessen ausgesetzt, auf die sie nicht nur entsprechend reagieren, sondern aktiv eingehen müssen: Veränderung der Kundenwünsche, Veränderung der Wirtschaftsstrukturen, Veränderung der Handelslage oder auch Veränderung der Bedürfnisse der Mitarbeiter. Die Fähigkeit, diese Prozesse kontinuierlich im Blick zu haben, wird zunehmend unverzichtbarer.

Je realistischer ein Unternehmen mit dieser Anforderung umgeht und je aktiver es sich auf die Herausforderungen des Marktes einlässt, umso effektiver kann es seine Zukunft gestalten. Je stärker die Mitarbeiter vorbereitet und in das unternehmerische Handeln einbezogen werden, desto engagierter und motivierter werden sie sich für das Unternehmen einsetzen und desto erfolgreicher wird das Unternehmen wachsen.

Zusammenfassend lässt sich festhalten, dass für Unternehmen die Anforderung entsteht, sich von der segmentierten, punktuellen Kommunikation zu lösen, um zukünftig noch glaubwürdig und wirkungsvoll kommunizieren zu können. Es muss ein „Change Management" des Kommunikationsverhaltens einsetzen, mit dem sich das Unternehmen hin zu einem übergreifenden Beziehungsmanagement verändert. Nur im Rahmen einer beziehungsorientierten, nach innen und außen konsistent und wahrhaftig auftretenden Kommunikation kann eine nachhaltige Unternehmensdarstellung entstehen. Erst dann kann in kommunikativen Notfällen auf ein Beziehungs-Netzwerk zurückgegriffen werden, das hilft, mit seiner Vertrauensebene das Unternehmensbild zu tragen. Diese durch intensives Beziehungsmanagement aufgebaute Vertrauensebene ist letztlich in der kommunikativen Bewertung von Unternehmen das wirklich diakritische Merkmal in der Differenzierung zum Mitbewerb und zur Positionierung in dem jeweiligen Markt.

Die Autoren

Markus Gladbach, M.A., ist Bereichsleiter/Partner bei Trimedia Communications Deutschland GmbH in Düsseldorf. Tätigkeitsschwerpunkte: Betreuung von Kunden aus dem Telekommunikations- und Software-Markt. Nach dem Studium der Germanistik, Philosophie und Wirtschaftsgeographie in Bonn war er zunächst als Dozent an der Fortbildungsakademie der Wirtschaft in Köln und an der Universität Duisburg tätig; danach begann er seine PR-Laufbahn bei der Kochs+Kochs Public Relations GmbH in Köln und wechselte anschließend zur Trimedia Communications Deutschland GmbH in Düsseldorf. Neben seiner Berater-Tätigkeit nimmt er von Zeit zu Zeit Lehraufträge der Universität Düsseldorf zum Thema Public Relations wahr.

Torsten Kieslich, M.A., ist Senior Consultant/Etat-Direktor bei der Trimedia Communications Deutschland GmbH in Düsseldorf. Tätigkeitsschwerpunkte: Konzeption und Beratung im Bereich Hightech-Kommunikation. Nach dem Studium der Kommunikationswissenschaften in Essen zunächst verschiedene Marketing- und PR-Tätigkeiten bei IT-Unternehmen in Neuss und Ratingen tätig; danach Pressesprecher bei Novell in Düsseldorf; anschließend Wechsel in die Agenturlandschaft als Berater bei einer großen Düsseldorfer PR-Agentur.

Für andere sprechen, mit anderen reden: Wie sich die Kommunikation von Gewerkschaften und Betriebsräten verändert

Hans-Jürgen Arlt/Julia Müller

Kein Text ohne Kontext, alle Kommunikation ereignet sich in einem sozio-kulturellen Zusammenhang. Kommunikatives Handeln von Betriebsräten und Gewerkschaften ist auf vielfältigste Weise eingewoben in wirtschaftliche, politische, kulturelle etc. Verhältnisse. Die folgenden Überlegungen unterstellen, dass besonders im Fokus des Arbeitsverhältnisses relevante Aussagen über gewerkschaftliche und betriebsrätliche Kommunikation gemacht werden können. Der Text fragt zunächst nach – im vorliegenden thematischen Zusammenhang – relevanten Merkmalen kommunikativen Handelns. Er erörtert dann das Kommunikationsverhalten von Gewerkschaften und Betriebsräten vor der Folie historischer und zu erwartender Entwicklungen des Arbeitsverhältnisses.

Gefesselte und unverbindliche Kommunikation

Kommunikation ist das Ergebnis einer zweifachen Handlung: Absender teilen mit, Adressaten verstehen. Für die Gewohnheit, sich auf den Absender zu konzentrieren, nur die Mitteilung als kommunikative Handlung anzusehen, nicht auch das Verstehen, mag es plausible Erklärungen geben, gute Gründe nicht. Absender machen nur Kommunikationsversuche. An Kommunikation nehmen sie erst teil, wenn sie die Adressaten erreichen, die Aufmerksamkeit der Adressaten gewinnen und wenn ihre Mitteilung verstanden wird. Verstehen heißt, den Sinn der Mitteilung zu erfassen, ihr eine Bedeutung zu geben. Offen bleibt, ob der Adressat der Mitteilung die Bedeutung gibt, die der Absender gemeint hat, oder eine andere. Kommunikation ist in beiden Fällen gelungen, im einen Fall als eindeutige, im anderen als mehrdeutige.

Von der gelungenen zu unterscheiden ist die erfolgreiche Kommunikation. Im Unterschied zu dem vormodernen Verständnis, dass sich menschliches Handeln in eine naturgegebene oder gottgewollte Ordnung fügt, wird in der modernen Gesellschaft soziales Handeln, also auch das kommunikative, einem Interesse zugerechnet. ‚Das Eine mehr als anderes wollen', macht das Interesse aus. Im Begriff des Interesses steckt – wie rudimentär und defizitär auch immer realisierbar – die Freiheit der Akteure, ihren Willen zu definieren und zu artikulieren. Von erfolgreicher Kommunikation kann gesprochen werden, wenn das die kommunikative Handlung auslösende Interesse Zustimmung erntet. Die Absicht, ein bestimmtes Interesse zu realisieren, das ohne Einverständnis anderer nicht (oder nur mit Gewalt) durchzusetzen wäre – so lässt sich die Motivation, kommunikativ zu handeln, kennzeichnen. Konflikte sind als kommunizierte Interessenunterschiede beschreibbar.

Nimmt man die Feststellung ernst, dass nicht nur das Motiv, etwas mitzuteilen, sondern auch das Motiv, etwas zu verstehen, auf einem Akteursinteresse gründet, rückt sofort die Frage in den Mittelpunkt, wer größere Chancen hat, seine Interessen geltend zu machen und warum. Die Verantwortung für das Gelingen der Kommunikation und die Chance, erfolgreich zu kommunizieren, sind in der Regel ungleich verteilt.

Aus der sozialen Beziehung kann eine Verpflichtung des Adressaten erwachsen, sich kommunikativ zu verhalten, also erreichbar, aufmerksam und verständigungsbereit zu sein. Bescheinigen oder bestreiten zu können, dass der andere richtig verstanden hat, bedeutet, der Stärkere zu sein, wie sich bei „Alice im Wunderland" lernen lässt: „‚Es fragt sich nur', sagte Alice, ‚ob man Wörter einfach etwas anderes heißen lassen kann.' ‚Es fragt sich nur', sagte Goggelmoggel, ‚wer der Stärkere ist, sonst weiter nichts.'" Die Pflicht des Adressaten, ein Kommunikationsangebot anzunehmen, ist gewöhnlich strukturell gekoppelt mit dem Zwang, auch das jeweilige Interesse des Absenders zu erfüllen. Der oft gerühmte Effektivitätsgewinn hierarchischer Beziehungen liegt gerade darin, dass Kommunikationsangebote „von oben" „unten" nur selten ignoriert oder verweigert werden, und die Interessen derer „da oben" von denen „da unten" regelmäßig akzeptiert werden.

Diesen Kommunikationstyp, der in sozialen Beziehungen stattfindet, die das Funktionieren der Kommunikation und die Annahme der Mitteilung gleich mit verfügen, bezeichne ich als gefesselte Kommunikation. Die Fessel dieses Kommunizierens ist die soziale Beziehung der Akteure. Sie legt das „Interesse" des Adressaten fest, seinerseits kommunikativ zu handeln und die Mitteilung des Absenders zu akzeptieren – ohne dass der Adressat ein davon abweichendes Interesse geltend machen könnte. Mitteilungen, die strikt an die Erwartung ihrer Annahme gebunden sind, werden hier als Weisungen bezeichnet.

Wenn Adressaten nur Befehlsempfänger, weisungsgebundene Ausführungsorgane, unter Druck setzbare Abhängige sind, bildet Kommunikation ein unauffälliges Instrument, dessen Funktionieren unbeachtet bleiben kann, weil der stumme Zwang der Verhältnisse es regelt. Kommunikation ist unbedeutend: Sie bedeutet den Absendern nichts, weil sie wissen, dass sie ihr Interesse unabhängig von kommunikativen Anstrengungen durchsetzen werden. Sie bedeutet den Adressaten nichts, weil sie ihr Interesse allen eventuellen Kommunikationsbemühungen zum Trotz nicht geltend machen können. Gegen den stummen Zwang der Verhältnisse hilft kein Schreien.

Von der gefesselten Kommunikation unterscheiden wir die unverbindliche Kommunikation, die für soziale Beziehungen typisch ist, in welchen die Akteure als freie und gleiche kooperieren, und in der massenmedialen Öffentlichkeit ihren auffälligsten Ausdruck findet: Alle dürfen reden, niemand muss zuhören. Hinhören zu können, aber nicht hören zu müssen, an Kommunikation teilnehmen, aber die Mitteilung ablehnen zu können, so lässt sich Meinungsfreiheit als Kommunikationsereignis reformulieren. Eine im Wissen um die Entscheidungsfreiheit der Adressaten gemachte Mitteilung wird hier als Information bezeichnet. Damit unverbindliche Kommunikation gelingt, muss die Information für die Adressaten interessant sein, andernfalls würden sie ihr weder Aufmerksamkeit schenken noch sie verstehen wollen. Kommunikation bekommt unter den Bedingungen freier Entscheidungsmöglichkeiten bzw. -notwendigkeiten der Akteure größere Bedeutung: Für interessierte Absender wird es wichtig, ihr kommunikatives Handeln so zu gestalten, dass die Adressaten ihrerseits mit Kommunikationsbereitschaft reagieren und sich vielleicht sogar für die Annahme der Information entscheiden. Umgekehrt sind Adressaten, die eigene Entscheidungen zu treffen, ‚die Qual der Wahl' haben, auf Informationen angewiesen, an die sie nicht anders als durch kommunikatives Handeln kommen können.

Die Habermas'sche Unterscheidung zwischen „strategischer" und „verständigungsorientierter" Kommunikation (Habermas 1981) macht hellsichtig dafür, dass unverbindlich auf zwei extrem verschiedene Arten kommuniziert werden kann. Stabile Bindungen der Akteure an ein bestimmtes Interesse erlauben nur eine Kommunikation unter Vorbehalt. Verlauf und Resultat des kommunikativen Handelns bleiben nicht dem Verständigungsprozess überlassen, sondern stehen unter dem Einfluss dieser Bindung der Akteure an ihr jeweiliges Interesse. Der Kommunikation unter Vorbehalt kann idealtypisch eine Weise zu kommunizieren gegenübergestellt werden, die mehr in der Literatur als im richtigen Leben anzutreffen sein mag, aber als normative Orientierung große Bedeutung hat. Hier sollen die Akteure vorbehaltlos, ohne externe Einflüsse kommunizieren und ein „rational motiviertes Einverständnis" (Habermas 1981) herstellen. Verantwortlich für das Ergebnis wie auch für den Weg dorthin sind die kommunikativen Handlungen; von daher die Bezeichnung *verantwortliche Kommunikation*.

Die Unterschiede zwischen der Kommunikation unter Vorbehalt, also einem Kommunikationsverhalten, das das eigene Interesse möglichst unbeschädigt durchzusetzen versucht, und verantwortlicher Kommunikation, die neue, wechselseitig akzeptierte Interessen herausarbeiten will, sind offensichtlich. Dort das Unterdrücken aller Mitteilungen, die gegen das eigene Interesse wirken könnten; hier das offene Ausbreiten aller als relevant erachteten Informationen. Dort der Versuch, dem anderen Akteur möglichst geringe Kommunikationschancen zu bieten, hier die Bereitschaft, zuzuhören und zum Widerspruch einzuladen. Dort das sture Festhalten und Verteidigen der einmal eingenommenen Position, hier selbstkritisches Abwägen, Lern- und Änderungsbereitschaft. Dort das ständige Bestreben, die Mitteilungen des anderen zu entwerten, sie als unwahr, unrichtig, unaufrichtig zu disqualifizieren, hier das Bemühen einer verständnisvoll-kritischen Würdigung im Lichte der gemeinsamen Suche nach dem für beide Seiten Besten.

Proletarisierte Lohnabhängige, standardisierte Arbeitnehmer

Das Arbeits-, genauer: Erwerbsarbeitsverhältnis soll jetzt daraufhin betrachtet werden, welche Rolle sowohl gefesselter Kommunikation als auch unverbindlicher (mit ihren beiden Polen vorbehaltlicher und verantwortlicher) zukommt.

An das Erwerbsarbeitsverhältnis, dessen Komplexität gerne unterschätzt wird, knüpft sich ein ganzes Ensemble von Interessen, die Betriebsräten und Gewerkschaften zu kommunikativem Handeln Anlass geben:

- die *Steuerung und Kontrolle* der Belegschaft durch die Leitung (Arbeit als unternehmerische Aktivität und als organisierte Tätigkeit, die im Wettbewerb mit anderen bestehen muss);

- die *Kooperation* zwischen den Beschäftigten (der Arbeitsprozess als Gebrauchswerte schaffende Leistung, die Kundeninteressen befriedigen muss);

- der *Konflikt* zwischen der Arbeitskraft als Kostenfaktor des Betriebes und als Geld-Erwerbsquelle des Einzelnen (Arbeit als Tauschwert);

- die *Solidarität* der Beschäftigten, um sich vor unangemessenen Ansprüchen des Arbeitgebers zu schützen und eigene durchsetzungsfähig zu machen;

- die *Konkurrenz* zwischen den Beschäftigten, sei es um einen Arbeitsplatz, sei es um beruflichen und sozialen Aufstieg;

- die *Identifikation* des Einzelnen mit seiner ‚lebendigen' Arbeit als Verausgabung psycho-physischer Fähigkeiten, die als Bildungs- und als Deformationsprozess wirken kann.

Die Vielfalt der Beziehungen, die in das Arbeitsverhältnis eingeflochten sind, eröffnen eine Reihe interessanter Perspektiven, unter welchen Vergangenheit interpretiert, Gegenwart diagnostiziert und künftige Entwicklung prognostiziert werden kann. Historisch dominant wurde das Arbeitsverhältnis aus der Gewerkschaftsperspektive zunächst vor allem als Herrschaftsverhältnis erlebt und begriffen. Proletarisierten Lohnabhängigen wurde mit brutalen Disziplinierungsmitteln die kontinuierliche Ausnutzung ihrer Arbeitskraft in Fabriken aufgezwungen. Dagegen ein eigenes Recht der Beschäftigten zu setzen, über ihre Arbeitsbedingungen verhandeln und die Rolle des individuellen Bittstellers überwinden zu können, war eine der beiden gewerkschaftlichen Grundfunktionen. „Der Reiche kann einer an ihn herangetragenen Kommunikation sowieso widersprechen; aber der Arme kann es jetzt auch, wenn er im Recht ist." (Luhmann 1997, 468) Arbeitsrechtlich geschützte Arbeitsplätze, sozialrechtlich abgesicherte und beruflich qualifizierte Arbeitskräfte haben aus Proletariern *Arbeitnehmerinnen und Arbeitnehmer* gemacht, deren Arbeitsleistung weniger mit repressiven als mit integrativen Mitteln abgefordert wird.

Kompromissbereite „Vernünftige", kampfeslustige „Sture"

Deutschland ist dabei – ursprünglich gegen den Widerstand der Gewerkschaften – keinen einzigartigen, aber doch einen besonderen ordnungspolitischen Weg gegangen. Für die deutschen Arbeitsbeziehungen ist die Unterscheidung zwischen überbetrieblicher Konfliktaustragung und „vertrauensvoller Zusammenarbeit" im Betrieb konstitutiv. Nur streikfähige Arbeitnehmerverbände dürfen Tarifverhandlungen führen, Betriebsräte sind an eine betriebliche Friedenspflicht gebunden, weshalb Gewerkschaftsrechte im Betrieb, anders als in Frankreich oder Italien, unterentwickelt sind. Wegen dieser Konstruktionslogik erscheinen Betriebsräte als die kooperations- und kompromissbereiten „Vernünftigen", Gewerkschaftsfunktionäre als die kampfes- und streitlustigen „Sturen".

Die Auseinandersetzung, inwieweit innerbetriebliche Kommunikation entfesselt und sich widersprechende Interessen Verhandlungen zugänglich gemacht werden sollen – zur Erinnerung: Konflikte sind kommunizierte Interessenunterschiede –, findet inzwischen auf der Basis einer Fülle gesetzlicher und arbeitsrechtlicher Regelungen statt; abgeschlossen ist sie nicht. Arbeitskräfte als Absender zu akzeptieren, deren Interessen sich unterscheiden können von betriebswirtschaftlich definierten Funktionserfordernissen, fällt auch modernen Arbeitgebern nicht leicht. „Nach Ergebnissen des IAB-Betriebspanel hatten 1999 gerade mal elf Prozent aller privatwirtschaftlichen Betriebe einen Betriebsrat. Knapp die Hälfte aller Beschäftigten (48 Prozent) waren in Betrieben mit einem Betriebsrat beschäftigt. Damit werden insbesondere in Klein- und

Mittelbetrieben die im Betriebsverfassungsgesetz vorgesehenen Strukturen der betrieblichen Interessenvertretung kaum angewendet." (Dorsch-Schweizer/ Schulten 2001, 113)

Zu konstatieren ist eine traditionelle Tendenz, den Betrieb als einen Ort gefesselter Kommunikation zu befestigen, an dem Widerspruch informell bleibt und thematische Offenheit Ausflügen, Weihnachtsfeiern und Jubiläen vorbehalten ist.

Diese restriktiven Kommunikationsverhältnisse haben sich in vielen Fällen als unproduktiv erwiesen. Es fehlt nicht an immer neuen Initiativen, mehr Kommunikation zuzulassen, sowohl um von den Beschäftigten mehr Informationen für eine effektivere Arbeitsorganisation zu bekommen, als auch um angesichts turbulenter Märkte dezentrale Steuerungselemente einzubauen.

Auf der anderen, der Gewerkschafts-Seite, gibt es die historisch gewachsene und ordnungspolitisch gestützte Neigung, Arbeitnehmerinteressen exklusiv aus der Konfliktperspektive zu definieren. Gewerkschaften unterstellen dabei einen Gleichklang von Arbeitnehmerinteressen, gewonnen aus dem Widerspruch zu dem Arbeitgeberinteresse der Gewinnmaximierung, der sie ihrerseits Kommunikation als orientierende und organisierende Kraft gering schätzen lässt. Wo die Interessen von Absendern und Adressaten bereits übereinstimmen, bedarf es keiner besonderen Kommunikationsarbeit, die um Aufmerksamkeit, Verständigung und Zustimmung sich bemüht.

Beständige Verständigung mit alten Abhängigen und neuen Selbstständigen

Eine Vielzahl von Analysen verweist inzwischen auf eine januschöpfige Transformation des Arbeitsverhältnisses. Einerseits ist im Bereich der Produktion sowie einfacher Dienstleistungen ein Rollback innovativer Arbeitsstrukturen hin zu einer Retaylorisierung unter dem Primat der Rationalisierung der Arbeitsabläufe zu konstatieren (Dörre u.a. 2001). Für die Inseln des Dialogs bedeutet dies „Land unter", gefesselte Kommunikation erobert verlorenes Terrain zurück.

Andererseits entsteht vor allem im Bereich qualifizierter Dienstleistungen neben dem und an Stelle des integrativ eingebundenen Arbeitnehmer(s) der Arbeitsbürger oder Arbeitskraftunternehmer als neue soziale Leitfigur. „Verstärkt auf Entgrenzung von Betriebsstrukturen und auf eine Autonomisierung von Arbeit abhebende Formen des betrieblichen Einsatzes von Arbeitskraft finden sich in vielfältigen Erscheinungen – sowohl im Rahmen abhängiger Beschäftigung (Stichworte: ‚Gruppenarbeit', ‚Projektorganisation', ‚Telearbeit', ‚Cost'- und ‚Profit-Center', Führung durch ‚Zielvereinbarung' usw.) als auch auf Basis formell selbstständiger Formen von Erwerbstätigkeit, mit denen Betriebe eine kostengünstigere und flexiblere Arbeitskraftnutzung zu erzielen versuchen (Stichworte: ‚Scheinselbstständigkeit', ‚Franchising', ‚Out-Sourcing', ‚Netzwerkbildung', ‚Virtuelle Betriebe' etc.). (Voß 2001, 295) Diese Entwicklung ist technologisch und sozio-kulturell fundiert, weshalb sie alle Voraussetzungen eines Megatrends erfüllt. Es entsteht „das Bild einer neuen Arbeitspersönlichkeit, die vom Wertewandel der letzten Jahrzehnte gezeichnet ist: Selbstständigkeit entwickelt sich – in Verbindung mit Selbstvertrauen – zur wichtigsten Arbeitstugend der Zukunft ... weshalb auch die Funktion des Betriebsrats langfristig neu bestimmt werden muss" (Opaschowski 1998, 76) – und die der Gewerkschaft.

Statt im Konflikt oder in Kooperation mit einer Unternehmerlogik zu arbeiten, die neben und außerhalb der arbeitenden Menschen Geltung beansprucht, verlangt ein rationaler Umgang mit seiner Arbeitskraft dem Einzelnen jetzt selbst unternehmerische Logik ab. Das ist nicht sensationell neu. Gewerkschaftsfunktionäre in Aufsichtsräten und Betriebsräte in konkursgefährdeten oder von „feindlichen Übernahmen" bedrohten Unternehmen haben sich schon immer auch den Kopf des Managements zerbrochen. Dennoch hat es eine neue Qualität, denn die Arbeitskräfte werden zu aktiven Entwicklern und Vermarktern ihrer selbst: „von der Effektivierung der alltäglichen Lebensführung (‚Selbstmanagement') über Bemühungen zur gezielten Gestaltung der mikrosozialen Einbindung (‚Networking') bis zur Planung des Lebensverlaufs (‚Biographisierung') und einer erweiterten aktiven Persönlichkeitsentwicklung (‚Identitätsmanagement', ‚Kompetenzentfaltung')" (Voss 2001, 305).

Für Arbeitsbürger/Arbeitskraftunternehmer wird nur noch sprechen dürfen, wer beständig mit ihnen redet. Der Bedarf an Verständigung über die Chancen und Rechte der Einzelnen wird wachsen, auch der Bedarf an Verständigung über die Veränderung dieser Rechte und die

Verbesserung der Chancen. Und zwar vor allem deshalb: Die Trennung von Arbeit und Leben, in ihrer industrialisierten Variante: die Trennung von Arbeitszeit und Freizeit, verschwindet tendenziell – auf Kosten der Freizeit, auf Kosten des Lebens, lamentieren die Gewerkschaften. Sie versäumen dabei, den inhärenten Herausforderungen gerecht zu werden, die daraus erwachsen, dass die Ansprüche auf ein gutes Leben nicht länger in der Freizeit kaserniert werden können, sondern in die Arbeit integriert werden müssen. Eine zeitgemäße Diskussion um Lebensqualität wird diesen Begriff nicht mehr hoheitlich definieren, sondern ihn in einem offenen Austausch entwickeln, einem Austausch, für den die gewerkschaftliche Interessenorganisation ein Forum sein muss. Gewerkschaften, die diese Chance wahrnehmen, hätten ihr Themenspektrum zu erweitern, nicht um sich von ihrem zentralen Thema, der Arbeit, zu entfernen, sondern um die Lebenswelt, um soziale, ökologische, emanzipatorische, bildende, kulturelle Dimensionen in die Arbeit hineinzuholen.

Auf der anderen Seite werden auch die Unternehmen mit gefesselter und vorbehaltlicher Kommunikation alleine nicht mehr funktionstüchtig bleiben. Sie haben sich nämlich ebenfalls darauf einzustellen, dass sie die funktionale Differenzierung zwischen Arbeit und Leben, zwischen ökonomischen und gesellschaftlichen Erwartungen immer weniger durchhalten können. Kann der Weg zum Arbeitsbürger/Arbeitskraftunternehmer gleichzeitig zu einer Resozialisierung des Unternehmers führen, zu einem „Unternehmer-Antikapitalismus" (Peter Sloterdijk), der weitaus mehr Unternehmensziele kennt als die Betriebswirtschaftslehre? Je weniger Information als Machtmittel benutzt werden kann, je mehr Informationen als Arbeitsmittel eingesetzt werden müssen, desto abhängiger wird der Arbeitsprozess von der freiwilligen Mitwirkung der Beschäftigten. Die neue Selbstständigkeit wird die alten Selbstständigen nicht ungeschoren lassen. Die mitwissenden und mitverantwortlichen Belegschaften könnten die Flexibilität der Unternehmen für soziale, ökologische, feministische, kulturelle Anforderungen erproben. „Corporate Citizenship" wäre nicht mehr das prahlerische Etikett für ein bisschen Imagetransfer via Sponsoring, vielmehr könnte gesellschaftliche Verantwortung in Unternehmensentscheidungen direkt einfließen. Die funktionale Differenzierung, die aus der Wirtschaft ein hoch effektives und produktives System gemacht hat, gilt es umzuwandeln in eine differenzierte Funktionalität: Statt bewusstlos riskante Nebenfolgen zu produzieren, hätten Unternehmen demokratisch definierte Nebenziele anzuerkennen und zu verfolgen. Davon sind wir nicht ganz so weit entfernt, wie es manche sehen wollen: Die Ansprüche der politischen Öffentlichkeit an unternehmerisches Handeln, die Entscheidungskriterien der Kunden und die Erwartungen der Belegschaften weisen rein ökonomische Rationalität in ihre Schranken. Allerdings sind wir auch längst nicht so nahe dran, wie Wirtschaftsfunktionäre mit ihren Jeremiaden über Regulierungen und Beschränkungen beweisen: Das Selbstverständnis des Unternehmers ist erst noch zu zivilisieren und aus seiner Verkettung mit den Borniertheiten des Shareholders zu befreien.

Literatur

Arlt, Hans-Jürgen, 1998: Kommunikation, Öffentlichkeit, Öffentlichkeitsarbeit, Opladen.

Dorsch-Schweitzer, Marlies/Schulten, Thorsten, 2001: Betriebs- und Personalräte zwischen Belegschaft, Arbeitgeber und Gewerkschaft, in: WSI-Mitteilungen, Jg. 54, H. 2, S. 113-123.

Dörre, Klaus/Pickshaus, Klaus/Salm, Rainer, 2001: Re-Taylorisierung. Arbeitspolitik contra Marktsteuerung, Supplement der Zeitschrift Sozialaismus 9/2001.

Engelmann, Jan/Wiedemeyer, Michael (Hrsg.), 2000: Kursbuch Arbeit. Ausstieg aus der Jobholder-Gesellschaft – Start in eine neue Tätigkeitskultur?, Stuttgart, München.

Habermas, Jürgen, 1981: Theorie des kommunikativen Handelns, Frankfurt am Main.

Keller, Bernd, 1996: Einführung in die Arbeitspolitik. Arbeitsbeziehungen und Arbeitsmarkt in sozialwissenschaftlicher Perspektive, München, Wien.

Luhmann, Niklas, 1997: Die Gesellschaft der Gesellschaft, Frankfurt am Main.

Matthies, Hildegard/Mückenberger, Ulrich/Offe, Claus/Peter, Edgar/Raasch, Sibylle, 1994: Arbeit 2000, Reinbek bei Hamburg.

Opaschowski, Horst. W., 1998: Feierabend? Von der Zukunft ohne Arbeit zur Arbeit mit Zukunft, Opladen.

Voß, G. Günter, 2001: Auf dem Weg zum Individualberuf? Zur Beruflichkeit des Arbeitskraftunternehmers, in: Kurtz, Thomas (Hrsg.), Aspekte des Berufs in der Moderne, Opladen, S. 287-314.

Wagner, Hilde (Hrsg.), 2001: Interventionen wider den Zeitgeist. Für eine emanzipatorische Gewerkschaftspolitik im 21. Jahrhundert, Hamburg.

Wassermann, Rudolf, 2001: Die Angst des Unternehmers vor dem Gewerkschafter, in: Frankfurter Rundschau vom 1.2.01.

Die Autoren

Hans-Jürgen Arlt, Dr., ist Leiter der Öffentlichkeitsarbeit beim DGB-Bundesvorstand in Berlin. Nach dem Studium der Politischen Wissenschaften, Geschichte und Philosophie in München und Erlangen zunächst als Zeitungsredakteur in Nürnberg tätig; danach stellvertretender Pressesprecher des DGB-Bundesvorstandes in Düsseldorf; von 1995-1997 Forschungsurlaub am Institut für Journalistik der Universität Hamburg; Lehrbeauftragter am Otto-Suhr-Institut der FU Berlin.

Ausgewählte Veröffentlichungen:

Arlt, Hans-Jürgen, 2001: Zwischen Öffentlichkeiten und Geschlossenheiten. Herr Hättich und Frau Wolltich als Issuesmanager unterwegs, in: Röttger, Ulrike (Hrsg.), Issuesmanagement, Wiesbaden, S. 125-137.

Arlt, Hans-Jürgen, 2000: Kampagne 2000. Gewerkschaften und Kommunikation, in: Forschungsjournal Neue Soziale Bewegungen, Jg. 13, H., 3 (Politische Kommunikation in Deutschland) S. 62-68.

Arlt, Hans-Jürgen, Nehls, Sabine (Hrsg.), 1999: Bündnis für Arbeit. Konstruktion, Kritik, Karriere, Opladen/ Wiesbaden.

Arlt, Hans-Jürgen, 1999: Bürger im Betrieb – Widerspruch in Sicht, aber keiner in sich, in: Alemann, Ulrich v./Heinze, Rolf G./Wehrhöfer, Ulrich (Hrsg.), Bürgergesellschaft und Gemeinwohl. Analyse, Diskussion, Praxis, Opladen, S. 149-157.

Arlt, Hans-Jürgen, 1998: Kommunikation, Öffentlichkeit, Öffentlichkeitsarbeit. PR von gestern, PR für morgen – das Beispiel Gewerkschaft, Opladen.

Julia Müller ist Diplomandin und freie Redaktions-Mitarbeiterin der Gewerkschaftlichen Monatshefte in Berlin. Neben dem Studium der Rechts- und Politikwissenschaften in Freiburg und Berlin Mitarbeit an Projekten des Center for Labor Relations am Otto-Suhr-Institut der FU Berlin, u.a. „Revitalizing the Labor Movement: A Comparative Perspective. Landesbericht Deutschland".

IV

Kurspflege durch Kommunikation:
Mit Analysten und
Aktionären in *good terms*

Was Analysten sagen, was Analysten meinen: Die Kommunikationsregeln der Community

Christoph Schlienkamp

Einleitung

Gerade der jüngste Börsenabschwung hat immer wieder die Diskussion über die Rolle bzw. die Macht der Analysten aufkommen lassen. Der Alltag zeigt, dass die Analysten vor allem in der öffentlichen Wahrnehmung gegenwärtig ein schweres Los haben. So schreibt das Handelsblatt[1] über die Berufsgilde der Analysten: „Nichts können Sie den Anlegern recht machen. Geht an der Börse die Post ab, hinken sie mit ihren Prognosen meist hinterher. Die Kauflaune der Anleger, das Gewinnwachstum der Unternehmen und viele andere Faktoren können dicke Striche durch ihre Berechnungen machen. Herrscht auf dem Börsenparkett bei Händlern und Maklern angesichts einer Baisse Heulen und Zähneknirschen, sind die Analysten in der Regel auch zu spät dran."

Auf der anderen Seite jedoch gibt es in der Praxis aber auch die oft gestellte Frage, warum die Konzernbosse vor den Analysten zittern. Auf der Suche nach heißen Stories, bahnbrechenden Innovationen oder Expansionsplänen fühlen sie den Top-Manager gnadenlos auf den Zahn. Analysten versetzen also mit ihrem Urteil Börsen in Aufruhr.[2]

---

1 Handelsblatt, 24.12.2001: Prognosen können Verstand nicht ersetzen.

2 FOCUS-MONEY online.

Mittler im Kommunikationsprozess

Insgesamt fällt dem Wertpapieranalysten im täglichen Kapitalmarktgeschehen eine zentrale Rolle zu, da er der Mittler im Kommunikationsprozess zwischen dem Unternehmen und dem Anleger ist und deshalb für seine Entscheidungen immer tiefere Einblicke und fundiertere Informationen von dem Unternehmen fordert. Diesem Prozess können sich die börsennotierten Aktiengesellschaften nicht entziehen, da sie ansonsten unmittelbar aus dem Lichtkegel des Kapitalmarktes verschwänden.

Eine kommunikationspolitische Interpretation des Shareholder Value-Begriffs heißt dann

- gegenwartsbezogen:
  - regelmäßige, vollständige und zeitnahe Informationen über das Unternehmen;
  - Möglichkeit der regelmäßigen Kommunikation mit dem Unternehmen;
  - Transparenz in der Berichterstattung des Unternehmens;
- perspektivisch:
  - regelmäßige, vollständige und zeitnahe Einblicke in die Unternehmensplanung.

Aus den vorhergehenden Ausführungen lassen sich die einfachen Grundsätze der Kommunikationspolitik gegenüber Analysten ableiten, die jedoch häufig genug in der Praxis leider nicht beachtet werden:

- Die Kommunikation muss glaubwürdig sein.
- Die Informationen müssen vollständig sein.
- Die kommunikative Ansprache muss stetig erfolgen.
- Wichtige Informationen müssen unverzüglich vom Unternehmen kommuniziert werden.
- Die Kommunikation sollte sich aus wesentlichen Informationen zusammensetzen.

Eine zeitgleiche Ansprache aller Zielgruppen muss sichergestellt sein. Bewährt hat sich in der Vergangenheit die Standardisierung des Zahlenwerks, da dies dem Analysten eine sofortige Vergleichbarkeit der Daten ermöglicht. Sicherlich ist zu berücksichtigen, dass der Vergleich mit einer anderen Periode häufig durch kalendarische Effekte, z.B.

durch eine unterschiedliche Anzahl von Arbeitstagen, bestimmt wird. Dies wird jedoch stets ein Problem bei der Berichterstattung bleiben, auf den eine Gesellschaft keinen Einfluss nehmen kann.

Sehr wohl kann ein Unternehmen aber kommunizieren, wie beispielsweise das Verhältnis zwischen dem internen und dem externen Wachstum ist, also eine Antwort auf die Frage geben, ob sich das Plus nur durch Unternehmenszukäufe oder auf Grund des internen Wachstums ergeben hat.

Wichtig ist für einen Analysten vor allem die Möglichkeit, nach der Veröffentlichung von Unternehmensdaten offene Fragen unmittelbar mit dem Investor Relations-Beauftragten diskutieren zu können. Nur wenn klare Vorstellungen von den Konsequenzen der publizierten Daten gegeben sind, kann der Analyst seine Portfoliomanager oder Anlageberater detailliert unterrichten und die erforderlichen anlagepolitischen Konsequenzen ziehen.

Da an der Börse jedoch typischerweise Erwartungen gehandelt werden, kommt neben der Bestandsaufnahme vor allem den Perspektiven der Gesellschaft eine zentrale Rolle zu. Die Entwicklung der Aktienkurse hängt entscheidend davon ab, wie sich der Ertrag der Gesellschaft in der Zukunft darstellen wird. Hieraus lässt sich selbstverständlich die Forderung nach der Veröffentlichung der wichtigsten Eckdaten der Kurz- und Mittelfristprognose ableiten. Dies führt wiederum zu dem Aspekt der Transparenz. Wenn eine relativ genaue Vorstellung davon gegeben wird, wie sich die Gesellschaft entwickeln soll, dann bedeutet dies, dass die Unternehmensbewertung des Analysten auf sicheren Füßen steht. Der verantwortungsvolle Analyst wird jedoch nicht die Daten der Gesellschaft ungeprüft übernehmen. Geht er z.B. von einer anderen Einschätzung der wirtschaftlichen Entwicklung in Deutschland und in den Ländern, in denen das Unternehmen tätig ist, aus, oder gibt es andere Wechselkursprognosen, als das Management der AG seiner Planrechnung zu Grunde legt, so führt dies letztendlich zu einer veränderten Umsatz- und in der Konsequenz auch Ertragsprognose für die Gesellschaft.

Von der Shareholder Value-Perspektive heraus betrachtet, ist der pessimistischen Variante der Vorzug zu geben. Diese These beruht auf der Erwartungshaltung, dass aus der pessimistischen Prognose das abzuleiten ist, was im schlechtesten Fall passieren wird. Es ist für den Anleger zweifelsohne besser, wenn sich der Geschäftsgang günstiger und nicht schlechter als erwartet darstellt. Diese pessimistischen Prognosen dürfen jedoch keine grotesken Formen annehmen. Es kann beispielsweise nicht angehen, dass ein Unternehmen, das in den ersten sechs Monaten bereits ein Ertragsplus von zehn Prozent gegenüber dem entsprechenden Vorjahreszeitraum erzielt hat, in den kommenden sechs Monaten eine weiter anziehende Konjunkturdynamik erwartet, keine Belastungen von der Zinsseite und den Wechselkursen her befürchtet und annimmt, dass alle Kostensenkungsprogramme wie erwartet laufen etc., erklärt, dass sich der Ertrag im Geschäftsjahr zumindest auf dem Vorjahresniveau bewegen solle.[3]

Investor Relations in der Krise

Manchmal ist in der Praxis jedoch zu beobachten, dass einige Unternehmen mit ihrer Kommunikationspolitik regelrecht „abtauchen", wenn sich der Geschäftsgang verschlechtert oder Planziele nicht erreicht werden. Grundsätzlich gilt, dass Investor Relations in der Krise nur erfolgreich sein können, wenn auf bisher kontinuierlich betriebenen Strukturen aufgebaut wird und wenn das Vertrauen sowie die Möglichkeit zur Verständigung bereits im Markt vorhanden sind.

Liegt eine Krise vor, dann muss diese offen kommuniziert werden und darf zu keinem Zeitpunkt geleugnet werden, da sonst die Glaubwürdigkeit des Unternehmens gefährdet ist. Eine genaue Darstellung der Situation, eine Einschätzung der weiteren Auswirkungen auf den normalen Geschäftsverlauf sowie die Gewinn- und Verlustrechnung und ein Lösungskonzept sind die Mindestanforderungen der Analysten im Krisenfall. Investor Relations darf nicht nur in Form von punktuellen Statements betrieben werden, sondern muss für einen kontinuierlichen, zielgruppenadäquaten Informationsfluss sorgen, um weiterhin vertrauenswürdig zu sein. Die Bewältigung einer Krise kann nur erreicht werden, wenn möglichst schnelle positive Fakten durch eine grundlegende strategische Neuorientierung und deren umfassende Umsetzung in operative Maßnahmen geschaffen werden.

---

3 Schlienkamp, Christoph: Shareholder Value aus Analystensicht, in: Leven/Müller (Hrsg.): Shareholder Value Reporting, Wien, 1998.

Die Voraussetzung für die Steigerung des Unternehmenswertes ist ein Wertmanagement, das über geeignete Instrumente verfügt, um die Wertentwicklung zu erkennen und aufzuzeigen. Zahlen wie Umsatzwachstum, Umsatzrendite, Kapitalumschlag, Kapitalkosten und/oder Cashflow-Margen bestimmen den Wert einer Gesellschaft. Die Ermittlungsmethodik der Kennzahlen und vor allem die Nachvollziehbarkeit für Externe sind maßgeblich für die Glaubwürdigkeit des Kommunikationsprozesses.

Grundsätzlich gilt, dass Investor Relations im Turn-around Chefsache sein müssen. Die Verlässlichkeit des Managements, die Überzeugungskraft seiner Unternehmensvision und -strategie sowie die Aussagefähigkeit seiner Mittelfristplanung sind für den Investor deshalb ebenso wichtig wie die Informationen, die ihm eine Bilanzanalyse liefert.

Insgesamt sind also die allgemeinen Anforderungen an die Krisenkommunikation die Glaubwürdigkeit der Inhalte, die Verständlichkeit bzw. die Einfachheit der Aussagen, insbesondere bei technischen Sachverhalten, die Stringenz und die Vollständigkeit ebenso wie die nötige Sensibilität im Umgang mit den Finanzmärkten. Werden die Grundregeln befolgt, können Krisen abgeschwächt, verkürzt und vor allem im Sinne des Unternehmens gelenkt werden. Der Bereich Investor Relations ist also aus Sicht der Analysten ein wichtiges Mittel, den Schaden zu begrenzen und damit das Vertrauen im Markt zu wahren und damit schneller zur Stabilität zurückzukehren.

Neue alte Bewertungsmethoden

In vielen Analystengesprächen, die wir mit dem Management börsennotierter Aktiengesellschaften führen, wiederholt sich das gleiche Ritual: „Unsere Aktie ist deutlich unterbewertet. Wenn ich mir den Kurs unserer Konkurrenz anschaue und dann unseren, haben wir doch erhebliches Nachholpotenzial", klagen viele Vorstände. Jetzt kann man natürlich auch fragen, ob nicht der eigene niedrigere Kurs der richtige ist und damit die Aktie des Wettberbers überbewertet ist.

Gerade die Entwicklungen, die wir in den letzten Jahren am Neuen Markt beobachtet haben, fordern von den Investoren eine differenzierte Betrachtungsweise. Untersuchungen der Vergangenheit zeigen deutlich, dass der Gewinn je Aktie, genauer gesagt: der erwartete Ertrag der maßgebliche Einflussfaktor für die weitere Kursentwicklung eines Titels ist. Das aus dem Vergleich des Kurses mit diesem Gewinn abgeleitete Verhältnis, das Kurs-Gewinn-Verhältnis (KGV), spielte in der Vergangenheit und spielt auch heute noch eine maßgebliche Rolle bei der Beurteilung einer Aktie.

Natürlich hat es schon in den achtziger Jahren immer wieder Diskussionen gegeben, ob der „Gewinn" die richtige entscheidungsrelevante Größe für Anlageentscheidungen ist, zumal die Unternehmen gerade in der deutschen Rechnungslegung zahlreiche Bewertungs- und Bilanzierungsspielräume nutzen können, sodass der Gewinn nahezu beliebig gestaltet werden kann. Die Angelsachsen haben schon immer gefordert, in der Kapitalmarktanalyse stärker einzelne Größen aus der Kapitalflussrechnung zu berücksichtigen. Trotz alledem und aller nicht wegzudiskutierender methodischer Defizite bleibt das KGV im Mittelpunkt des Anlegerinteresses. Durch eine Vielzahl von „nicht mehr traditionellen Mustern entsprechenden" Börsengängen waren die Analysten in den vergangenen Jahren aber gefordert, bei der Bewertung einer Aktie kreative Neuerungen am Kapitalmarkt zu etablieren. Gerade bei den jungen Unternehmen, die interessante und innovative Produkte und Dienstleistungen anbieten, gehörte es selbstverständlich dazu, mit Verlust zu operieren. Heute ist jedoch eindeutig wieder die Rückkehr zu den alten Bewertungsmethoden zu erkennen.

Jeder hat Alleinstellungsmerkmale

Häufig scheitern schon Analystengespräche mit dem Management durch ein ausweichendes Antworten der Vorstände auf die vermeintlich einfache Frage, ob sie die Equity Story der Gesellschaft ohne die Anwendung von Phrasen in einem Satz erläutern können. Die Begriffe Alleinstellungsmerkmale und Marktführerschaft sind selbstverständlich Aspekte, die die Marktteilnehmer mögen, das Management muss jedoch die Märkte richtig und relevant abgrenzen und sehr vorsichtig mit diesem Worten umgehen.

Die guten Unternehmen unterscheiden sich auch durch die Vielzahl der Ad-hoc-Mitteilungen von den schlechten. Normalerweise würde man meinen, es gelte die alte Regel: „Tue Gutes und rede darüber", aber dies verhält sich am Kapitalmarkt genau umgekehrt. Die guten Gesellschaften veröffentlichen eher weniger Ad-hoc-Mitteilungen und dafür mehr „normale" Presseinformationen und haben stattdessen eine gute Researchcoverage nationaler und internationaler Banken.

Die Unternehmen, denen man eher skeptisch gegenüberstehen sollte, machen durch eine Vielzahl häufig unwichtiger Nachrichten auf sich aufmerksam, Mitteilungen, die eigentlich keine Meldung wert sind. Dazu blähen ausführliche Firmenprofile mit Eigentitulierungen wie „führendes Unternehmen" die Nachrichten auf. Hinzu kommen häufig auch noch Zitate von Vorstandsmitgliedern, die von den professionellen Marktteilnehmern völlig ignoriert werden.

Verbesserungen zu beobachten

Galten die Unternehmen des Nemax 50 lange Zeit als Qualitätstitel, die sich allen vorherigen Diskussionen um potenzielle Pleitefälle hatten entziehen können, und waren sie gleichzeitig die Vorzeigeunternehmen der Deutschen Börse, so hat sich das Bild inzwischen mehr als deutlich geändert. Heute überraschen die Diskussionen um eventuell verzögerte Gewinnwarnungen wie z.B. bei EM.TV und mögliche vorherige Aktienverkäufe der Haffa-Brüder zu einer Zeit, in der diese Transaktionen nicht hätten stattfinden dürfen, kaum noch.

Deshalb ist es zu begrüßen, dass die Deutsche Börse einige Verschärfungen in ihrem Regelwerk vorgenommen hat. Ab dem 1. März 2001 sind die Emittenten dazu verpflichtet, Käufe und Verkäufe ihrer Vorstands- und Aufsichtsratsmitglieder in eigenen Wertpapieren unverzüglich, d.h. maximal drei Tage nach Geschäftsabschluss, an die Deutsche Börse zu melden. Damit soll die Transparenz über die getätigten Transaktionen merklich erhöht werden.

Manche Pflichtmitteilung entpuppte sich im Nachhinein als unrichtig. Infomatec machte in Ad-hoc-Mitteilungen falsche Angaben über Großaufträge, um den Aktienkurs zu treiben. Ob Metabox seine publizierten Großaufträge tatsächlich in den Büchern hat, blieb bis zur Insolvenz ein wohl gehütetes Geheimnis der Hildesheimer. Betreibt man weiter Ursachenforschung für viele Kurszusammenbrüche, dann lassen sich gerade am Neuen Markt immer wieder ähnliche Muster feststellen. Am Beispiel der Heyde AG, einem früheren „Lieblingskind" gerade institutioneller Anleger, lässt sich die ganze Problemkette exemplarisch darstellen. Auslöser für die Kursverluste waren die Planverfehlung 2000, die revidierten Prognosen für 2001 und nicht zuletzt der Rücktritt des Gründers, größten Aktionärs und Vorstandschefs Dieter Heyde. Es mussten mehr als zehn akquirierte Firmen in den Konzern integriert werden, wozu offensichtlich – und hier ist Heyde nur ein Beispiel für viele andere junge Unternehmen – weder ausreichend Managementkapazitäten, genügend Managementerfahrung noch ausreichend erprobte Instrumente zur Verfügung standen.

Die Beispiele zeigen, dass deshalb die Themenkomplexe Integrationschancen und -risiken, Controlling, Risikomanagementsysteme etc. heute in Analystengesprächen einen deutlich breiteren Raum einnehmen als noch in den vorhergehenden Jahren.

Wichtig für die Unternehmen ist es zudem, im Rahmen der Ad-hoc-Berichterstattung die Gleichzeitigkeit bei der Ansprache der unterschiedlichen Marktteilnehmer zu wahren. Es ist durchaus kein Geheimnis, dass einige Gesellschaften ihre Ad-hoc-Nachrichten zuvor den sie betreuenden Banken zeigen oder dass Vorstände von Gesellschaften auf Unternehmenspräsentationen darauf hingewiesen haben, dass man morgen früh um acht Uhr den bislang größten Auftrag in der Unternehmensgeschichte mit einem Volumen von x Millionen Euro und einem Ertragspotenzial von y Millionen Euro melden werde. Aber Gott sei Dank sind diese Beispiele Ausnahmen, da die verantwortungsvollen Vorstände und Investor Relations-Manager ihren Job richtig verstehen und auf solche Vorankündigungen verzichten.

Corporate Governance gewinnt an Bedeutung

Als Analysten haben wir in den zurückliegenden Jahren gerade bei mittelständischen börsennotierten Unternehmen die Erfahrung gemacht, dass der Themenkomplex „Corporate Governance" noch wenig verankert ist. Hier hilft sicherlich die Scorecard der DVFA, die ein wesentlicher Baustein ist, die wichtigsten Elemente guter Corporate Governance-Regeln in den Köpfen der Organe der Gesellschaft zu schärfen.

Gerade in schwierigen Börsenzeiten ist Corporate Governance für professionelle Finanzanalysten und Investoren ein notwendiges Instrumentarium der modernen Unternehmensanalyse, das dazu beiträgt, aktuelle Defizite der traditionellen Bewertungsansätze, insbesondere bei Wachstumsunternehmen, auszugleichen. Auch künftig werden Corporate Governance-Grundsätze ein nicht mehr wegzudenkender Bestandteil eines Unternehmensauftritts an der Börse sein.

Fazit

Analysten benötigen aus den Gesprächen mit dem Management Nachrichten und vor allem Hintergrundinformationen, um ein möglichst realistisches Bild von der aktuellen und von der erwarteten Geschäftsentwicklung zu zeichnen. Dem Unternehmen muss daran gelegen sein, den wissbegierigen Analysten alle Informationen zu geben, nicht zuletzt, um die Schwankungsbreite der Prognosen zu verringern.

Wenn die Gesellschaften die Grundregeln der Kommunikationspolitik beachten, dann ist aus Sicht der Analysten bereits ein Großteil der Hausaufgaben gemacht. Wichtig ist aber auch, dass z.B. jede Analysten- oder Telefonkonferenz einen Nutzen generieren muss. Nichts ist schlimmer, als längst bekannte und besprochene Daten und Fakten erneut erläutert zu bekommen.

Der Autor

Christoph Schlienkamp, Diplom-Volkswirt, ist Leiter Research beim Bankhaus Lampe in Düsseldorf. Der Tätigkeitsschwerpunkt liegt im Bereich der Aktienanalyse und hier vor allem bei Mid- und Small Caps. Nach seinem Studium der Volkswirtschaftslehre in Bonn war er zunächst in der Volkswirtschaftlichen Abteilung und anschließend in der Finanzmarktanalyse der WGZ-Bank in Düsseldorf tätig. Er verfügt über langjährige Erfahrungen als Leiter von Workshops zur Konjunktur-, Zins- und Aktienmarktanalyse und ist Herausgeber von Fachbüchern zur Kapitalmarktanalyse und Autor zahlreicher Fachpublikationen.

Ausgewählte Veröffentlichungen:

Franz-Josef Leven/Christoph Schlienkamp (Hrsg.), Erfolgreiches Depotmanagement, Wiesbaden 1998.

Norbert Frei/Christoph Schlienkamp (Hrsg.), Aktie im Aufwind, Wiesbaden 1998.

Norbert Frei/Christoph Schlienkamp (Hrsg.), Aktie im Fokus, Wiesbaden 1999.

Geld ist nicht alles:
Die Motive des Privatanlegers

Rüdiger von Nitzsch/Susan Pulham

Investor Relations für Privatanleger

Welcher IR-Manager kümmert sich schon gerne um den kleinen Privatanleger? Erstens handelt es sich um eine recht anonyme Gruppe, die man nicht „greifen" kann. Außerdem besitzt jeder Einzelne vergleichsweise wenige Aktien, und nicht selten lässt sich diese Anlegergruppe auch sehr von ihren Emotionen lenken, was den IR-Manager (über-)fordern kann. Dennoch kann es sich wohl kaum ein börsennotiertes Unternehmen leisten, diese Gruppe ganz unberücksichtigt zu lassen. Auch wenn der einzelne Anleger nur wenige Aktien hält, in der Summe sind es dann doch schon einige Prozentpunkte, die in den Händen der so genannten „Kleinaktionäre" liegen.

Da ein börseninteressierter Privatanleger auch gerne Aktien kauft oder verkauft, sorgt er zudem für Liquidität, die für das Unternehmen sehr wichtig ist. Denn über eine hohe Liquidität werden auch institutionelle Investoren mit größeren Anlagevolumina angezogen, die ein Investment bei einem Titel mit geringem Handelsvolumen erst gar nicht in Betracht ziehen. Schließlich müssen sie in ihrem Kalkül stets berücksichtigen, dass ein Investment nicht nur aus Kaufen, sondern auch aus Verkaufen besteht und ein Verkauf bei geringer Liquidität und hohem Ordervolumen zu einem deutlichen Kursrückgang führen kann bzw. die Order gar nicht ausführbar ist. Diese mit großen Ordervolumen einhergehenden Market impact costs kennt der Kleinaktionär nicht. Er kann zu dem notierten Wert immer kaufen und verkaufen.

Wenn ein Unternehmen das Glück (bzw. die Größe) hat, in einem wichtigen Index (z.B. Dax oder Nemax 50) gelistet zu sein, ist dieser Liquiditätsaspekt von nachgeordneter Bedeutung. Die Liquidität wird in diesem Fall durch die Kaufnachfrage der indexnah arbeitenden Fonds gesichert, die auf Grund ihrer Anlagerestriktionen die Aktie kaufen müssen. Unternehmen, die jedoch nicht in einem Index aufgeführt werden und von den großen institutionellen Investoren eher vernachlässigt werden, sind umso mehr auf die Liquidität der Privatanleger angewiesen.

Es bleibt die Frage, wie ein Unternehmen möglichst effektiv die Klientel der Privatanleger betreuen soll. Ist es wirklich so mühsam, wie viele IR-Manager denken? Die neuen Informationstechniken bieten in jedem Fall viele Möglichkeiten, mit einer weitgehend automatisierten Kommunikation eine IR-Strategie zu verfolgen, die auf die Präferenzen und Eigenheiten der Privatinvestoren passgenau und individuell eingeht, ohne dass dies mit hohen Kosten verbunden ist.

Dass bisher Vorstöße in diese Richtung noch nicht überzeugend funktioniert haben, ist nicht allein auf technologische Gründe zurückzuführen. Es liegt auch daran, dass man sich noch zuwenig mit den genauen Beweggründen beschäftigt hat, die Privatanleger bei der Geldanlage treiben. Denn eine Beschäftigung mit diesen Beweggründen muss die Basis für jede, auch nicht technologieorientierte Konzeption einer funktionierenden IR-Strategie für Privatinvestoren sein.

In dem vorliegenden Beitrag wird dieser Aspekt näher beleuchtet, um Ansatzpunkte für eine verbesserte IR-Arbeit aufzeigen zu können. Es werden zunächst die vier wesentlichen Motive erläutert, die das Verhalten des Anlegers bei der Aktienanlage steuern. Abschließend werden die Konsequenzen für die Investor Relations-Arbeit zusammengefasst.

Das ökonomische Motiv des Privatanlegers

Wer als Privatanleger in Aktien direkt oder indirekt investiert, hat ein ökonomisches Motiv. Er möchte von den Renditechancen der Eigenkapitaltitel profitieren, die um einige Prozentpunkte höher liegen als bei sicheren Wertpapieren. Diese Renditedifferenz wird gemeinhin als Risikoprämie bezeichnet, welche als Entlohnung für die Bereitschaft gezahlt wird, über eine gewisse Zeit das Risiko des Eigenkapitals zu tragen.

Wie viele Menschen in Deutschland profitieren von dieser Risikoprämie? Im ersten Halbjahr 2001 gab es nach Zahlen des DAI ca. sechs Millionen Anleger, die Aktien direkt, und über sieben Millionen Investoren, die Aktien ausschließlich indirekt über Fonds hielten und über diesen Umweg an die Risikoprämie gelangten.

Investor Relations für Privatanleger richtet sich an diese sechs Millionen direkt investierenden Marktteilnehmer. Aber wie lässt sich diese Gruppe näher charakterisieren?

Wie bereits erwähnt, lässt sich feststellen, dass diese Investoren ein ökonomisches Motiv haben, weshalb dieses Motiv auch durch die Investor Relations angesprochen werden muss. Daneben gilt aber festzuhalten, dass diese Investorengruppe auch von nicht-ökonomischen Motiven getrieben wird. Denn aus Renditegesichtspunkten spricht nur wenig dafür, wenn ein Privatinvestor direkt an einem Unternehmen beteiligt ist und nicht eine Fondsanlage präferiert. So besteht der große Nachteil der direkten Aktienanlage darin, dass der Privatinvestor sein Risiko meist schlechter diversifiziert als ein Fonds. Empirische Untersuchungen bestätigen, dass Anleger häufig durch die implizierte Ineffizienz des Portfolios Renditechancen verschenken. Auch wer als Privatinvestor eine direkte Aktienanlage bevorzugt, um die Verwaltungsgebühren oder Ausgabeaufschläge bei den Fonds zu sparen, wird sich ökonomisch kaum günstiger stellen, berücksichtigt man die höheren Transaktionskosten beim Kauf oder Verkauf von Aktien im Vergleich zu denen eines institutionellen Investors. Dass so viele Investor dennoch die direkte Aktienanlage bevorzugen, kann nur mit weiteren, nicht-ökonomischen Motiven erklärt werden. Hierüber und über die Konsequenzen für die Investor Relations geben die folgenden Abschnitte Auskunft.

Der Wunsch, alles kontrollieren zu können

Wer an der Börse Geld verdienen will, muss Risiken eingehen. Risiken sind jedoch unerwünscht, da man hierdurch etwas von der Kontrolle über die eigene Situation aufgibt. Zum einen hängt die Wahrnehmung der Kontrolle von Eigenschaften des einzelnen Individuums ab. Wer von Hause aus eher an das Schicksal glaubt als daran, dass er mit seinem Willen Berge versetzen kann, neigt eher zu einer geringen Kontrollwahrnehmung. Auch wer sich inkompetent oder uninformiert fühlt, besitzt eher ein geringes Kontrollgefühl. Viele Menschen haben jedoch auch ein überzogenes Kontrollgefühl, sie überschätzen ihre Fähigkeiten.

Zum anderen wird die Kontrollwahrnehmung durch Erfahrungen geprägt. Wer in der Vergangenheit Erfolge hatte, neigt durch die so genannte selbstwertdienliche Attribution leicht dazu, diesen Erfolg den eigenen Fähigkeiten zuzuschreiben. Häufig geraten Menschen dann in eine Kontrollillusion. Dies gilt natürlich in besonderer Weise für diejenigen, die ohnehin ein überzogenes Kontrollgefühl haben. Misserfolge führen zu einem verminderten Kontrollgefühl, wenn auch teilweise erst nach einer längeren Phase der Misserfolge.

Überträgt man diese Erkenntnisse auf das Börsengeschehen, so werden viele Phänomene erklärbar. Zunächst ist verständlich, dass sich bis vor wenigen Jahren kaum ein Deutscher für Aktienanlagen interessierte. 1997 waren es noch keine neun Prozent der Bevölkerung über 14 Jahre. Das ökonomische Motiv wurde bei der großen Mehrheit überkompensiert durch das fehlende Kontrollgefühl. Durch eine breite Medienberichterstattung hat sich das Kontrollgefühl in der Bevölkerungsschicht jedoch erheblich verbessert. Unterstützt wurde diese Tendenz durch die positiven Erfahrungen, die Anleger mit ihren Investments in der Boomphase zum Ende des letzten Jahrtausends gemacht hatten. Dies führte allerdings zu einer Übertreibung. Die vielen unerfahrenen Anleger, die die Aktionärsquote in 2001 auf über 20 Prozent steigen ließen, erlagen der oben beschriebenen Kontrollillusion und begründeten die bekannte Euphorie.

Inzwischen fühlt sich die Anlegerschaft nicht mehr als Herr der Lage. Das Kontrollgefühl ist erheblich reduziert. Einige private Investoren haben den Märkten sogar wieder den Rücken gekehrt, viele andere verzichten auf das direkte Investment in Aktien und finden Befriedigung des Kontrollmotivs in der Fondsanlage. Vielen Anlegern wurde klar, dass die Entscheidung für eine direkte Aktienanlage auf einer Selbstüberschätzung beruhte.

Konsequenzen für die Investor Relations

Für die IR-Arbeit ergeben sich aus diesen Zusammenhängen einige Konsequenzen, wobei zwischen guten und schlechten Börsenphasen unterschieden werden muss. In Haussezeiten ist das Kontrollgefühl bei den

Anlegern tendenziell vorhanden bzw. leicht durch die Bereitstellung von Informationen zu befriedigen. Das Unternehmen muss wenig erklären, sondern lediglich Daten liefern. Die Interpretation der Informationen übernimmt der Investor selbst. Er fühlt sich in dieser Börsenphase ausreichend kompetent dazu. Da er zu positiver Interpretation der Information neigt, fördert fast jeder zusätzliche Umfang der IR-Aktivität den Kurs. In schlechteren Börsenzeiten hat der Anleger das Kontrollgefühl verloren, und es ist die Aufgabe des IR-Managers, ihm dieses Gefühl wieder zu vermitteln. Es gilt, Zusammenhänge und Hintergründe intensiver zu beleuchten und den Unternehmenserfolg auf eine eher langfristige Perspektive auszurichten. Einen ganz besonderen Stellenwert nimmt in diesem Zusammenhang die Glaubwürdigkeit der IR-Arbeit ein. Wer in guten Zeiten den Anleger mit großen Versprechen gelockt hat, die sich im Nachhinein als völlig überzogen darstellen, wird beim Anleger ein Gefühl der Kontrolle in schlechten Zeiten nicht erzeugen können. Es ist deshalb die Aufgabe des IR-Managers, sich in guten Zeiten diese Glaubwürdigkeit zu erarbeiten und seine Aktie gewissermaßen als Marke zu etablieren. Eine Marke geht einher mit einem Versprechen von Stabilität, Sicherheit, Langlebigkeit und gleich bleibender Qualität. Und genau diese Aspekte sind es, auf die der IR-Manager in schlechten Zeiten in seiner Kommunikation zurückgreifen muss.

Keine Fehler machen wollen: Das Motiv nach Dissonanzfreiheit

Aus vielen psychologischen Experimenten ist bekannt, dass sich Menschen über einen Euro Gewinn weniger freuen, als sie sich über den Verlust von einem Euro ärgern. Diese Verlustaversion ist psychologisch durch das Motiv nach Dissonanzfreiheit begründet, wobei unter einer Dissonanz das störende Gefühl verstanden wird, sich für etwas Falsches entschieden zu haben. Aus dem Motiv nach Dissonanzfreiheit folgt zum einen eine tendenzielle Risikoabneigung, damit höhere Verluste, die Dissonanzen verursachen, erst gar nicht entstehen können. Zum anderen suchen Menschen stets nach Möglichkeiten, ihre vorhandenen Dissonanzen durch kognitive Bewältigungsstrategien (Schönfärbereien) oder durch selektive Informationsaufnahme zu reduzieren, indem sie sich (unbewusst) auf Informationen konzentrieren, die ihre Entscheidung in ein positives Licht stellen.

An den Finanzmärkten äußert sich dieses Motiv in erster Linie darin, dass Investoren dazu neigen, ihre Verluste auszusitzen. Denn hierdurch bewahren sie sich die Möglichkeit, die getroffene Entscheidung später einmal als richtige Entscheidung (ohne Dissonanz) wahrnehmen zu können, und zwar genau dann, wenn nach langer Wartezeit der Einstandspreis doch wieder erreicht wird und ein Gewinn vorliegt.

Investoren unterscheiden sich jedoch in ihrer Auffassung, was ein Gewinn und was ein Verlust ist. So ist es für einen institutionellen Investor meist entscheidend, ob er seine Benchmark erreicht hat oder nicht. Der private Investor hingegen hat meist keine Benchmark. Er misst seine Performance in absoluten Größen, und dies typischerweise für jedes einzelne Engagement isoliert. Wenn er mit einer Aktie Plus gemacht hat, ist er zufrieden, wenn er Minus gemacht hat, ist er unzufrieden und verspürt Dissonanzen.

Konsequenzen für die Investor Relations

Für die Investor Relations folgt aus diesen Überlegungen, dass das Motiv nach Dissonanzfreiheit gerade in schlechten Zeiten von großer Bedeutung ist. Insbesondere, wenn der Aktienkurs des Unternehmens deutlich besser als der Markt oder ein Branchenindex performt, der Börsenkurs aber dennoch fällt, kommen die unterschiedlichen Bewertungen zum Tragen. Der institutionelle Investor mag zwar in dieser Situation (relativ) zufrieden sein, da er die Benchmark geschlagen hat. Der private Investor ist es nicht, denn er hat Geld verloren, und das schmerzt. Privatanleger werden deshalb und auf Grund ihrer Dissonanzbewältigung weiter an dem Investment festhalten, wenn sie mit Informationen versorgt werden, die sie grundsätzlich positiv auslegen können (selektive Wahrnehmung). In guten Zeiten, wenn im gesamten Markt tendenziell überhöhte Preise gehandelt werden, hat der IR-Manager die Chance, Glaubwürdigkeit aufzubauen und die Aktie als Qualitätsmarke zu etablieren. Er sollte durch eine konservative Berichterstattung den Kurs nicht weiter antreiben. Der Privatinvestor wird ihm dies nicht übel nehmen, da ihm auch eine unter dem Markt performende Aktie keine Dissonanz bereitet. Dafür wird er ihm in schlechten Zeiten vertrauen, und dies ist für die langfristige Kursentwicklung wichtiger.

Der Wunsch nach sozialer Anerkennung

Welcher Mensch kann schon behaupten, dass es ihm völlig egal sei, was andere Leute von ihm halten? Der Wunsch nach einer positiven Bewertung im eigenen sozialen Umfeld ist bei allen Individuen vorhanden.

Zu welchen Konsequenzen dies im allgemeinen Verhalten von Menschen führt, wurde in verschiedenen psychologischen Experimenten untersucht. Fragt man eine Versuchsperson in einer Gruppe nach bestimmten Einschätzungen (z.b. über die Länge von gezeichneten Strichen) und kennt die Versuchsperson die Einschätzung der anderen Gruppenmitglieder, so neigt sie dazu, nicht zu sehr von den Angaben der anderen abzuweichen, auch wenn sie tatsächlich eine andere Meinung hat. Die Versuchsperson passt ihr Verhalten an das der Gruppe an. Man spricht hier von so genannter Compliance, die zu einer Tendenz zur Konformität in der Gruppe führt.

Viele an den Kapitalmärkten zu beobachten Masseneffekte sind eine Folge dieser Compliance. Wer wagt es schon, sich in einer schlechten Börsenphase, in der kein Anleger neue Positionen eingeht, als Einziger mit einem höheren Risiko zu investieren? Die Hausse nährt die Hausse, die Baisse nährt die Baisse.

Konsequenzen für die Investor Relations

Den IR-Manager stellt dies vor eine Herausforderung, da er im Grunde stets dem Druck der Masse entgegenarbeiten muss. Dies geht glücklicherweise mit dem gewünschten Effekt einher, durch Dämpfen des Kurses in guten Zeiten Glaubwürdigkeit aufzubauen, um dann in schlechten Zeiten eine wirksamere Kommunikation betreiben zu können.

Das Motiv nach sozialer Anerkennung und die Etablierung einer Aktie als Marke eröffnet jedoch noch eine zusätzliche Möglichkeit für die Investor Relations, und zwar den Transfer des Produkt- oder Dienstleistungsimage des Unternehmens auf die Aktie. Ein gutes Beispiel stellt die Aktie von Borussia Dortmund dar, die nur von wenigen aus ökonomischen Gründen geordert wurde. Vielmehr stellte für viele Aktienkäufer der Imagegewinn im sozialen, durch den BVB geprägten Umfeld der Dortmunder Fans vermutlich den größten Beweggrund dar, die Aktie zu erwerben. In ähnlicher Weise wird ein wenig vermögender Anleger, der einen Kleinwagen fährt, einen Imagegewinn oder Prestigenutzen erfahren, wenn er eine Porsche-Aktie hält. IR-Manager müssen demnach nach Möglichkeiten suchen, ein vorhandenes Image oder eine Marke des Unternehmens auf die Aktie zu übertragen und so ein Image der Aktie zu generieren, das zusätzlich zu den Renditeaussichten Privatanleger zu einem Aktienkauf bewegt.

Abschließende Empfehlungen für Investor Relations

Dieser Beitrag gab einige Empfehlungen für die Investor Relations-Arbeit mit privaten Investoren. Hierbei wurden die Ergebnisse in besonderem Maße auf der Basis psychologischer Überlegungen hergeleitet und die hohe Bedeutung der Börsenphase für die Investor Relations herausgestellt. Kernaussage ist, dass das Unternehmen in guten Zeiten Glaubwürdigkeit aufbauen sollte, weil es diese Glaubwürdigkeit in schlechten Zeiten benötigt. In dieser Zielrichtung hilft der Aufbau einer Marke im Hinblick auf alle drei relevanten nicht-ökonomischen Motive.

Viele Unternehmen – insbesondere im Neuen Markt – sind in der vergangenen Euphorie-Phase jedoch nicht nach diesem Schema vorgegangen. Sie haben die Investoren mit Informationen und Nachrichten überhäuft, um kurzfristig die Kurse noch weiter nach oben zu treiben. Nicht nur diese Unternehmen, sondern die gesamte Aktienkultur leiden jetzt unter diesen Fehlern der Vergangenheit.

Für die Zukunft ist vor diesem Hintergrund zu erwarten, dass sich die Theorie und die Praxis der Investor Relations sehr stark mit dem Thema Glaubwürdigkeit beschäftigen wird.

Literatur

Auer-Rizzi, W. (1998): Entscheidungsprozesse in Gruppen, Deutscher Universitätsverlag, Wiesbaden.

Goldberg, J./von Nitzsch, R. (1999): Behavioral Finance – Gewinnen mit Kompetenz, Finanz-Buch Verlag , München.

Knüppel, H./Lindner, C. (2001): Die Aktie als Marke, F.A.Z.-Verlagsbereich Buch, Frankfurt am Main.

Kroeber-Riel, W./Weinberg, P. (1999): Konsumentenverhalten, 7. Aufl., Franz Vahlen Verlag, München.

von Nitzsch, R./Friedrich, C./Pulham, S. (2001): Investor Relations aus der Perspektive der Behavioral Finance. In: Achleitner, A.-K./Bassen, A. (Hrsg.): Investor Relations am Neuen Markt, S.143-158, Schäffer-Poeschel: Stuttgart.

Die Autoren

Rüdiger von Nitzsch, Univ.-Prof. Dr. rer. pol., ist Professor für Allgemeine Betriebswirtschaftslehre an der RWTH Aachen. Nach dem Studium der Informatik und Wirtschaftswissenschaften in Aachen zunächst bei der Deutschen Bank, danach als wissenschaftlicher Assistent an der Universität zu Köln, Habilitation und anschließend Annahme der Professur am Lehr- und Forschungsgebiet ABWL in Aachen; daneben seit 1999 Leiter des Gründerkollegs an der RWTH Aachen, Gründer und Aufsichtsratsvorsitzender der aixigo AG, und seit 2002 Vorstandsvorsitzender des Forschungsinstituts für Asset Management (FIFAM).

Ausgewählte Veröffentlichungen:

von Nitzsch, R. (2002), Wie hilft die Behavioral Finance bei der Asset Allokation?, in: Coche, J./Stotz, O. (Hrsg.), Asset Allocation, Deutscher Wirtschaftsdienst.

von Nitzsch, R./Friedrich, C. (2002), Behavioral Finance (1.8.5), in: Achleitner, A./Thoma, G. (Hrsg.), Handbuch Corporate Finance, Loseblattausgabe, 2. Auflage Köln 2001: Deutscher Wirtschaftsdienst.

von Nitzsch, R./Friedrich, C./Pulham, S. (2001), Investor Relations aus der Perspektive der Behavioral Finance, in: Achleitner, A./Bassen, A. (Hrsg.), Investor Relations am Neuen Markt, Schaeffer Poeschel: Stuttgart.

von Nitzsch, R./Friedrich, C. (2001), Das Entscheidungsverhalten von Anlegern an der Börse, in: Wirtschaftspsychologie, Vol. 1, S. 54-60.

von Nitzsch, R./Friedrich, C./Rother, C.W. (2000), One-to-one Online Beratung für Geldanlagen, in: Die Sparkasse 12/00, S. 566f.

Goldberg, J./von Nitzsch, R. (1999), Behavioral Finance – Gewinnen mit Kompetenz, Finanzbuch Verlag.

Susan Pulham, Dipl.-Math., Dipl.-Kff., ist wissenschaftliche Angestellte am Lehr- und Forschungsgebiet Allgemeine BWL an der RWTH Aachen. Tätigkeitsschwerpunkte: Forschung und Lehre im Bereich Entscheidungslehre und Investor Relations; Studium der Mathematik und der Betriebswirtschaftslehre in Aachen.

Ausgewählte Veröffentlichungen:

von Nitzsch, R./Friedrich, C./Pulham, S. (2001): Investor Relations aus der Perspektive der Behavioral Finance. In: Achleitner, A.-K./Bassen, A. (Hrsg.): Investor Relations am Neuen Markt, S.143-158, Schäffer-Poeschel: Stuttgart.

Die Entdeckung des privaten Anlegers

Bernhard Blohm

Der Titel „Die Entdeckung des privaten Anlegers" ist erklärungsbedürftig. Wer will den privaten Anleger entdecken und warum? Und: Gibt es da überhaupt etwas zu entdecken?

Fakt ist: Im Jahr 2001 hatten etwa 13,4 Millionen Bundesbürger Aktien und/oder Aktienfonds in ihren Depots. Das ist eine stattliche Zahl, und sie ist in den vergangenen Jahrzehnten erfreulich gewachsen. Auch die Zahl der direkt an der Börse aktiven Anleger hat sich gut entwickelt: Knapp sechs Millionen Privatleute agieren direkt an der Börse, die Mehrheit vertraut ihr Kapital jedoch den professionellen Fondsmanagern an und setzt auf Aktienfonds. Alles in allem beschäftigen sich also etwa 21 Prozent der über 14-jährigen Bundesbürger mit der Geldanlage in Aktien. Mit etwa 1.200 Milliarden Mark hatten Aktien und Aktienfonds Ende des Jahres 2001 einen Anteil am Geldvermögen der privaten Haushalte von gut 15 Prozent. Das ist Platz drei nach der Geldanlage in Versicherungen und in Spareinlagen.

Diese Statistik ist allerdings nur bedingt Anlass zur Freude. Denn erstens war der Anteil der Aktie am Geldvermögen vor einigen Jahrzehnten deutlich höher; 1962 lag er beispielsweise bei stolzen 24,2 Prozent. Zweitens geht der Anteil der privaten Haushalte am Aktienumlauf stetig zurück. 1991 betrug die Quote aus direktem und indirektem Aktienbesitz der Privathaushalte nach Untersuchungen des Deutschen Aktieninstituts (DAI) 23,9 Prozent des gesamten Aktienumlaufs, zehn Jahre später liegt diese Quote bei 22 Prozent. Anders ausgedrückt: Die Bedeutung des privaten Anlegers an der Börse ist in Deutschland rückläufig. Versicherungen, Investmentfonds und ausländische Anleger, die überwiegend auch professionelle Kapitalmarktteilnehmer sein dürften, laufen den privaten Anlegern hier zu Lande zunehmend den Rang ab.

Diese Tatsachen führen zu zwei Erkenntnissen und zu einem ersten Zwischenresultat:

1. Der private Anleger muss nicht entdeckt werden. Es gibt ihn, und seine Beziehungen zur Aktie sind erforscht.

2. Trotz Aktienhausse und IPO-Boom Ende der 90er-Jahre gelang es offensichtlich nicht, Aktiensparen in Deutschland zu einer Art Volkssport zu machen. Lebensversicherungen und Spareinlagen sind noch immer der Deutschen liebste Anlageformen.

3. Wenn es um Aktien geht, dann nähern sich die Bundesbürger dieser Gattung am liebsten indirekt. Sie kaufen Aktienfonds und überlassen das Management ihres Geldvermögens lieber den Profis.

So ökonomisch sinnvoll Letzteres in einer arbeitsteiligen Volkswirtschaft wie der Deutschlands auch sein mag, genauso richtig ist, dass eine Aktienkultur nur dann weiterentwickelt werden kann, wenn sie von den Menschen „gelebt" wird. Es ist schwer vorstellbar, dass sich in Deutschland eine Aktienkultur etwa nach angelsächsischem Vorbild entwickeln könnte, wenn die Menschen – bis auf eine relativ kleine Minderheit – mit dieser Anlageform direkt nichts zu tun haben wollen.

Es würde den Rahmen dieses Beitrags sprengen, dieses Problem von allen Seiten zu beleuchten. Aber wäre es beispielsweise denkbar, dass sich in Deutschland eine Autokultur (und eine höchst innovative Autoindustrie) entwickeln könnte, wenn es kaum Privatwagen gäbe und die Menschen nur mit Bus und Taxi unterwegs wären? Wohl kaum. So wie das Auto nur ein anerkanntes Verkehrsmittel sein kann, wenn es von den Menschen genutzt wird, so kann auch die Aktie nur ein geschätztes Kulturgut sein, wenn die Menschen gelernt haben, damit umzugehen und es in breitem Umfang auch nutzen.

Davon ist Deutschland allerdings noch weit entfernt. Wenn rund neun Prozent der über 14-jährigen Deutschen direkt an der Börse agierende Aktionäre sind, so ist das sicherlich eine nicht zu vernachlässigende Größe. Aber ein Volk von Aktionären sind wir deshalb noch lange nicht. Denn tatsächlich bedeutet das, dass trotz aller Anstrengungen zur Popularisierung der Aktie noch immer neun von zehn Deutschen mit Aktien direkt nichts zu tun haben wollen.

Diese Aussage wird auch dadurch unterstützt, dass von diesen sechs Millionen Aktionären nach jüngsten Erhebungen etwa 1,6 Millionen Anleger Belegschaftsaktionäre sind. Die Zahl der Belegschaftsaktionäre ist zwar seit Ende der 80er-Jahre um fast 50 Prozent gestiegen, sie sind also durchaus ein wichtiges Instrument zur Beteiligung breiter Bevölkerungskreise am Produktivkapital. Trotzdem geht der Anstoß zum Erwerb von Belegschaftsaktien in aller Regel von den Führungsspitzen der jeweiligen Unternehmen aus und nicht von den Mitarbeitern. Belegschaftsaktionäre sind zunächst nicht Aktionäre aus „innerem Antrieb", sondern eher Aktionäre „per Verordnung". Im Hinblick auf die Akzeptanz der Aktie in breiten Bevölkerungskreisen macht es schon einen Unterschied, ob man aus Überzeugung oder per Verordnung Aktionär geworden ist. Damit soll natürlich nichts gegen das Instrument Belegschaftsaktien gesagt werden. Das ist sinnvoll, es ist aber nicht mehr als eine Keimzelle für die Entwicklung einer breiten Aktienkultur.

Bei einem Urteil über den Reifegrad der deutschen Aktienkultur darf zudem ein weiterer Aspekt nicht unberücksichtigt bleiben. Das seit 1996 gewachsene Interesse an der Aktie wurde maßgeblich durch den Börsengang der Deutschen Telekom AG und der Einführung des Neuen Marktes an der Frankfurter Börse geprägt. Der darauf folgende Börsenboom hat das Interesse an der Aktie zusätzlich angestachelt und zu dem allseits bekannten „Hype" geführt.

Wenn man vernünftigerweise Aktienkultur nicht gleichsetzt mit irrationaler Gier nach Geld, so war die Entwicklung von 1996 bis März 2000 möglicherweise eher kontraproduktiv für die Akzeptanz der Aktie. Das uralte Vorurteil, wonach Aktien nur etwas für verwegene Zocker sind, wurde ein ums andere Mal bestätigt – durch scheinbar in den Himmel stürmende Kurse und ebenso jähe Abstürze. Die profunde Börsenregel des Altmeisters André Kostolany: „Kaufen Sie Aktien eines guten Unternehmens und kümmern Sie sich dann fünf Jahre nicht darum", wurde in dieser Zeit sträflich missachtet. Die „schnelle Mark" war das alles beherrschende Motiv für das wachsende Interesse an der Aktie.

Diese Aussage gilt sicherlich für die Bewertung des Börsengeschehens in der damaligen Zeit. Zu einem etwas anderen Urteil gelangt man, wenn man die längerfristige Entwicklung bei den privaten Aktionären betrachtet. Das Deutsche Aktieninstitut (DAI) hat in einer Untersuchung festgestellt, dass sich trotz der Börsenbaisse im Jahr 2001 die Zahl der privaten Aktionäre nur unwesentlich verringert hat. Vor dem Hintergrund des seit März 2000 anhaltenden Kursrutsches sank die Zahl der privaten Aktionäre im ersten Halbjahr 2001 in den alten Bundesländern nur um 108.000 oder 1,9 Prozent auf 5,4 Millionen. In den neuen Bundesländern war die Flucht aus der Aktie dagegen weitaus dramatischer: Dort sank die Zahl der privaten Aktionäre um 143.000 oder knapp 23 Prozent auf 482.000.

Was bedeutet dies? Trotz des Desasters an den Aktienmärkten blieben in den alten Bundesländern überraschend viele private Aktionäre der Börse treu – nicht so in Ostdeutschland. Eine plausible Erklärung dafür könnte sein, dass die Aktienkultur in der alten Bundesrepublik stärker entwickelt ist als in den neuen Bundesländern. Vor dem geschichtlichen Hintergrund dieser beiden Landesteile ist diese Erkenntnis sicher banal.

Sie zeigt aber, dass beharrliches Werben für die Aktie langfristig durchaus erfolgreich sein kann – und das ist aus kommunikationswissenschaftlicher und politischer Sicht von großer Relevanz. Auch die Deutschen können von der Sinnhaftigkeit der Geldanlage in Aktien überzeugt werden, und sie bleiben diesem Medium trotz aller Willfährigkeit des Börsengeschehens treu – wenn sie die Aktie kennen und schätzen gelernt haben.

Doch das ist ein anderes Thema. Wichtig für die Unternehmenskommunikation ist in diesem Zusammenhang, dass diese sich auf eine wachsende Bedeutung des privaten Aktionärs einzustellen hat.

Daraus ergibt sich eine ganze Reihe von Schlussfolgerungen.

Die Unternehmenskommunikation muss

- den privaten Aktionär ernst nehmen;
- sich im Zuge einer dynamischen Börse darauf einstellen, dass der private Aktionär immer mehr Alternativen für die Anlage seines Geldvermögens bekommen wird; das heißt, die Gunst des privaten Aktionärs muss erworben werden;
- sich darauf einstellen, dass Kenntnisstand und Informationsbedürfnis des privaten Aktionärs wachsen werden;
- berücksichtigen, dass im Zuge der technologischen Entwicklung die Informationsmöglichkeiten für private Aktionäre ohne bedeutsame Kostensteigerungen rasant wachsen werden.

Was folgt daraus in der Praxis für die Unternehmenskommunikation? Zunächst sicher das: Den privaten Aktionär ernst nehmen heißt, ihn nicht als Anteilseigner zweiter Klasse zu betrachten.

Derartiges würde jedes börsennotierte Unternehmen höchstwahrscheinlich als böswillige Unterstellung zurückweisen, es ist aber doch häufig Realität. Das zeigt sich oft schon an einer organisatorischen Eigenheit in vielen Gesellschaften: Die PR-Abteilung – zuständig für Produkt-PR und auch für die Kommunikation mit den Wirtschafts- und Finanzmedien – ist eine Unterabteilung des Bereichs Marketing; die IR-Abteilung ist dem Finanzvorstand zugeordnet. Beide Abteilungen führen ihr Eigenleben, und sehr oft prägt Konkurrenzdenken statt Kooperation die Zusammenarbeit dieser beiden Bereiche. Der interne Informationsaustausch ist unbefriedigend, Ad-hoc-Mitteilungen und Pressemeldungen sind in ihren Aussagen bisweilen sogar widersprüchlich, und der Informationsfluss zu den Medien und zu den institutionellen Anlegern und Analysten ist sowohl in zeitlicher als auch in inhaltlicher Hinsicht sehr unterschiedlich.

Ein wenig überspitzt könnte man dieses Problem so kennzeichnen: Die Professionalität der institutionellen Investoren und Analysten wird von Seiten des Unternehmens mit Hingabe berücksichtigt – sie erhalten so rasch wie möglich alle vefügbaren Informationen. Die Treue des privaten Aktionärs zum Unternehmen schlägt für diesen negativ zu Buche. Er wird vernachlässigt, der Informationsfluss ist dünner und der direkte Draht zum Unternehmen kaum vorhanden.

Unter der Annahme einer sich weiter entwickelnden Aktienkultur und eines wachsenden Kurszettels wird für alle Aktionäre das Angebot am Aktienmarkt größer. Aber nicht nur da: Alternative Investments mit teilweise ebenso attraktiven Renditeerwartungen wie die Aktie verstärken den Wettbewerb um das Kapital der Anleger – von anderen tradierten, gleichwohl gut im Markt liegenden Anlageformen gar nicht zu reden. Die Gunst des Aktionärs will also erworben werden. Das gelingt nur, wenn der potenzielle Käufer die Aktie eines bestimmten Unternehmens kennt und Vertrauen in dieses Unternehmen hat. Voraussetzung für beides ist eine professionelle Kommunikation des Unternehmens.

Auf längere Sicht zwingen die Bemühungen um Transparenz und Fairness auf dem Kapitalmarkt – verbunden mit einem strengeren Anlegerschutz für Privatpersonen – quasi dazu, zumindest in der Informationspolitik die klassische Zweiteilung von institutionellen Anlegern und privaten Aktionären aufzuheben.

Dies wird vor allem durch das Internet erleichtert. Dadurch wird auch den privaten Aktionären der unmittelbare Zugang zu Unternehmensinformationen ermöglicht – wenn die entsprechenden Seiten immer zeitnah aktualisiert werden. Das geschieht leider nicht immer in ausreichendem Maße.

Eine umfassende Information der Öffentlichkeit ist jedoch ohne eine professionelle Zusammenarbeit mit Medienvertretern undenkbar. Aber Verständnis für die Rolle der Journalisten und ihre Aufgabe sind vor allem bei jüngeren und mittelständischen Unternehmern hier zu Lande oft nicht gerade ausgeprägt. Es ist einfach unprofessionell, Informationen, die Analysten oder institutionellen Investoren gegeben werden, den Medien und damit der Öffentlichkeit zu verweigern. Aus mehreren Gründen:

- Journalisten haben im Zweifel auch andere Informationsquellen als die PR-Abteilung eines Hauses.

- Auf „krummen" Wegen gewonnene Informationen müssen nicht immer korrekt sein und können dem Unternehmen schaden.

- Die Medien strafen ein solches Unternehmen mit Missachtung, es fällt aus dem „Beobachtungsraster" der Journalisten.

- All das ist dazu angetan, das Vertrauen in die Aktie eines Unternehmens zu erschüttern – und stellt alles andere als Werbung um die Gunst des Aktionärs dar.

Zu einer professionellen Unternehmenskommunikation, die den privaten Aktionär erreichen soll, gehört also zwangsläufig eine professionelle Kommunikation mit den relevanten Medien. Welche auch immer dies sein mögen, die Regeln dafür sind stets gleich:

An erster Stelle steht sicherlich eine zeitnahe und korrekte Information der Medien. Informationen über ein Unternehmen sollten Journalisten nicht von Analysten erhalten, sondern aus erster Hand, vom Unternehmen selbst. Das verlangt eine weitgehend zeitgleiche Information von Analysten und Journalisten.

Kenntnis darüber, welche Informationen für welches Medium und welchen Journalisten geeignet sind, ist eine weitere wichtige Voraussetzung für eine effiziente Kommunikation. Die zum Leidwesen der Journalisten geübte Praxis, per Presseversand alle und jeden zu informieren, ist aus mehreren Gründen abzulehnen. Information mit der Streusandbüchse füllt in den meisten Fällen die Papierkörbe in den Redaktionen, nicht die Zeitungsseiten. Sie steht im Gegensatz zu einer gezielten Pressearbeit, die Medien adäquat mit Informationen versorgt, die dann auch Eingang in den redaktionellen Teil der Medien finden. Bei allen anderen Informationen, die nicht den Berichterstattungspflichten nach dem Wertpapierhandelsgesetz (WpHG) unterliegen, ist im Allgemeinen stets zwischen zwei Alternativen zu wählen: „kurz und breit" gegen „ausführlicher und exklusiv". Es ist also eine Entscheidung zu fällen, ob mehrere Medien zeitgleich mit denselben Informationen versorgt werden, die dann kurz und knapp und im Grundsatz gleich lautend berichten, oder ob die Information einem Medium exklusiv gegeben wird, das dann die Möglichkeit hat, sich mit der Sache gründlicher zu befassen. Eine allgemein gültige Regel, welche Alternative in welcher Situation die bessere ist, gibt es nicht. Das kann nur im Einzelfall entschieden werden. Äußerst hilfreich sind in diesem Zusammenhang persönliche Kontakte zu Journalisten und Kenntnisse darüber, welche Informationen von welchem Medium gern genommen werden.

Eine Selbstverständlichkeit sollte sein, dass die Kommunikation mit den Medien in einer allgemein verständlichen Form abläuft. Leider wird dies noch viel zu oft gröblich missachtet. Journalisten sind Informanten für ihre Leser, Zuschauer oder Zuhörer, nicht Übersetzer für „Fachchinesisch". Daraus folgt: Für die Kommunikation mit dem privaten Aktionär ist eine professionelle Kommunikation mit den Medien unerlässlich. Wer die Medien nicht erreicht, kommt bei den privaten Aktionären nicht an.

Fazit

Eine höhere Akzeptanz der Aktie ist ohne eine Steigerung der Zahl der privaten Aktionäre kaum erreichbar. Die Entdeckung des privaten Aktionärs heißt auf der Unternehmensebene, dessen Vertrauen zu gewinnen. Vertrauen erhält, wer nicht enttäuscht.

Der Autor

Bernhard Blohm, Dr., Dipl.-Volkswirt, ist Vorsitzender des Vorstands der equinet Communications AG in Frankfurt am Main, einem Dienstleistungsunternehmen für Wirtschafts- und Finanzkommunikation. Nach dem Studium der Volkswirtschaftslehre in Bochum und Kiel fünf Jahre wissenschaftlicher Mitarbeiter am Institut für Finanzwissenschaft der Universität Kiel. Danach Pressesprecher beim Bundesverband der Deutschen Volksbanken und Raiffeisenbanken (BVR) in Bonn. Die journalistische Laufbahn begann beim Düsseldorfer „Handelsblatt" (Redakteur) und führte über „Zeit" (Redakteur), „Stern" (Politik-Chef) und „Welt" (stv. Chefredakteur) zur „Welt am Sonntag" (stv. Chefredakteur). In Hamburg Erfindung und Entwicklung der Zeitung „Euro am Sonntag" für den Axel Springer Verlag. Lehrtätigkeit an der Universität der Bundeswehr in Hamburg auf dem Gebiet Medienökonomie und Lehrbeauftragter der International School of Management (ISM) in Dortmund für internationale Betriebswirtschaft (Finanzmanagement).

Das „Magische Viereck": Beziehungen zwischen Analysten, Investor Relations, Aktionären und Journalisten

Frank Donovitz

„Die stecken doch alle unter einer Decke!" Eine nur allzu häufig am Redaktionstelefon gehörte Klage missmutiger Kleinanleger. Der Börsenschock scheint tief zu sitzen – bei denen, die es zum ersten Mal wagten, ebenso wie bei jenen, die es nach langer Abstinenz noch einmal mit Aktien versucht hatten. Was ist dran an dem bitteren Vorwurf, dass sich die Finanzindustrie, die Oberen junger Börsenfirmen und womöglich auch manche Finanzjournalisten im furiosen Auf- und Abschwung der Aktienmärkte der vergangenen drei Jahre weitgehend schadlos gehalten haben, während private Kleininvestoren in Form von Gebühren und Kursverlusten die Zeche zahlen mussten?

Der Vorwurf der Kungelei jedenfalls, gleichsam die Existenz eines „Magischen Vierecks" von Analysten, IR-Managern, Aktionären und Journalisten, ist im Wesentlichen ein Kommunikationsphänomen. Denn es geht um das zielgeleitete Austauschen von Informationen; sogar um möglicherweise „geldwerte" Informationen. Dieses Kommunikationssystem, seine Akteure, deren Rollen und Absichten knapp zu analysieren sowie einige Zukunftsperspektiven zu diskutieren, ist im Folgenden das Ziel.

Finanzöffentlichkeit – ein Definitionsansatz

Wer sagt eigentlich was und mit welcher Wirkung am Kapitalmarkt? Zur groben Analyse der Akteure und ihrer Kommunikationsrollen bietet sich die „Arena-Modell"-Vorstellung von Öffentlichkeit nach Friedhelm Neidhardt (vgl. Neidhardt, 1994) an. Demnach kann Finanzöffentlichkeit – hier stark verkürzt abgeleitet – als Diskussionsarena für

194

finanzwirtschaftliche Themen verstanden werden. Die Medien bilden dazu gewissermaßen die Verstärkeranlage, verschaffen qua Definition den Akteuren je nach Thema und dessen Verlauf aktive und passive Sprecherrollen in der Arena. Durch sie – und nur durch sie – werden Analysten, Chefvolkswirte, Portfoliomanager, Firmenvertreter, Wissenschaftler, Verbände, Justiz und staatliche Organisationen zu massenmedialen Kommunikatoren. Eher selten nehmen einzelne private Kleinaktionäre diese Rolle ein; sie bilden vielmehr einen Großteil des Arenenpublikums. Entstehen dann zu bestimmten Themen Arenenkonsonanzen, verständigen sich also die Akteure, ist öffentliche (Finanz-)Meinung zu einem Thema für das Publikum wahrnehmbar (vgl. dazu beispielsweise Donovitz, 1998).

Vor diesem Hintergrund ist der „Unter-einer-Decke"-Vorwurf des Publikums (hier der Kleinaktionäre) weder unerklärlich noch gänzlich falsch. Denn: Gerade um den Jahreswechsel 1999/2000 entstand bezüglich des Themas „Entwicklung von New Economy-Aktien" weit reichender Konsens darüber, dass klassische Bewertungsmaßstäbe der Finanzanalyse nicht anwendbar sind. Als öffentliche Meinung wurde vielmehr wahrnehmbar, dass die unrealistischen Börsenbewertungen der Internet-Firmen zu rechtfertigen waren. Gegenstimmen – von welchen der genannten Akteure auch immer – waren so gut wie nicht zu vernehmen, wurden sogar sanktioniert. Als etwa der „stern" in der ersten Märzwoche des Jahres 2000 die Titelgeschichte „Wann platzt die Blase?" veröffentlichte, verwies beinahe die gesamte restliche Finanzöffentlichkeit darauf, dass man da wohl nicht alles richtig verstanden habe – die Arenenkonsonanz zu dem Thema konnte durch diese einzelne Veröffentlichung bestenfalls marginal verändert werden. Zwei Wochen später begann an den Weltbörsen jedoch das Ende der New Economy-Euphorie und der größte Aktiencrash in der neuzeitlichen Börsengeschichte.

Analysten

Die Rolle vieler deutscher Analysten in diesem Prozess ist wenig rühmlich. Sogar als im Frühsommer das Thema „Aktienbewertung" angesichts erster Kurseinbrüche in der deutschen Finanzöffentlichkeit kontroverser diskutiert wurde, kommunizierten viele Analysten weiterhin horrende Kursziele für betroffene Titel (vgl. Donovitz/Papendick, 2000). In den USA wurde das Bewertungsthema wesentlich früher kontrovers diskutiert. Kritische Stimmen bekannter Akteure der Finanzöffentlichkeit wie die von Warren Buffett oder Abby Joseph Cohen waren nicht Ursache, aber wohl Mitauslöser der Rückbesinnung auf ökonomische Grunderkenntnisse. Und in Deutschland?

Ein ranghoher Banker bringt es auf den Punkt, wenn er sagt, dass in der Boomphase 1998 bis 2000 „Analysten weder in Frankfurt noch in München oder Hamburg auf den Bäumen wuchsen". Insbesondere der Mangel an Erfahrung dürfte zumindest mit verantwortlich dafür gewesen sein, dass Portfoliomanager eigene Analystenteams installierten, da sie offenkundig denen ihrer eigenen Bankkonzerne nicht mehr trauten (vgl. Donovitz/Papendick, 2000).

Mittlerweile ist in den Research-Abteilungen der Ernüchterung das öffentliche Eingeständnis der gemachten Fehler gefolgt.

Investor Relations

Eine Kommunikationsbeziehung zwischen Unternehmen und Aktionären – gleich ob privat oder institutionell – herzustellen und zu pflegen, ist in Deutschland ein extrem junges Beschäftigungsfeld. Es wundert daher nicht allzu sehr, dass erste Studien zur IR-Arbeit eher Defizite als Fortschritte feststellen (vgl. Ottermann ff., 2001). Und es scheint, als sei dies geradezu ein Spiegelbild der Haltung vieler Unternehmensführungen nach dem Motto: Was schert mich der lästige Kleinaktionär, ich will in Ruhe arbeiten (vgl. etwa Kuhr, 2001). Mit Großinvestoren schien es einfacher gewesen zu sein, in einen Dialog einzutreten. Am Neuen Markt führte dieser sogar zu möglicherweise justiziablen Verstößen gegen Kapitalmarktrecht, die der Medienkritiker Thomas Schuster zusammengefasst, analysiert und teils neu aufgedeckt hat (vgl. Schuster, 2001). Davon mögen kurzfristig einige institutionelle Investoren profitiert haben, andere waren dadurch nachweislich benachteiligt – und verprellt.

Versteht man Investor Relations (IR) als „Dialoghersteller" zwischen Unternehmen (Management) und Investoren, folgt: Ohne eine Art Gleichbehandlungsgrundsatz für Investoren – sortiert zwischen institutionellen und privaten – wird IR kaum nachhaltige Erfolge erzielen können. Geradezu „tödlich" für die Kommunikation mit Investoren wirkt – so jedenfalls meine These – das Outsourcen dieser Funktion (vgl. auch Otterbach ff., 2001). Das britische Kürzel „plc" (Public Limited Company) für Börsengesellschaften zeigt mindestens die Plausibilität der These expressis verbis an: Nicht irgendjemand, sondern die (Finanz-)Öffentlichkeit limitiert das unternehmerische Handeln. Welches Management kann angesichts dieser Tatsache bei gleichzeitig nachgewiesener ökonomischer Relevanz von Kommunikationspolitik (Rolke/Wolff, 2001) seine Kommunikator-Rolle guten Gewissens in dritte Hände legen? Zugespitzt lautet die Antwort: Firmen, die nicht bereit sind, eigene Personalressourcen am „Meinungsmarkt" einzusetzen, sollten sich den Gang an eine Börse zweimal überlegen.

Aktionäre

Aktionäre haben in Anlehnung an die Kommunikationsforscherin Elisabeth Noelle-Neumann typischerweise nur zwei Quellen, um sich über das Geschehen an den Finanzmärkten zu informieren: die Medien und persönliche Gespräche. Das gilt zumindest dann, wenn sie eher passives Publikum als aktive Firmenteilhaber sind. Und dies dürfte – zunächst ganz heuristisch – für die Mehrheit der privaten Kleinanleger in Deutschland gelten. Die Begrenztheit ihrer aktiven Einflussnahmemöglichkeiten haben viele Kleinaktionäre in Rechtsstreitigkeiten mit Vorständen von insolventen Neuen-Markt-Firmen registriert.

Zur Seite steht den Aktionären hier zu Lande auch keine etablierte Börsenaufsicht wie etwa die amerikanische SEC. Und der führende Marktbetreiber Deutsche Börse AG sah sich allzu lange außer Stande, den wesentlichen Geburtsfehler des Neuen Marktes, nämlich fehlende Rauswurf-Regeln, zu beheben. Hier wurde sicher zu wenig das sonst als so leuchtend deklarierte US-Vorbild zu Rate gezogen. Längerfristige Wirkungen auf beide Problemfelder, die das etwa 4. Finanzmarktförderungsgesetz bergen könnte, können nur schwer abgeschätzt werden.

Diese knappen Überlegungen verdeutlichen zumindest zweierlei: Erstens wurden Regulierer, Marktbetreiber und Aktionäre ebenso von der *irrationalen Aktien-Euphorie* in Deutschland überrollt (und überfordert) wie Analysten, IR-Manager, Finanzberater, Journalisten und auch manche Portfoliomanager. Daraus folgt zweitens, dass es zunehmend Aufgabe von Investor Relations sein wird, kritischer werdenden Aktionären zu erklären, warum man von empfohlenen Regelwerken wie etwa dem von der so genannten „Cromme Kommission" vorgelegten Corporate Governence-Kodex abweicht. Vorstandsbezüge, Optionsprogramme, Shareholder Value-Maßnahmen und Bilanztechniken dürften neben Portfoliomanagern zunehmend auch private Anleger interessieren.

Doch selbst wenn zielgenauere Ansprache der Aktionäre durch die IR erfolgen sollte, wird sich gerade der Kleinaktionär bei seiner Investmententscheidung auch weiterhin stark an Medienberichten oder persönlichen Gesprächsinhalten etwa mit Finanzberatern orientieren.

Journalisten

Dürfen nun Journalisten dem Informationsbedürfnis ihres (Kleinanleger-)Publikums gerecht werden, indem sie selbst einzelne Aktien zum Kauf, Halten oder Verkaufen empfehlen? Die Antwort lautet: Allenfalls unter bestimmten Bedingungen.

Dazu folgende grundsätzliche Anmerkungen: Wer den überwiegenden Teil seiner Arbeitszeit mit der Analyse von Unternehmensbeteiligungen verbringt, ist von Beruf Analyst. Wer sich stattdessen überwiegend mit Sortieren, Recherchieren, Redigieren, Schreiben/Präsentieren von Ereignissen respektive Nachrichten beschäftigt, ist von Beruf Journalist. Dieser kann also unmöglich ebenso kompetent in der Wertpapieranalyse sein wie ein Analyst. Und er muss es auch nicht sein. Vielmehr ist das Gegenteil, nämlich die kritische Distanz zum Berichterstattungsgegenstand, wünschenswert, ja sogar notwendig , um nicht Gefahr zu laufen, längerfristig sein wichtigstes „Asset" zu verlieren: die Glaubwürdigkeit.

Besonders deutlich wurde dies, als der renommierte Publizist Johannes Gross in TV-Spots für die Zeichnung von Debitel-Aktien warb. Wer hätte Gross noch ernsthaft einen kritischen Bericht zu Unternehmen oder Sektor abnehmen wollen? Vielmehr handelte es sich dabei um die vielleicht eklatantest denkbare Grenzverletzung im Wirtschaftsjournalismus – und damit um den deutlich sichtbaren Glaubwürdigkeitsverlust. Dieser entsteht für das Publikum gerade aus besagter Distanz zu den Kapitalmarkt-Akteuren, aus ökonomischer Unabhängigkeit des einzelnen Berichterstatters beziehungsweise seiner betrieblichen Organisation.

Doch in letzterer Hinsicht besteht ein Dilemma, das in dieser Form nur in der Wirtschaftsberichterstattung zu beobachten ist: Medienunternehmen agieren typischweise auf zwei Märkten, nämlich dem Publikums- und dem Werbemarkt, gleichzeitig (inklusive Wechselwirkungen). Dadurch entsteht der Konflikt, mit kritischen Berichten womöglich an Glaubwürdigkeit und damit an Publikum zu gewinnen, Werbekunden jedoch (etwa bei Kampagnen für IPOs, Kapitalerhöhungen oder Secondary Placements) zu vergraulen. Dieser Konflikt wächst proportional mit der Einengung des Berichterstattungsgegenstandes. Beispiel: Ein Wirtschaftsmagazin, das von Politik über Soziales, Unternehmen, Konjunktur, Finanzen bis hin zu Lifestyle berichtet, dürfte den Konflikt weniger spüren als ein Magazin, das sich redaktionell ausschließlich mit Investmentfonds, Neuer-Markt-Aktien oder Börsengängen beschäftigt. Denn für Letztere kann der Verlust von nur zwei oder drei Anzeigenkunden, begründet mit zu kritischer Berichterstattung, eine erhebliche ökonomische Schieflagen bedeuten. Das Problem entwickelt sich jedoch nicht nur an der inhaltlichen Enge, sondern zusätzlich am Sujet selbst. Es schadet weder, noch kann es wundern, dass etwa in der Zeitschrift „Texilwirtschaft" eben jene Industrie ausführlicher diskutiert wird als die Schuhbranche. Berichten aber Finanzmedien nur über Aktien und ignorieren alle anderen Vermögensklassen und daraus abgeleitete Produkte, kann ein verzerrtes Bild über das Sujet, nämlich die private Kapitalanlage, selbst entstehen.

Die skizzierte Krux von Werbung und Inhalten scheint in Deutschland noch mehr zu wirken als etwa in den USA. Beispiele noch aus der jüngeren Vergangenheit zeigen jedenfalls, dass kritische Berichte über börsennotierte deutsche Firmen nach wie vor gerne mit ökonomischem Druck (Kündigung von Werbevereinbarungen) „geahndet" oder – schlimmer noch – verhindert werden können. Ein Phänomen, das in der skizzierten Logik weder im Politikressort noch in der Kulturberichterstattung auftritt. Dort mögen andere, jedoch kaum derart verlagsökonomisch relevante Druckszenarien bestehen.

Fazit und Ausblick

Analysten werden künftig nicht häufigere, jedoch trainiertere Ansprechpartner der Journalisten werden. Sie werden neben ihrer originären Tätigkeit den Umgang mit den Medien verbessern, die Möglichkeit ihrer

Instrumentalisierbarkeit noch besser erkennen. Nicht erwartbar scheint hingegen der Ausbau eines Dialogs mit einzelnen (Klein-) Aktionären. Zu rechnen ist vielmehr mit der Zunahme einseitiger Information von Analysten an Anleger via Internet, wie beispielsweise das Angebot des Investment-Webportals MaxBlue der Deutschen Bank andeutet. Regelrechter „Star-Rummel" wie im Fall mancher US-Analysten ist in Deutschland auf absehbare Zeit kaum erwartbar. Weder die Mentalität der hiesigen Finanzöffentlichkeit noch das derzeitige Vertrauensmaß in die Analysten sprechen dafür.

Exakter kommuniziert werden sollte indes die Trennung von Investmentbanking und Research („Chinese Walls"-Regelung). Dies haben die Irritationen im Umfeld der institutionellen Platzierung von Aktien der Deutschen Telekom durch die Deutsche Bank überaus deutlich gemacht. Der von den Finanzwissenschaftlern Wolfgang Gerke und Rüdiger von Rosen vorgelegte Kodex für Kapitalmarkt-Kommunikation bietet hierfür eine erste Grundlage, indem er die Offenlegung möglicher Interessenkonflikte fordert (vgl. von Rosen, 2001). Beseitigen werden die Gerke/von Rosen-Vorschläge den „Herdendrang" der Analysten nicht können. Zu hoffen ist, dass die vorgeschlagenen Sanktionen diesen nicht noch verstärken und gleichsam einen „Schweigespirale"-Prozess befördern (vgl. Noelle-Neumann, 1991). Für die Aktienkultur nachhaltiger wäre, die latente (deutsche) Angst, „bloß nicht die Börse schlechtzureden", abzulegen, und gut begründet – wie etwa Cohen und Buffett im Frühjahr 2000 – auch gegen einen vermeintlichenTrend zu argumentieren. Erste positive Beispiele hierfür gibt es.

Journalisten werden neue Instrumentalisierungsversuchen von Unternehmen (IR) und Analysten berücksichtigen und gegebenenfalls offenlegen müssen. Sie werden dabei verstärkt auf andere Quellen wie insbesondere Wissenschaft oder Staat (Aufsichts- und Kontrollbehörden, Ministerien, Justiz) sowie auf Interessenvertretungen (Verbraucherschützer, Verbände) zurückgreifen. Der Bankrott des amerikanischen Enron-Konzerns hat überdies gezeigt, in welche Richtung sich investigative Finanzmarkt-Berichterstattung bewegen könnte: Bilanzen lesen, verstehen und hinterfragen wird zur Fachkompetenz von investigativ arbeitenden Wirtschaftsjournalisten werden. Denn – und das zeigt der Fall Enron in den USA und m.E. das Debakel der Bankgesellschaft Berlin in Deutschland – kein anderer Akteur, ob Politik, obere Aufsichtsbehörden oder Analysten können diese Funktion übernehmen.

Empfehlungen zu einzelnen Aktien abzugeben, ist und bleibt nicht die originäre Aufgabe von Journalisten; wenn überhaupt, so sollte dies für das Publikum hinreichend erkennbar in meinungsäußernden Stilformen (Kommentar, Glosse, Kolumne, Editorial) geschehen. Nur so, also durch die Einhaltung der Trennungsnorm zwischen Nachricht und Meinung (vgl. Erbring, 1988), lässt sich dauerhaft der Konflikt zwischen Berichterstattungsfreiheit, wie sie Hans K. Herdt reklamiert (in Rolke/Wolff, 2001), und missbräuchlichem Eigennutz, wie ihn Schuster und andere entdeckten, auflösen oder zumindest offenlegen.

Eine empirische Studie der Universität Essen zeigt überdies, dass Kaufempfehlungen der Finanzpresse bestenfalls in einem Viertel der Fälle ein Anlageerfolg waren (Kladroba/Lippe). Kein Journalist muss dieses Ergebnis bedauern, allenfalls ein verkannter Analyst oder Portfoliomanager. Der mögliche Hinweis, dass die ein oder andere Research-Abteilung noch schlechtere Prognosen geliefert habe, verkennt den Diskussionskern. Die Finanzmedien können kein exekutives Korrektiv des Finanzmarktgeschehens sein. Man stelle sich vor, Politikjournalisten würden im Falle eines zu kritisierenden Gesetzentwurfes einen eigenen einbringen, der darüber hinaus Gesetz werden könnte; oder ein kritischer Kulturredakteur würde die Moderation einer noch so harsch kritisierten Samstagabend-Show übernehmen. Groteske Vorstellungen, die etwas weitergedacht zeigen, wie gedankenlos das ein oder andere Stellenangebot für Finanzredakteuere formuliert war. Eigene Erfahrung mit Wertpapiergeschäften, am besten gleich Optionsscheinhandel, wurde zur Einstellungsvoraussetzung – als ob Kulturredakteure mindestens Komparsen, besser noch Intendanten an ihrem Stadttheater gewesen sein müssten.

Haben damit Finanzmedien ihre Daseinsberechtigung verloren? Mitnichten. Nur: 100 Seiten reiner Kaufempfehlungen von Wertpapieren werden auf Dauer kaum hinreichend Publikum finden – wie erste Objekteinstellungen zeigen. Dagegen verbuchte beispielsweise das „Manager Magazin" gegen den Trend sogar leichte Auflagenzuwächse (vgl. Baldauf/Piontek, 2002). Und: Die investigative, kritische Unternehmensberichterstattung wird an Gewicht gewinnen. Neben der Präzision auch den investigativen Gehalt der Finanzberichterstattung zu etablieren, dürfte dabei so notwendig wie angesichts der skizzierten medienökonomischen Evidenzen schwierig werden. Es gehörte jedenfalls mit zur viel beschworenen „Aktienkultur".

Dass Letztere insbesondere durch die Ereignisse am Neuen Markt gelitten hat, kann indes kaum bestritten werden. Ökonomisches Scheitern und Kapitalverlust sind Teil jeder Aktienkultur. Regelverstöße sind – wie in jedem offenen Sozialsystem – ebenfalls kultureller Bestandteil, sofern Vertrauen in Sanktionen besteht und eben deshalb „das Fass nicht überläuft". Diese Vertrauensarbeit bleibt Aufgabe von Politik, Justiz und Börsenbetreibern – Journalisten berichten allenfalls darüber, eignen sich aber kaum als „Gesundbeter".

Aktionäre werden angesichts der Reform der Altersvorsorgesysteme (die längerfristig gesehen kaum abgeschlossen sein dürfte), neuer wertpapiergestützter Vergütungsbestandteile sowie fortschreitender Europäisierung/Internationalisierung kaum für alle Zeiten vergrault sein. Schon um des besseren Verständnisses wegen sind jedoch Reformen der Unternehmensverfassung – etwa in Form der Euro-AG – sowie der Rechnungslegung dringend geboten. Springen zwischen HGB-Bilanzierung, US-GAAP oder IAS nutzt bislang nur den Firmen, vor allem aber den Honorarkonten von Consultern und Wirtschaftsprüfern. Die Eigner – auch Institutionelle – sind hingegen verunsichert.

Neben Medieninformationen werden Aktionäre künftig stärker auf die Angebote der Investor Relations zurückgreifen – und zwar über die Verköstigung bei Hauptversammlungen hinaus. Im Spannungsfeld zwischen traditionell deutscher Geschäftspolitik der Machart „Geheimnis und Schweigen" und dem wachsenden und substanzieller werdenden Informationsbedürfnis der Aktionäre wird sich IR künftig orientieren.

Zur Eingangsfrage: Unter einer Decke – jedoch mit transparenteren Rechtsstellungen zueinander – stecken sollten Unternehmensführungen, IR-Manager und Aktionäre. Zumindest nicht „unerkannt" unter derselben Decke stecken dürfen Analysten. Journalisten sollten indes versuchen, Blicke unter die verschiedenen Decken zu werfen, ohne sich aber darunter zu verkriechen oder es darunter allzu heimelig werden zu lassen.

Denn nur so sind allzu vorschnelle Konsonanzen in der Finanzöffentlichkeit vermeidbar. Denn neben seiner Rolle als „Verstärker"und Bereitsteller von Öffentlichkeit kann und muss der Journalist zuweilen auch eine Sprecherrolle einnehmen. Diese Doppelfunktion und deren implizite grundgesetzliche Verankerung unterscheidet Journalisten radikal von allen anderen Akteuren der Finanzöffentlichkeit. Es ist mithin ihre

Aufgabe, die „Magie" des skizzierte Kommunikationsvierecks zu entzaubern – und dabei von Fall zu Fall auch sich selbst.

Literatur

Baldauf, Monika/Piontek, Nicole (2002): Finanztitel büßen Reichweiten ein, in: Horizont, Nr. 9, S. 74.

DAI Deutsches Aktieninstitut (Hrsg.) (2002): Investor-Relations-Portale im Internet und ihre Bedeutung für kleine und mittlere Aktiengesellschaften. Ergebnisse einer empirischen Erhebung (Studien des Deutschen Aktieninstituts, Heft 16), Frankfurt am Main.

Donovitz, Frank/Papendick, Ulrich (2000): Die richtige Börsenstrategie. Was Anleger über Aktien, Fonds und Optionen wissen müssen, München.

Donovitz, Frank (1998): Journalismus und Demoskopie. Wahlumfragen in den Medien, Berlin.

Dornbusch, Rudi (2002): Der Kapitalismus hat durch Enron an Reputation verloren, in: Die Welt vom 20.2.2002, S. 12.

Erbring, Lutz (1988): Journalistische Berufsnormen in amerikanischen und deutschen Nachrichten, in: Erbring, Lutz/Ruß-Mohl, Stephan/Seewald, Berthold/Sösemann, Bernd (Hrsg.): Medien ohne Moral. Variationen über Journalismus und Ethik, Berlin.

Kladroba, Andreas/Lippe, Peter von der (2001): Die Qualität von Aktienempfehlungen in Publikumszeitschriften. Diskussionsbeiträge aus dem Fachbereich Wirtschaftswissenschaften der Universität Essen, Nr. 117, ungeb. Forschungsbericht.

Kuhr, Daniela (2001): Der lästige Kleinaktionär. Anfechtungsklagen ärgern Unternehmen, in: Süddeutsche Zeitung vom 21.3.2001, S. 21.

Neidhardt, Friedhelm (Hrsg.) (1994): Öffentlichkeit, öffentliche Meinung, soziale Bewegungen, Sonderheft 34 der Kölner Zeitschrift für Soziologie und Sozialpsychologie, Opladen.

Noelle-Neumann, Elisabeth (1991): Öffentliche Meinung. Die Entdeckung der Schweigespirale, erw. Ausgabe, Berlin.

Otterbach, Andreas (2001): Investor Realtions. Sonderbeilage der Börsen-Zeitung, Nr. 179, vom 15.9.2001.

Rolke, Lothar/Wolff, Volker (Hrsg.) (2000): Finanzkommunikation. Kurspflege durch Meinungspflege. Die neuen Spielregeln am Aktienmarkt., Frankfurt am Main.

Rosen, Rüdiger von (2001): Wirksamer Anlegerschutz passt nicht in Schubladen, in: Börsen-Zeitung, Nr. 108, vom 7.7.2001, S. 19.

Schuster, Thomas (2001): Die Geldfalle. Wie Medien und Banken die Anleger zu Verlierern machen, Reinbek.

Theisen, Manuel R. (2002): Der „Deutsche Corporate-Governance-Kodex" fasst zusammen, was nicht zusammen gehört: Den amerikanischen Board und das deutsche Vorstand-Aufsichtsrats-Modell, in: Handelsblatt vom 27.2.2002, S. 8.

Zerfaß, Ansgar (1996): Unternehmensführung und Öffentlichkeitsarbeit. Grundlegung einer Theorie der Unternehmenskommunikation und Public Relations, Opladen.

Der Autor

Frank Donovitz, M.A., ist Redakteur im Ressort Politik/Wirtschaft beim „stern" in Hamburg. Arbeitsschwerpunkte: Finanzwirtschaft und -politik, Int. Kapitalmärkte, Politische Demoskopie, Umweltökonomie, Medien. Nach dem Studium der Physik, Publizistik und Volkswirtschaftslehre in Gießen, Aachen und Berlin zunächst Studienleiter an einem Markt- und Medienforschungsinstitut in Kiel; danach Zeitschriftenvolontariat/Akademie für Publizistik in Hamburg; anschließend Wirtschaftsredakteur/Blattmacher Finanzen bei der „Welt" in Berlin; daneben Fachautor für „Welt am Sonntag", Hamburg, sowie für „Immobilien Manager", Köln; Lehrbeauftragter am Institut für Publizistik- und Kommunikationswissenschaft der Freien Universität Berlin, am Institut für Journalistik (IfJ) der Universität Hamburg sowie Dozent der Kölner Journalistenschule für Politik und Wirtschaft;

Bücher: „Journalismus und Demoskopie" (1998, Vistas Vlg.), „Die richtige Börsenstrategie" (mit U. Papendick) (2000, Goldmann Vlg.); „Presse und Immobilienwirtschaft" (mit R. Ummen/A. Schiller) (Arbeitstitel; in Vorbereitung)

Being Public: Dauerpräsenz im Meinungsmarkt muss gelernt sein

Peter Staab

In Zeiten boomender Aktienkurse und wöchentlicher Neuemissionen war Investor Relations einfach. Neue Investoren sollten zum Kauf von Aktien bewegt und bestehende Aktionäre in ihrem Engagement bestärkt werden. Investor Relations sollte ein möglichst positives Bild des Unternehmens zur Unterstützung all seiner übrigen Aktivitäten vermitteln.

Spätestens seit dem weltweiten Rückgang der Kapitalmärkte ab Mitte 2000 hat sich jedoch diese Sichtweise deutlich verändert. Investor Relations ist nicht mehr Vehikel für permanente Aktienkurssteigerungen, sondern muss sich im Spannungsfeld der Gesamtunternehmens-Kommunikation bewähren. Die veränderten Bedingungen am Kapitalmarkt bieten jedoch durchaus Chancen zur Profilierung und Unterscheidung.

Nur die Unternehmen, die eine Dauerpräsenz im Meinungsmarkt auch unter den Kriterien Transparenz, Fairness im Umgang mit der Öffentlichkeit und wertorientierte Unternehmenskommunikation anstreben, können sich der Aufmerksamkeit ihrer Zielgruppen in schwierigeren Börsenzeiten sicher sein.

Folgende Thesen prägen die Innen- und Außenwirkung von guter Investor Relations-Arbeit:

Investor Relations besteht zu 75 Prozent aus der Erfüllung von Pflichtaufgaben; wer diese nicht beherrscht, wird auch in der Kür nicht überzeugen.

Das Regelwerk der Börse verlangt in allen Marktsegmenten die Vorlage von Quartalsberichten und Geschäftsbericht. Die SEC der US-amerikanischen Börse arbeitet zur Zeit an Vorschlägen, die Vorlagefristen für die entsprechenden Berichte bei an den US-amerikanischen Börsen notierten Gesellschaften zu verkürzen. Ab Inkrafttreten des TransPub-Gesetzes ist jedoch davon auszugehen, dass im Zuge der Angleichung von Publizitätsvorschriften bei der geforderten internationalen Transparenz sich diese Fristen auch in Deutschland auf 45 Tage nach Quartalsende bzw. 90 Tage nach Geschäftsjahresende verkürzen.

Hier haben sich die Unternehmen ausgezeichnet, die im frühzeitigen Erkennen der neuen Vorschriften ihre Veröffentlichungstermine vorgezogen haben. Dies gilt nicht nur für die Publikation von Pflichtdokumenten, sondern beispielsweise auch für die Frage, ab wann diese Informationen für alle zugänglich im Internet verfügbar sind.

Dazu kommt die Verpflichtung zum jährlichen Abhalten der Hauptversammlung sowie die in zahlreichen Gesetzen geregelten weiteren Pflichten eines börsennotierten Unternehmens, beispielsweise bei der Bekanntgabe von ad hoc mitteilungspflichtigen Tatsachen.

Der Aufenthalt an der Börse ist von einem Regelwerk sich zum größten Teil ergänzender Vorschriften in Börsengesetz, Aktiengesetz, WpHG und diversen Verordnungen umfassend geregelt. Jeder Verstoß gegen dieses Regelwerk schadet dem Ansehen der Gesellschaft und kann empfindliche Strafen nach sich ziehen. Leider haben die Aufsichtsgremien bei der Thematik der missbräuchlichen Nutzung von Ad-hoc-Mitteilungen zu spät darauf reagiert und erst mit Vorlage des vierten Finanzmarkt-Förderungsgesetzes hier empfindliche Strafen vorgesehen.

Das Unternehmen, das schon vor der Erfüllung dieser Pflichtaufgaben kapituliert oder ihnen nur in ungenügender Form nachkommt, wird aus dem Fokus des Interesses der Anleger verschwinden.

Das Erfüllen von Pflichtaufgaben allein begründet jedoch noch nicht das gute Verhältnis zu Aktionären und Analysten. Die Art und Weise des Erfüllens dieser Pflichtaufgaben und eine transparente Darstellungsform tragen erst mit dazu bei, auch hier einen Vorsprung im Meinungsmarkt zu erreichen.

Der so genannte Corporate Calendar, d.h. das Verzeichnis aller geplanten Veröffentlichungstermine einer Gesellschaft, sollte auf Jahresbasis eine Vorausschau der wichtigsten Finanztermine ermöglichen. Zur Kür gehört es dann auch, wichtige Präsentations- und Roadshow-Termine mit aufzunehmen.

Den Quartals- und Geschäftsbericht mit seinem Erscheinen auch in englischer Sprache vorlegen zu können, ist mindesten ebenso wichtig wie das Angebot einer Telefonkonferenz am Tag der Veröffentlichung. Das Management einer börsennotierten Aktiengesellschaft sollte zu den festgelegten Veröffentlichungsterminen im Rahmen einer solchen Telefonkonferenz Rede und Antwort stehen können.

Zur Kür zählt aber auch, den Vorstand nicht für jede einzelne Pressemitteilung des Unternehmens einzuspannen. Innerhalb der Financial Community muss der Eindruck entstehen, dass der Vorstand der Gesellschaft nur zu den Fragen Stellung nimmt, die zu Recht auch von den Investoren und Analysten als wichtig angesehen werden. Nur die Konzentration auf das Wesentliche überzeugt in der täglich wachsenden Informationsflut.

Investor Relations braucht Erfolgskontrolle.

Auch wenn es noch keine wissenschaftliche Ausarbeitung dazu gibt, wie IR-Maßnahmen wirken und ihr Erfolg bewertet werden kann, so setzt sich doch seit einiger Zeit die Erkenntnis durch, dass sich trotz des volatilen Spiels der Märkte und der Unberechenbarkeit der Handelnden an den Börsenplätzen auch IR-Maßnahmen der Erfolgkontrolle unterwerfen sollten.

Ansatzpunkt ist hier, zunächst ein Budget für jede einzelne Maßnahme am Beginn des Geschäftsjahres festzulegen. Die dann folgende ständige monatliche Budgetkontrolle ermöglicht die richtige Allokation der eingesetzten Mittel und verhindert ein „Vergessen" von Pflichtaufgaben. Auch sollte ein Effizienzbericht zu jedem Ereignis vorgelegt werden. Der Kapitalmarkt achtet sehr genau darauf, wie ein Unternehmen seine IR-Aktivitäten steuert und wo welche Beträge dabei ausgegeben werden.

Die Finanzkommunikation muss auch bei der Mittelverwendung wie aus einem Guss erscheinen und zum Selbstverständnis des Unternehmens passen. Eine effiziente Erfolgskontrolle von Investor Relations-Maßnahmen schafft Vertrauen bei Investoren und Analysten.

Investor Relations und Corporate Governance können nicht getrennt werden.

Seit dem 26.02.2002 ist sicher, dass die Dauerpräsenz im Meinungsmarkt auch das Thema Corporate Governance umfassen muss. Die Regierungskommission Corporate Governance hat am 26.02.2002 ihren Kodex vorgelegt, der nach Inkrafttreten des Transparenz- und Publizitätsgesetzes die Unternehmen zwingt, Farbe zu bekennen.

Entweder werden die Verhaltensvorschriften des Kodex akzeptiert, oder Abweichungen im Unternehmen davon müssen publik gemacht werden. In erster Linie gedacht, um die Attraktivität des Finanzplatzes Deutschland zu erhöhen, ist jedoch leicht erkennbar, dass gute Investor Relations-Arbeit auf die Beschäftigung mit dem Corporate Governance-Kodex nicht verzichten kann.

Insbesondere angelsächsische Investoren bewerten Aktiengesellschaften längst nicht mehr nach den tradierten Kriterien wie Ergebnis, Entwicklung, Marktumfeld, Management, relative Stärke und Liquidität der Aktie, sondern auch danach, inwieweit den modernen Anforderungen des Kapitalmarktes genügt wird. Stimmrechtslose Vorzugsaktien, Mehrstimmrechtsaktien, eine Dauerpräsenz von ehemaligen Vorstandsmitgliedern im Aufsichtsrat und eine nicht geregelte Kompetenz und Verantwortungsteilung zwischen Vorstand und Aufsichtsrat werden heute nicht mehr akzeptiert.

Diesem Trend muss sich auch Investor Relations stellen und die wichtigsten Corporate Governance-Fragen beantworten können:

* Kompetenzverteilung Vorstand und Aufsichtsrat;

* klare Regelungen für Interessenkonflikte, Zustimmungsvorbehalte und Verantwortungsbereiche;

* Transparenz in der Vergütungsstruktur von Vorstand und Aufsichtsrat;

- Beachtung aller Aktionärsrechte bei Kapitalerhöhungen, Informationen über wesentliche Ereignisse sowie Veränderungen in der Strategie und Ergebnissituation der Gesellschaft;

- die Hauptversammlung als Forum der echten Interessenvertretung der Aktionäre ausgestalten, so beispielsweise über weisungsgebundene Stimmrechtsvertreter oder die Möglichkeit der Abstimmung auch durch nicht anwesende Aktionäre.

Generell bietet Corporate Governance die Chance, Unternehmensstrukturen transparent darzustellen und Verantwortlichkeiten zu objektivieren. Dies muss jedoch auch von Investor Relations in der Finanzkommunikation genutzt werden. Denn Corporate Governance ist nicht ein neues Allheilmittel zur Wertsteigerung des Unternehmens, sondern ein längst überfälliger Prozess, um Transparenz gegenüber dem Kapitalmarkt zu belegen.

Globalisierte Finanzmärkte stellen neue Anforderungen an IR.

Es gibt heute keine deutsche Investor Relations-Strategie mehr. Mit dem Zusammenwachsen der internationalen Finanzmärkte sehen sich die Unternehmen beim ständig zunehmenden Wettbewerb um Kapital gezwungen, ausländischen Investoren und Analysten Frage und Antwort zu stehen.

Wer heute noch eine deutsche IR-Politik betreibt, wird sehr schnell im Ansehen und bei der Coverage jeden internationalen Anspruch verlieren. Gerade in schwierigen konjunkturellen Zeiten achten internationale Investoren vermehrt darauf, wie die Unternehmen mit dem ihnen anvertrauten Geld umgehen und darüber berichten. Daraus ergeben sich weitere Anforderungen an die Investor Relations-Arbeit:

- Große internationale Investmentfonds wollen das Management (Vorstandsvorsitzender und/oder Finanzvorstand) mindestens ein bis zweimal im Jahr sehen.

- Roadshows im Ausland an den wichtigsten Finanzplätzen gehören zum absoluten Muss der Investor Relations-Arbeit.

- Eine nachvollziehbare Guidance zu den wichtigsten Kennzahlen des

Unternehmens (z.B. EBIT, EPS, Umsatz, Free Cashflow) muss dem Kapitalmarkt für einen überschaubaren Zeitraum (ein bis fünf Jahre) gegeben werden.

- Das Verfehlen von Planzahlen und Prognosen ist frühzeitig anzukündigen und offen zu kommunizieren.

- Strategieänderungen und ihre Auswirkungen auf die finanzielle Situation des Unternehmens sind nachvollziehbar zu begründen.

- IR-Manager und Unternehmensmanagement verpflichten sich zu einer strikten One company – one voice-Politik.

- Research und Coverage wird entsprechende Beachtung von Seiten des Unternehmens geschenkt; das Monitoring der Markterwartungen gehört zur Tagesarbeit der IR-Abteilung.

- Maßnahmen zur Erhöhung der Liquidität der Aktie sind Bestandteil der IR-Arbeit.

- Keine Verfehlungen in der Bilanzierungspraxis, beim Versenden von Ad-hoc-Mitteilungen, bei der rechtzeitigen und gleichzeitigen Information der gesamten Financial Community.

- Benchmark-IR zeigt auf, wie sich ein Unternehmen mit seiner Investor Relations-Arbeit im Vergleich zu Index oder Branchenkonkurrenten aufgestellt hat.

- Die Erfolgkontrolle von IR-Maßnahmen ist auch für Externe überprüfbar dargestellt.

- Das Internet wird proaktiv zur Information der Investoren und Analysten genutzt; alle Präsentationen auf Investorenveranstaltungen sind zeitgleich auch für den privaten Investor darüber einsehbar.

- Das Unternehmen bekennt sich öffentlich zu einer aktiven, transparenten und offenen Gleichbehandlung aller Kapitalmarktteilnehmer und pflegt die entsprechenden Kontakte.

Gute Investor Relations-Arbeit ist heute weder Hexerei noch Zufall. Wer alle zuvor genannten Punkte beachtet, wird geradezu zwangsläufig im Ansehen der relevanten Kapitalmarktteilnehmer steigen.

Letztendlich wird es jeden Tag darum gehen, dem Kapitalmarkt zu beweisen, dass das in das Unternehmen eingesetzte Kapital eine gute

Investition darstellt. Es kommt nicht darauf an, ob der Investor renditeorientiert ist, spekulativ lang- oder kurzfristig oder auch nur aus Interesse an den Produkten des Unternehmens Aktien erworben hat. Es wird immer darum gehen, ihn als einen von vielen Kapitalgebern und Miteigentümern der Gesellschaft zu behandeln. Wem das auf besonders unaufdringliche und sichere Art und Weise gelingt, wird mittel- und langfristig viel für den Erfolg der Aktie seines Unternehmens tun können.

Die Performance von guter Investor Relations-Arbeit sollte sich nicht am Aktienkurs messen lassen. Denn hier können viel zu viele Faktoren eine nicht beeinflussbare Rolle ausüben, beispielsweise die Börsensituation, das Marktumfeld, die Ergebnissituation des Unternehmens usw. Dennoch ist gute Investor Relations-Arbeit ein probates Mittel, um am Kapitalmarkt die Fehleinschätzung der wahren Werte eines Unternehmens zu verhindern.

Wer von sich behauptet, vom Kapitalmarkt verkannt zu werden, hat nicht erkannt, was er dafür zu leisten hat. Investor Relations ist Chance und Verpflichtung zur Darstellung des Unternehmens in der Financial Community. Darüber hinaus kann Investor Relations eine faszinierende Aufgabe sein, da der Kontakt zu internationalen Gesprächspartnern und das Eingehen auf die vielfältigen Fragen der Investoren und Analysten eine ständige Rückspiegelung der Unternehmensstrategie ermöglicht.

Aktive Investor Relations-Arbeit gibt dem Unternehmen auch nach innen die Möglichkeit, Investorenanregungen und -anforderungen in die internen Prozesse mit einfließen zu lassen. Wer sich höchsten Anforderungen hinsichtlich Transparenz und beim Aufzeigen der Wachstums- und Ergebnispotentiale stellen muss, kann dies nur mit einer leistungsfähigen und flexiblen internen Organisation erreichen.

Insoweit bietet gute Investor Relations-Arbeit den Unternehmen die Chance, nicht nur eine angemessene Unternehmensbewertung am Kapitalmarkt zu erreichen, sondern auch sich ständig weiterzuentwickeln und zu verbessern.

Der Autor

Peter Staab, Rechtsanwalt, ist Bereichsleiter Investor Relations der Loewe AG. Nach Banklehre und Jura-Studium seit 1988 mit den Themen Aktienrecht, Börse und Investor Relations sowie Corporate Governance befasst. Zuerst als Verbandsgeschäftsführer in Düsseldorf tätig und danach fünf Jahre bei der börsennotierten Preussag Tochtergesellschaft für Recht und IR verantwortlich.

V

Die Mächte der Öffentlichkeit:
Medien, Politiker, NGOs

Die „fünfte Gewalt": Warum Öffentlichkeitsarbeit der Wahrheitsfindung dient

Justus Bobke/Miriam Holbe

„Im digitalen Kapitalismus sind Informationsmanagement, Informationsqualität und Informationsübertragungsgeschwindigkeit mitentscheidend für die Wettbewerbsfähigkeit eines Landes oder eines Kontinents. Informations- und Kommunikationstechnologien beeinflussen die Wirtschaft eines Landes auf nahezu allen Stufen."[1]

Tagtäglich erleben wir im System der parlamentarischen Demokratie, wie sich die Gewalten teils harmonisch, teils konfliktreich begegnen und ihr Verhältnis und ihre Gewichtung zueinander verändern. Macht differenziert sich permanent neu aus, sodass das System der geteilten Gewalten – im Zuge der Demokratiegeschichte entwickelt zur Trias Legislative, Exekutive und Judikative – sich weiterentwickelt. Es agieren ferner in der Sphäre des Politischen diverse regierungsunabhängige politische oder wirtschaftliche Organisationen (Non-Governmental Organisations = NGOs), die Medien sowie Wirtschaftsunternehmen.

Das interdependente Verhältnis zwischen all diesen Gewalten ist gekennzeichnet durch Eigenständigkeit, Konkurrenz und Konflikt. In der Informations- und Mediengesellschaft nehmen die technischen Möglichkeiten der Kommunikation erheblich zu, weshalb die mediale, „vierte Gewalt" permanent an Bedeutung gewinnt und alle drei etablierten Gewalten kontrolliert. Die Medien stellen daher de facto bereits seit geraumer Zeit die „vierte Gewalt" dar, wobei das Janusartige der Medien – zum einen profitorientiertes Wirtschaftssubjekt zu sein, zum

---

1 Peter Glotz anlässlich der Internationalen Public Affairs-Konferenz von Kohtes Klewes im November 2000 in Berlin.

anderen einen die Öffentlichkeit aufklärenden Auftrag wahrzunehmen – diese Gewalt kennzeichnet

Entwickelt sich also folgerichtig das System der Gewalten weiter? Verlangt die immer stärker werdende „vierte Gewalt" geradezu nach einem Regulativ, einem Ausgleich, einer „fünften Gewalt". Und: Ist die Öffentlichkeitsarbeit eben diese „fünfte Gewalt"?[2]

Neue Spielregeln der medialen Gesellschaft

Nach westlichem Verständnis gibt es keine doktrinär verbreitete und den Menschen bekannte, alleinige, monolithische Wahrheit, sondern eine Konkurrenz von Interessen, Auffassungen und persönlichen Standpunkten. Aus dieser Annahme heraus leitet sich das Grundrecht der Presse- und Informationsfreiheit ab und schafft einen Angebotsmarkt, dessen Merkmale Vielfältigkeit und Wahlfreiheit sind. Für die drei etablierten Gewalten gilt: das Bestreben nach angemessen-richtigen Entscheidungen und Weichenstellungen der Legislative, adäquater Umsetzung durch die Exekutive und zeitgemäßer Justierung der Rechtsstaatlichkeit durch die Judikative. Folgerichtig bedeutet Wahrheitsfindung den inhaltlichen Auftrag, dem sich die mediale Gewalt zu stellen hat. Sie trägt konsequent dazu bei, der Öffentlichkeit als Dienstleistung ein (Ab-)Bild der Wirklichkeit anzubieten und zu vermitteln.

Auch Medien sind revolutionären technischen Veränderungen unterworfen. Während die Inanspruchnahme durch den einzelnen Rezipienten nicht unendlich zu steigern ist,[3] aber für die technische Innovation gewaltige Investitionen zu tätigen sind, verschärft sich die Konkurrenz zwischen den Medienunternehmen und somit das ökonomische Risiko. Darüber hinaus ist nicht zu vernachlässigen, dass die Medien selbst ein dynamischer Wirtschaftsfaktor sind.[4]

---

2 Entwicklung der Öffentlichkeitsarbeit in Deutschland: Konzeptionalisierung bis 1960; Etablierung 1961-1972; Positionierung 1973-1983; seit 1984 Expansion und Ausdifferenzierung, in Peter Szyszka: „Öffentlichkeitsarbeit – ein Kind der Zeitgeschichte", PR-Forum, 1998.

3 Zum Beispiel hat die TV-Sehdauer von 147 Seh-Minuten eines Erwachsenen täglich im Jahre 1984 auf 201 Seh-Minuten im Jahre 1998 zugenommen. Siehe AGF/GfK Fernsehforschung.

Während der PC gerade seinen 25sten Geburtstag feierte, verändert das Internet die Kommunikation und die Mediennutzung radikal: Zu Gunsten des Internets sieht über die Hälfte der Konsumenten weniger fern, 29 Prozent lesen weniger. In erster Linie verlieren überregionale Tageszeitungen und Wirtschaftstitel an Aufmerksamkeit gegenüber der Online-Konkurrenz.[5] Daher suchen viele Medienunternehmen, die „neuen" Medien (Online-Dienste, Internet, digitales TV) mit den „alten" Medien zu kombinieren, was wiederum die Medien-Produktpalette verändert.

Dies hat Auswirkung auf das journalistische Selbstverständnis als auch auf die journalistische Arbeitsweise. Nur noch wenige Medien-Unternehmen können sich die Kosten von Korrespondenten-Netzen und teuren hochkompetenten Mitarbeitern, geschweige denn solche für langwierige Recherchen mit unsicherem Ausgang leisten. Redaktionen müssen ökonomisch versiert geführt sein, weshalb vielfach Praktikanten oder Volontäre eingesetzt werden. Ohne Frage birgt dies die Gefahr der falschen journalistischen Bewertung komplexer Zusammenhänge. Deshalb müssen sich Redaktionen externem Sachverstand bedienen: „Agenturgläubigkeit" existiert mangels Gegenrecherche. Ohne Fremdautoren als Experten geht es bei schwierigen Themen nicht mehr. Gut aufbereitete Information von Agenturen wird nolens volens übernommen. Demgemäß verschwimmen früher klar definierte Berufsfelder – Journalismus, Presse/Öffentlichkeitsarbeit, Public Relations, Werbung/Marketing – auf Grund technischer Entwicklung. Neue Betätigungsfelder entstehen.

Während der Kampf um Auflagen und Einschaltquoten tobt, geschieht zweierlei: An den Rändern differenzieren sich die Sparten des Informationsangebots aus, während im Allgemeinen die Trennlinien zwischen

---

4 So verdreifachte sich fast der Brutto-Werbemarkt für TV, Print und Hörfunk im Zeitraum 1984 bis 1998 von 10,2 Milliarden DM auf 29,1 Milliarden DM (siehe Nielsen Werbeforschung S+P). Dabei ist eindeutig eine Verschiebung von Publikumszeitschriften zum Fernsehen zu verzeichnen. Während 1984 die Publikumszeitschriften noch 42 Prozent Marktanteil des Brutto-Werbemarktes besaßen und das Fernsehen 17 Prozent, waren die Verhältnisse 1998 nahezu reziprok mit 44 Prozent Marktanteil des Fernsehens und 23 Prozent der Publikumszeitschriften. Hörfunk (fünf bis acht Prozent), Zeitungen (23 bis 30 Prozent) und Fachzeitschriften (drei bis fünf Prozent) blieben in diesem Zeitpunkt nahezu konstant (siehe Nielsen Werbeforschung S+P).

5 Siehe „European Media Research", AdLink Media AG, siehe www.wuv.de, November 2001.

Information und Unterhaltung immer unschärfer werden und verschwimmen.

Medien machen Meinung

Nun stehen Politiker mit Vertretungsanspruch von umfassenden Konzepten im Konflikt mit der politischen Konkurrenz und zunehmend auch in Konkurrenz zu spezifisch versierten oder monothematisch agierenden NGOs. Die Medien verleihen den Polit-Managern, deren Shareholder Value die Wahlergebnisse und deren Marktwert die Popularitätswerte sind, die Bühne zur Darstellung. Mediale Selbstdarstellung dominiert gegenüber inhaltlicher Kompetenz.

Sich medial darzustellen, ist in der parlamentarischen Demokratie ein wichtiges Instrument für alle politischen Akteure, weshalb kommunikative Kompetenz erheblich über Erfolg und Misserfolg mitentscheidet. Generell sieht sich die politische Klasse mit einem erheblichen Imageproblem konfrontiert. Eklatant wurde dies zum Beispiel in einer Anzeige der CDU in der führenden Fachzeitschrift der Werbewirtschaft im Januar 2001, auf der ein unvorteilhaftes Foto der Parteivorsitzenden Angela Merkel abgebildet war. Die Partei wollte damit junge Werber gewinnen, um die Kommunikation der CDU von innen heraus gewissermaßen in Form einer internen Werbeagentur zu professionalisieren. Ergo steht vor dem inhaltlichen Alleinstellungsmerkmal gegenüber dem politischen Gegner – dem werblich nutzbaren inhaltlichen Profil – zunehmend der Wille, die kommunikative Auseinandersetzung zu gewinnen. So traut auch kaum jemand in Deutschland der FDP tatsächlich die 18 Prozent bei der diesjährigen Bundestagswahl zu. Allein das gebetsmühlenartige Wiederholen des Wahlziels verschafft Aufmerksamkeit, gewissermaßen als Running Gag.

Bis dato gilt in Deutschland, dass in der Selbstdarstellung der Politik das Entertainment gegenüber der Sachdebatte zunimmt und in der Außenwirkung die Events mehr und mehr dominieren. Wahlkampf ist Show-Time. Auch die parlamentarische Debatte verlagert sich zunehmend vom Parlament in die Medien. Talkshows wie „Sabine Christiansen" institutionalisieren die quasi-parlamentarische Diskussionsrunde.

Doch sieht sich die Politik in Deutschland nach Jahrzehnten relativer Ruhe spätestens seit dem Fall der Berliner Mauer mit grundlegenden, komplexen und wichtigen Fragen konfrontiert: Ökonomische Globalisierung, Zusammenwachsen des Euro-Raumes, Ausweitung der EU nach Osten auf der einen Seite, grundsätzliche Fragen der Alterssicherung, Gen- und Energie-Technik, Produkthaftung und des Verbraucherschutzes auf der anderen Seite – und seit dem September 2001 vollkommen neuen Herausforderungen in sicherheitspolitischer Hinsicht.

Wie Journalisten müssen Politiker immer komplexere Zusammenhänge überblicken und diese auch kommunizieren, und das bei einem eklatanten Mangel an Zeit. Ergo leiden Journalisten und Politiker an demselben Manko und bedürfen externer Unterstützung. Macht(-erhalt) beider Gewalten und die Suche nach exklusiven Themen bringen Politiker und Journalisten in ein interagierendes Handlungssystem. Daraus erwächst Ziel und Anspruch von PR-Strategen, deren höchstes Ziel die völlige Kontrolle der Kommunikation ist. „Spin Doctors sind Strategen, die einen Krieg führen – und gewinnen wollen."[6] Doch hilft dies der Wahrheitsfindung?

In Deutschland war es im Bundestagswahlkampf 1998 soweit: Die Medien richteten ihr Augenmerk auf die „Kampa", das Steuerungszentrum der SPD. Uwe Kasten Heye, Bodo Hombach, Mathias Machnig und Franz Müntefering rückten dabei in den Mittelpunkt. Durch die Spin Doctors wurde der Wahlkampf zur Show. Unmittelbar nach dem Leipziger Parteitag der Sozialdemokraten im April 1998 berichteten die deutschen Medien erstmals über Spin Doctors, und der Parteitag wurde als „Gesamtkunstwerk aus Lichtern, Farben, Tönen, Musik" bewertet. In den darauffolgenden Monaten war vielfach davon die Rede, dass dieser Wahlkampf ein für allemal die deutsche Politik amerikanisiert habe.

Suprematie der europäischen Entscheidung

Zugleich schreitet die Europäisierung der nationalen Politik mit großen Schritten voran. Tatsache ist, dass inzwischen wohl 70 Prozent der Wirtschaftsgesetzgebung aus Brüssel stammen. Zwischen Gesetzentwurf und endgültigem Beschluss versuchen weit mehr Akteure auf nationa-

---

6 Stephan Ruß-Mohl, Spoonfeeding, Whistleblowing Beispiel USA: Wie sich die Machtbilanz zwischen PR und Journalismus verschiebt, in Lothar Rolke, Volker Wolff (Hrsg.): Wie die Medien die Wirklichkeit steuern und selber gesteuert werden, Westdeutscher Verlag, Opladen/Wiesbaden, 1999.

ler und europäischer Ebene Einfluss zu nehmen als vormals in nationalen Hauptstädten. Auch die Ereignisse des 11. September könnten
dazu führen, dass in naher Zukunft die politischen Gewichte in Europa
neu tariert und weitere zentrale exekutive politische Funktionen auf
europäischer Ebene etabliert werden.

Währenddessen ist auf nationaler Ebene in Deutschland auch das herkömmliche politische System im Wandel begriffen: Das jahrzehntelang
bestehende Drei-Parteien-System der Bundesrepublik hatte sich bereits
überlebt, als die „Grünen" die Metamorphose von einer politischen
Zwei-Punkte-Pressure-Group (Pazifismus und Umweltschutz) zu einer
Vollspektrum- und somit Regierungspartei hinter sich gebracht hatten.
Neben dem Sonderfall PDS ist mit der Partei des Richters Schill in Hamburg quasi über Nacht die erste deutsche Ein-Punkt-Partei entstanden,
die auf Anhieb Regierungsverantwortung innehat.

Pressure Groups im Kommen

Im Gegensatz zu politischen Parteien sind Pressure Groups einfacher zu
organisieren. Zunächst meist lokal und singulär-politisch ausgerichtet,
für einen klar umrissenen Bereich zuständig und kompetent (zum Beispiel Umweltschutz, Verbraucherschutz, Menschenrechte), erleben einige dieser Organisationen einen radikalen Bedeutungswandel. Während
ein Teil der Pressure Groups (Greenpeace, Amnesty International, Ver-
braucherverbände) sich in geradezu anwaltlicher Art etabliert und
einen festen Teil in der Medienberichterstattung einnimmt, stehen die
traditionellen Interessengemeinschaften im deutschsprachigen Raum
wie Verbände, Gewerkschaften und Vereine unter hohem Anpassungs-
druck. So leiden die großen Gewerkschaften unter Mitgliederschwund
und sind gezwungen, neue Allianzen wie ver.di zu schmieden. Hingegen
werden viele Wirtschaftsverbände, gerade wenn sie Zwangsmitglied-
schaften vorsehen, grundsätzlich in Frage gestellt. Strategische Allianzen bilden sich, da die großen Korporationen langsam in der Mei-
nungsfindung sind und Rücksicht auf die Mitglieder und die jeweilige
Verbandsstruktur nehmen müssen. Der in der „Bonner Republik" aus-
geprägte Rheinische Korporatismus hat sich mit seinen bekannten
Ritualen überlebt, während die „Berliner Republik" noch dabei ist, ihre
eigenen Regeln zu finden.

Während bei den branchenübergreifenden Themen – Unternehmenssteuer, Arbeitsmarkt, berufliche Bildung – die Regierung auf einen Gesprächspartner angewiesen ist, der Übung im politischen Dialog hat, umgehen temporäre Zweckbündnisse wie zum Beispiel in der Energiebranche das Beziehungsgeflecht Regierung – Verbände, da diese per se eine ausgewogene Meinung vertreten müssen., Die Verbände müssen sich zudem strategisch entscheiden, worauf sie ihre Aktivität und Kräfte konzentrieren, auf die supranationale europäische oder die nationale Ebene. Außerdem glauben multinationale Unternehmen offensichtlich immer weniger an die Arbeit von Interessenvertretungen und nützen stattdessen spontane Interessenkoalitionen zu Lobbying-Zwecken.[7]

Die Akzeptanz von Pressure Groups steigt, und ihnen gehört die Zukunft:[8] „Megafusionen, Globalisierung und Eurobürokratismus" fördern „Anzahl und Macht von Interessengruppen, deren gezielte Forderungen erheblichen Druck auf die öffentliche Diskussion zur Regierungs- und Unternehmenspolitik ausüben". Parallel dazu wachsen die wirtschaftlichen Auswirkungen der Pressure Groups für die Unternehmen. Durchschnittlich waren über 60 Prozent der befragten Unternehmen bereits von einer gezielten Aktion einer Interessengruppe betroffen. Pressure Groups in Europa bilden mittlerweile schlagkräftige Netzwerke, weshalb Unternehmen ihre Öffentlichkeitsarbeit und Lobbying-Maßnahmen ergänzen müssen.

Für Lobbyisten, deren Ziel es ist, politische Entscheidungen zu kanalisieren, wird sich zeigen, inwieweit sich die Formen des europäischen Lobbyismus dem amerikanischen angleichen. Ob sich die Vorstellung, dass Lobbyismus eher eine Art der Basis-Demokratie ist, durchsetzen wird, ist noch zu beweisen, ebenso wie der langfristig prognostizierte Bedeutungszuwachs.[9]

---

7 Hans Bellstedt, Regieren online: Die digitale Republik, in: Der Tagesspiegel, 01.09.01.

8 Kohtes Klewes Meinungsbarometer 17, NGOs gewinnen an Einfluss, Juli 2001. 74 Prozent der deutschen Führungskräfte sehen die NGOs als wichtige Impulsgeber für die deutsche Wirtschaft. Davon sind mit 82 Prozent vor allem die Medienvertreter überzeugt.

9 Peter Köppl: Lobbying: Das politische Instrument der Public Relations? PR-Forum, 1999, Nr. 1.

Krisenkommunikation beginnt in guten Zeiten

Es gibt zahlreiche Formen der Kommunikation zwischen Medien, Politik und Unternehmen, die Auswirkungen auch auf die übrigen Stakeholder haben. Die Wirtschaftsberichterstattung ist fest etabliert und begleitet Jahreshauptversammlung, Geschäftsberichte und die branchenspezifische Entwicklungen. So gibt es ein breites Sortiment an gedruckten und elektronischen Medien, die sich auf das Sujet Wirtschaft spezialisieren. Gerade in den 90er-Jahren und dank dem wachsenden Interesse an Aktien hat sich das Medienangebot erheblich diversifiziert.

Die alltäglichen Informationen werden gewährleistet durch die Aktivitäten von etlichen Unternehmensabteilungen für Öffentlichkeitsarbeit und zahlreichen PR Agenturen, oftmals als Mittler zwischen Unternehmen und Medien. An der Schnittstelle zwischen Information aus einem Unternehmen und der Verbreitung an ein öffentliches Publikum ist Verständnis für beide Sphären gefordert: für die unternehmerische ebenso wie für die journalistische. Somit kommt es auf die Güte, das Portionieren und das Timing der aufbereiteten Information an. Für die Redakteure ist verlässliche Information essenziell. Denn trotz aller Abhängigkeit vom zugelieferten Material behalten sich Journalisten vor, was und vor allem wie es veröffentlicht wird. All das schließt keineswegs aus, dass die Medien den internen Konflikt zwischen Verlag und Redaktion lösen müssen, wenn es sich um die Berichterstattung über wichtige Anzeigenkunden handelt.

Gleichwohl wird es für Wirtschaftsunternehmen gefährlich und teuer, wenn sich die Medien auf ein Thema oder gar ein Unternehmen einschießen. Es ist keineswegs Usus in deutschen Unternehmen, die Kommunikation so zu ordnen, dass sie aufeinander abgestimmt für kurzfristige, mittelfristige und langfristige Zielsetzung taugt. Häufig reagieren Unternehmen erst in der Krise. So Mannesmann im Fall der Übernahme durch Vodafone, der Bayer-Konzern im Konflikt um das Medikament „Lipobay" oder der Ölkonzern Shell während der Auseinandersetzung um die Entsorgung der Plattform Brent Spar. Nicht zu vergessen die Krisen-PR des Autoherstellers DaimlerChrysler während des „Elchtest"-Debakels der A-Klasse. Häufig bedienen sich die „angeschossenen" Unternehmen dann in ökonomischer Weise der Medien, indem sie über gekauften Platz – also wie in einer Anzeige – ungefilterte Information verbreiten.

Macht im Dienste der Wahrheit

Öffentlichkeitsarbeit dient der Wahrheitsfindung. In der Qualität ihrer Arbeit und ihrem inhaltlich fundierten Beitrag bereichert sie das Spektrum an vorhandener Information. In einer an Information prallen Zeit besteht ihr (Ver-)Dienst vor allem im Aufbereiten, Pointieren und Kanalisieren von Information. So leistet sie einen entscheidenden Beitrag zur Orientierung und Entscheidungsfindung in der Informationsgesellschaft.

Jedoch ist die Eigenständigkeit der Öffentlichkeitsarbeit in der Informationsgesellschaft eingeschränkt: Während Öffentlichkeitsabteilungen noch weitgehend Sprachrohre der Unternehmensführung sind, ist das dienstleistende Genre am Auftrag eines Kunden orientiert. Dennoch unterstützt qualitativ hochwertige Öffentlichkeitsarbeit vor allem medienwirksam die Rolle von Kunden – aus Politik oder Wirtschaft –, steuert mit und übt gewaltigen Einfluss aus. Öffentlichkeitsarbeit hilft, Interessen durchzusetzen und Gehör zu finden. Da weder Politik noch Medien in der Lage sind, die an sie gestellten komplexen kommunikativen Aufgaben und Fragestellungen im Alleingang zu lösen, wird sich Öffentlichkeit als Macht künftig dynamisch weiterentwickeln.

Die Autoren

Justus Bobke, Dr., ist Etatdirektor bei Trimedia Berlin GmbH. Nach dem Studium der Geschichte, Betriebswirtschaft und Politikwissenschaft in Heidelberg und München zunächst als Referent der Journalistischen-Nachwuchsförderung der Konrad-Adenauer-Stiftung in Sankt Augustin tätig; danach verantwortlich für den Bereich Internationale VIP-und Medienkontakte von Partner für Berlin – Gesellschaft für Hauptstadtmarketing mbH; anschließend im Publicis Eurobüro in Frankfurt am Main für das Internationale Partnerschafts-Programm der „Euro 2002 Informations-Kampagne" in Frankfurt am Main; Lehrauftrag an der Philosophischen Fakultät der Humboldt-Universität Berlin.

Miriam Holbe, M.A., ist Beraterin bei Trimedia Berlin GmbH. Nach dem Studium der Geschichte und Internationalen Beziehungen in Straßburg und Paris zunächst als Robert-Schuman-Stipendiant am Europäischen Parlament in Brüssel tätig; danach Referentin an der Vertretung der Europäischen Kommission der Vereinten Nationen in New York; anschließend Trainee bei Fleishman Hillard in New York und Junior Consultant bei Kohtes Klewes in Düsseldorf.

Der feine Unterschied: Was Politiker und Manager unterscheidet

Miriam Meckel

„Der kleine Unterschied" wurde in den siebziger Jahren zum geflügelten Wort, als die Publizistin und Frauenrechtlerin Alice Schwarzer 1975 mit ihrem gleichnamigen Buch einen Bestseller über das Verhältnis von Mann und Frau vorlegte. Der Buchtitel trug übrigens einen interessanten Nachsatz: „mit großen Folgen". Die Folgen des „kleinen" Unterschieds waren nach Analyse Alice Schwarzers (und vieler anderer) gravierend für die Frage nach der Gleichberechtigung von Mann und Frau, sodass in diesem Zusammenhang weniger von einem „kleinen" als vielmehr von einem „feinen" im Sinne von „qualifizierten" oder „qualifizierenden" Unterschied die Rede sein müsste.

Politiker und Manager: Kompatibel oder inkompatibel?

Wenn man das Verhältnis von Politikern und Managern analysiert, sind Gleichberechtigungsfragen natürlich insofern betroffen, als es immer noch weniger Politikerinnen als Politiker, noch immer weniger Managerinnen als Manager gibt. Es geht indes nicht um die Gleichberechtigung zwischen den Akteuren der Politik und der Wirtschaft. Sie haben für eine funktionierende Gesellschaft eine gleichermaßen hohe Bedeutung und Verantwortung – die nur im geordneten Zusammenspiel nach gewissen Regeln funktionieren kann. Diese Regeln unterscheiden sich je nach Perspektive. Nicht der kleine, sondern der feine, der qualifizierte Unterschied ist es also auch hier, der das Verhältnis zwischen Politik und Wirtschaft und ihren Protagonisten, zwischen Politikern und Managern, charakterisiert und ebenfalls klare Konsequenzen in manchen gesellschaftlichen Feldern zeitigt.

Als Beispiel veröffentlichte der FOCUS in der Ausgabe vom 11.03.2002 eine Umfrage der Unternehmensberatung „Marketing Corporation" unter 500 Führungskräften aus Mittelstand und Großkonzernen zu der Frage, ob Spitzenpolitiker als Manager geeignet sind. Das Ergebnis interpretiert Unternehmensberater Manfred Nieder als „Bitter für Schröder" (FOCUS vom 11.03.2002: 292). Der Kanzler gilt als konzernnah und in seiner Politik entscheidungsaffin zu den Führungsstrategien der Konzernlenker, schneidet aber in der Umfrage – ebenso wie Edmund Stoiber, Joschka Fischer und Guido Westerwelle – eher durchschnittlich ab. Man mag diese Umfrage als Indikator für zeitweilige Stimmungsschwankungen zwischen Politik und Wirtschaft, vielleicht auch als kritische Auseinandersetzung mit der Jobkompatibilität von Politikern und Wirtschaftsführern interpretieren, nicht aber als qualifizierende Aussage über die Kompetenzen politischer Führungskräfte. Vielleicht begründet es gerade der feine Unterschied zwischen Politik und Wirtschaft, dass Politiker nicht zwangsläufig und ohne Einschränkung den Chefsessel mit einem Konzernlenker tauschen können. Die Bewertung von Politikern als potenzielle Wirtschaftsmanager erfolgt nämlich im Kontext ihrer Tätigkeit als politische Führungskräfte, als Akteure im politischen System, sodass Unterschiede aus dem Vergleich der jeweiligen Systemanforderungen heraus immer hervorgehoben werden (müssen).

Politiker und Manager: Unterschiede, die Unterschiede machen

Politisches vollzieht sich ebenso wie ökonomisches Entscheidungshandeln über Kommunikation. Die Verhandlung eines Tarifvertrags, die Vorlage eines neuen Gesetzes oder die Aushandlung eines Rettungskonzepts für ein angeschlagenes Unternehmen: All dies sind Kommunikationsprozesse, an denen verschiedene Partner – meist aus Politik und Wirtschaft – beteiligt sind. Diese Akteure müssen ihre jeweiligen System- und Entscheidungskontexte in ihre Kommunikationsprozesse einbeziehen – sie können gar nicht anders. Dies geschieht nicht nur deshalb, weil es in einzelnen Fällen sehr konkrete Unterschiede zwischen der politischen und der ökonomischen Perspektive geben kann: Die Vorlage eines neuen Mediengesetzes verlangt beispielsweise von der Politik, alle unterschiedlichen Akteursinteressen zu berücksichtigen und darüber hinaus die übergeordneten Anforderungen an Medien als Instrumente gesellschaftlicher Information, Meinungs- und Willensbildung mit einzubeziehen, die auch Grundlage für die Beschränkung von Meinungsmacht und die Sicherung von Vielfalt sind.

Aber damit ist es nicht getan. Unterschiedliche Kommunikationsansätze sind auf beiden Seiten auch deshalb grundsätzlich gegeben, weil nur die Unterschiede die Existenz des eigenen und des jeweils anderen Ansatzes überhaupt ermöglichen. Wenn Interessen und ihre Kommunikation auf beiden Seiten identisch sind, bedarf es nicht mehr der Unterscheidung zwischen Politik und Wirtschaft. Die Systemgrenzen verschwimmen, die einzelnen Komponenten sind nicht mehr wahrnehmbar. Der Soziologe Gregory Bateson (1981) hat diese Erkenntnis in dem auf den ersten Blick selbstverständlichen, aber letztlich entscheidenden Motto der „Unterschiede, die einen Unterschied machen" („differences which make a difference"), gefasst. Es sind auch für Politik und Wirtschaft und ihre jeweiligen Akteure die Unterschiede, die beiden Systemen ihre Existenz und Erkennbarkeit verleihen. Erst aus der Einheit der Differenz zwischen Politik- und Wirtschaftssystem (in Ergänzung durch viele weitere Systeme) ergibt sich die funktionierende moderne, d.h. sozial differenzierte Gesellschaft. In der Regel werden auch tiefer gehende Innovationsprozesse in der Politik und der Wirtschaft immer nur durch die Aktivierung dieser Unterschiede angestoßen. Wenn eine Entwicklung in der Wirtschaft für bestehende Regelungszusammenhänge der Politik so irritierend wird, dass die Dinge offensichtlich nicht mehr zusammenpassen, entstehen (reaktive) politische Entscheidungen, die auch im Politiksystem Konsequenzen mit sich bringen (z.B. Anpassungen, Verhandlungen etc.). Ebenso setzen in der Wirtschaft die entsprechenden Entscheidungsprozesse ein, wenn die Politik neue Handlungsfelder (aktiv) erschließt und damit die Wirtschaft irritiert (vgl. am Beispiel der Ökologiekommunikation Loosen/Meckel 1999). Kurzum: Ohne Unterschiede sind Politik und Wirtschaft nicht lebens- und nicht leistungsfähig.

Shareholder Value versus Stakeholder Value: Annäherung in Unterscheidungsfragen

Andererseits beobachten wir seit einigen Jahren eine Entwicklung, die durchaus die Ähnlichkeiten von Politik und Wirtschaft in den Vordergrund stellt. Für die Bewertung von unterschiedlichen oder ähnlichen Handlungsmustern von Politikern und Managern ist zum einen der Paradigmendiskurs der Shareholder- und Stakeholder-Orientierung bedeutsam und aufschlussreich. Ende der neunziger Jahre hat sich nicht nur in Deutschland eine heftige Kontroverse über die Frage entzündet, ob sich Unternehmenslenker primär am Shareholder-Gedanken der alleinigen Berücksichtigung (materieller) Aktionärsinteressen orientieren sollten oder ob sie eben nicht nur Gesellschafter und Investoren, sondern ebenso alle weiteren gesellschaftlichen Anspruchsgruppen in die strategische Unternehmensplanung und die Entscheidungsprozesse mit einbeziehen sollten.

Gerade die Grundüberlegungen des Stakeholder-Ansatzes sind geeignet, Unterschiede zwischen der professionellen Performanz von Politikern und Managern auf den ersten Blick zu verwischen. So rekurriert der Stakeholder-Ansatz auf die liberalökonomische Idee eines Gesellschaftsvertrags zwischen den relevanten Akteuren (vgl. van Suntum 1999: 247), in diesem Zusammenhang konkret zwischen dem einzelnen Unternehmen und seinen Anspruchsgruppen. Er geht dabei davon aus, dass nicht nur an Hand rein gewinnökonomischer Kriterien im Verhältnis der Akteure zueinander ein Anspruch an die Unternehmensführung formuliert wird, sondern dass weiter gehende Überlegungen einzubeziehen sind, die sich knapp in drei Dimensionen zusammenfassen lassen (vgl. auch Karmasin 1999): (1) Ein Unternehmen wird als öffentliche Institution begriffen, die auch zumindest temporär gewissen sozialen Bindungen unterliegt; (2) die Verpflichtung des Unternehmens geht über die Interessensvertretung der Anteilseigner mit dem Ziel einer optimalen Kapitalrentabilität hinaus; (3) der Markt gilt als ein wichtiges, wenn nicht als das wichtigste, aber nicht länger als das einzige Regulativ des Unternehmens, sondern wird von weiteren Regulativen (Staat, gesellschaftlich relevante Gruppen etc.) ergänzt.

Angesichts dieser Grundannahmen des Stakeholder-Ansatzes scheinen die Abgrenzungsmöglichkeiten zwischen Politik und Wirtschaft zu verschwimmen. Ist es doch auch in der Politik Voraussetzung allen Entscheidungshandelns, dass die öffentlichen Interessen angemessen berücksichtigt und Interessensgruppierungen nicht einseitig bedient werden.

Politik und Wirtschaft haben auf diese Theoriedebatte längst mit konkreten Vorstellungen von „New Governance" und „Corporate Governance" reagiert. So hat der Berliner Initiativkreis „German Code of Corporate Governance" (www.gccg.de) Anfang 2000 konkrete Regeln für einen Unternehmensführungskodex vorgelegt, die den Stakeholder-Gedanken verfolgen: „Ziel der Unternehmensführung ist die nachhaltige Steigerung des Unternehmenswerts. Der Wert eines Unternehmens bemisst sich nach dem Ausmaß seiner Fähigkeiten, die Ansprüche seiner Bezugsgruppen – der Stakeholder – zu erfüllen. Zu den Stakeholdern zählen vor allem die Anteilseigner (Shareholder), aber auch die Arbeitnehmer, die Kunden, die Kreditgeber und Lieferanten sowie die Allgemeinheit." Soll ein derartiger Anspruch langfristig für Qualität und Transparenz im Unternehmen sorgen, so gelingt dies nur, wenn die „Governance"-Regeln auch tatsächlich gelebt werden, wenn im Unternehmen eine Diskussionskultur zwischen allen Beteiligten entwickelt und gepflegt wird, wenn die Interessen einzelner Stakeholder sinnvoll austariert werden, wenn Informationen über die Leistungsfähigkeit des Unternehmens als strategische vertrauensbildende Maßnahmen interpretiert und genutzt werden und wenn eine regelmäßige Evaluation zur ständigen Anspruchs-Leistungs-Überprüfung zwischen Kodex und Praxis durchgeführt werden.

All dies sind Anforderungen, die sich nach ihrer Grundausrichtung auch durchaus auf die Politik übertragen lassen (und in einem modernen Politikverständnis auch bereits angewandt werden). Das Schlagwort der „Deutschland AG" beinhaltet einige Komponenten eines derartigen Ideentransfers zwischen Managementmethoden in Wirtschaft und Politik. Er interpretiert den Bundeskanzler als Vorstandsvorsitzenden der „Deutschland AG", misst seine Problemlösungskompetenzen an Managementqualifikationen, fasst die Ergebnisse der Regierungsarbeit am Beispiel konkreter Indizes – Wirtschaftswachstum, Nettokreditaufnahme, Arbeitslosenquote, Unternehmensansiedlungen etc. – und vergleicht die Leistungsbilanz Deutschlands in einem Benchmarking-Prozess mit der anderer Staaten.

Vernetzte Gesellschaft – vernetzte Akteure

Eine Erklärung für diese vermeintliche Entdifferenzierung zwischen Politik und Wirtschaft liegt in der zunehmenden Vernetzung von Entscheidungsprozessen begründet, die angesichts von gesellschaftlichen Modernisierungserscheinungen (z.B. der Globalisierung) heute notwendige Voraussetzung für funktionierende Entscheidungen in Politik und Wirtschaft ist (vgl. Meckel 2001). So wie sich der materielle Kapitalismus in kleinen Schritten zum immateriellen Kapitalismus wandelt und neue Anforderungen an Unternehmen und ihre Führungskräfte mit sich bringt, wandelt sich die Politik von der Regulierung gegebener Strukturen zur Moderation von Selbstregulierungsprozessen in unterschiedlichen Funktionszusammenhängen der Gesellschaft (Staat und Kirche, Individuum und Gesellschaft, Privatheit und Öffentlichkeit, Gewinnorientierung und soziale Orientierung etc.).

Kommunikation als Managementfunktion in Politik und Wirtschaft

Um die Wandlungsprozesse vom materiellen zum immateriellen Kapitalismus vollziehen zu können, müssen Akteure (Individuen, politische Institutionen und Unternehmen) ihr Kommunikationsprogramm neu ausrichten und an die veränderten Rahmenbedingungen anpassen. Wenn die Außensteuerung über Regulierungsprozesse nicht mehr wie gewohnt greift, werden die funktionalen Ausrichtungen und Umsetzungsstrukturen von allen Beteiligten neu ausgehandelt. Kommunikation spielt dabei die zentrale Rolle.

- Neue Märkte (beispielsweise virtuelle Marktplätze im Business-to-Business-Sektor) entstehen auf einer primär auf Kommunikation ausgerichteten technischen Plattform; neue Themenfelder der politischen Agenda werden über interne Abstimmungsprozesse und entsprechende Außenkommunikation in der Gesellschaft etabliert und durch aufeinander aufbauende Sets von Entscheidungen umgesetzt;

- Wirtschafts- und Handelsprozesse werden über Kommunikation angestoßen und in den weiteren Schritten über die Logistik und die jeweiligen Produkte „rematerialisiert"; auch in der Politik erlangen kommunikative „Initialzündungen" zunehmend Bedeutung, um von Sparringspartnern weiterentwickelt und umgesetzt zu werden;

- Geschäftsmodelle basieren unmittelbar auf Kommunikation und zielen auf die Vermarktung immaterieller Leistungen (Information, Beratung, Service) über Kommunikation; Politikprogramme werden zunehmend durch die kommunikative Performanz politischer Persönlichkeiten und Moderationsfunktionen politischer Akteure ergänzt oder gar ersetzt.

Die Kommunikationskultur eines Unternehmens ist daher ein wesentlicher Teil seiner Geschäftskultur ebenso wie die Kommunikationskultur in der Politik Aufschluss über politisches Selbstverständnis und politische Kultur einer Gesellschaft gibt (vgl. Held/Russ-Mohl 2000). Die Kommunikationskultur avanciert zum allgemein verbindlichen Entscheidungsprogramm, an dem sich alle Akteure orientieren – in der Politik ebenso wie in der Wirtschaft. Um mit der Vermittlung der eigenen Ansprüche und Leitlinien nach außen (externe Kommunikationsprozesse) erfolgreich zu sein, muss ein Unternehmen, eine politische Partei, eine Landes- oder Bundesregierung die internen Kommunikationsprozesse so ordnen, dass eine offene Diskussionskultur etabliert und gepflegt werden kann, an der alle teilnehmen und teilhaben können.

Ob Politiker oder Manager – sie alle müssen sich diesen Entwicklungen stellen und einen angemessenen professionellen Umgang mit diesen kommunikativen Ausrichtungen des Stakeholder-Ansatzes bzw. des Corporate Governance-Modells entwickeln. Damit sorgen die äußeren Rahmenbedingungen der vernetzten Gesellschaft zwangsläufig dafür, dass die Herausforderungen für Politiker und Manager ähnlicher werden und sich die Entscheidungs- und Umsetzungsstrategien annähern. Dies bedeutet jedoch nicht gleichzeitig, dass damit die Unterschiede aufgehoben werden. Wie gesagt: Es geht um den feinen, den qualifizierenden Unterschied. Wie es um ihn bestellt ist, lässt sich an drei Aspekten verdeutlichen.

1. Der Ausgleich von Interessen: Prozessmanagement und Ergebnismanagement

Während ein Unternehmen im Stakeholder-Kompass zwischen Kunden, Mitarbeitern, Aktionären und der Öffentlichkeit die Unternehmensentscheidung und ihre Auswirkungen auf die verschiedenen Stakeholder verdeutlichen muss, ist die Politik darauf angewiesen, schon bei der Entscheidungsfindung mit den Stakeholdern zu interagieren. Das sind – ebenso wie in der Wirtschaft – Systemangehörige (Mitarbeiter etc.), strategische Partner, Interessensgruppen und Kunden (Bürger). In dieser Interessensmatrix müssen politische Initiativen kommuniziert und abgestimmt werden.

Politische Führungskräfte haben allerdings eine noch engmaschigere Interessensmatrix zu meistern. Während Wirtschaftsmanager unter den Vorgaben des Stakeholderansatzes im Wesentlichen externe Anspruchsgrößen zu berücksichtigen haben, muss die politische Führung externe und interne Kontexte verbinden. Sie hat nicht nur ihre externen Stakeholder zu bedienen, sondern muss auch in ihrem „inner circle" mit Koalitionspartner und Opposition eine weitere Interessensmatrix koordinieren, die durchaus als sekundäre Anspruchsgruppierung bzw. Kontrollinstanz gelten mag. Dadurch wird der politische Prozess nicht nur wesentlich komplexer, sondern zuweilen auch unübersichtlicher als das reguläre ökonomische Handeln. Politische Entscheidungen tragen daher auch sehr häufig den Stempel eines Kompromisses, in den eine Vielzahl von Interessen und Bedürfnissen Eingang gefunden hat. Nicht die Aushandlung von unterschiedlichen Ansprüchen im Sinne des größten gemeinsamen Nenners, sondern die Integration unterschiedlicher Ansprüche unter Ausschluss zu weit gehender Differenzen im Sinne des kleinsten gemeinsamen Nenners ist oftmals Basis eines solchen Kompromisses.

Politiker müssen daher deutlich mehr Energie auf das Prozessmanagement als auf das Ergebnismanagement einer Entscheidung verwenden. Bringt ein Unternehmen ein neues Produkt auf den Markt oder bietet eine neue Dienstleistung an, so zählt mit wenigen Ausnahmen (Medikamente, Gefahrengüter etc., deren ökonomische Primärkomponente wiederum in einen politischen Aushandlungsprozess eingebunden ist) vornehmlich das Ergebnis. Ist das überzeugend, tritt der Entstehungsprozess in den Hintergrund. Politiker müssen zuweilen Hürdenläufe absolvieren, um ein Ergebnis auf Basis schwieriger Aushandlungsprozesse überhaupt erreichen zu können, ohne das der Entscheidungsprozess schon in der Entscheidungsvorbereitung blockiert wird. Auch dabei spielen die kommunikativen Dimensionen eine überragende Rolle.

Nur so lässt sich erklären, dass eine Landesregierung aus parteipolitischer Räson auf der einen Seite und Koalitionsräson auf der anderen Seite im Bundesrat ein „Ja-Nein-Spiel" bei der Abstimmung zum Zuwanderungsgesetz vollzieht, das durch ein Schlusswort des Ministerpräsidenten beendet wird und durch die Inszenierung kollektiver parteipolitischer Entrüstung theatrale Qualitäten erlangt. Ein solches Entscheidungsdrama ist in der Wirtschaft nur schwer vorstellbar, wird – wenn überhaupt – unter Ausschluss der Öffentlichkeit vollzogen. Der permanente Öffentlichkeitsfaktor trägt also ebenfalls dazu bei, dass oftmals der Eindruck entsteht, dem Prozessmanagement komme in der Politik eine größere Bedeutung zu als dem Ergebnismanagement, es sich in der Wirtschaft dagegen umgekehrt verhalte. In der politischen Öffentlichkeitsarbeit reicht es nicht, die Entscheidung zu kommunizieren, sondern es muss auch immer der Weg zu dieser Entscheidung deutlich gemacht werden.

2.   Wahlen und Bilanzen: Unterschiede in der Gewinnorientierung

Die Politik ist damit in ihren Handlungsmöglichkeiten zuweilen stärker beschränkt als die Wirtschaft, will sie nicht riskieren, die nächsten Wahlen zu verlieren. Wenn sich beispielsweise mit Blick auf die Wirtschaft der „Gewinn" als der kleinste gemeinsame Nenner aller Stakeholder definieren und im Geschäftsbericht an Hand klar interpretierbarer Daten ausweisen lässt, so fällt diese Zielsetzung im Politischen ungleich schwerer. Denn der Gewinn für die Regierung ist zugleich die Niederlage für die Opposition. Während in der Wirtschaft der Erfolg eines Unternehmens in einem Marktsegment nicht zwangsläufig den Misserfolg eines anderen Unternehmens in demselben Segment impliziert, gestaltet sich dieses Verhältnis im Politischen als Zusammenspiel kommunizierender Röhren. Der „Marktanteil", den eine Partei bei einer Wahl für sich gewinnen konnte, beziffert gleichsam den politischen Vertrauensverlust einer anderen Partei. Regieren ist also das Kunststück, sich gegen die Opposition durchzusetzen und zugleich deren Zielgruppen in bestimmten Interessenskonstellationen zu bedienen.

In der Kommunikation politischer Entscheidungen ist daher der Gewinn für die Allgemeinheit, für die Gesellschaft insgesamt in den Vordergrund zu stellen. Zugleich muss der eigenen Klientel vermittelt werden, warum Kompromisse nötig waren und warum die eigenen Forderungen nur zum Teil umgesetzt werden konnten. Erfolgreiche politische Öffentlichkeitsarbeit lässt sich daran messen, inwieweit beide Aspekte erfüllt werden. Auch hier liegt ein wesentlicher Unterschied zur Wirtschaft. Während Wirtschaftsführer sogar Konkurrenzkooperationen (Coopetition) als legitimes Mittel zum Zweck eingehen und kommunizieren können, haben Politiker hier einen begrenzten Handlungsspielraum, der über die Bildung von Koalitionen nur selten hinausgeht.

3. Dimensionen des Managements: Politik und Politikpolitik

Alles in allem ergibt sich daraus eine komplexe Konstellation, die einige Anforderungen an die Vermittlungskompetenzen der Protagonisten stellt. Dies gilt umso mehr für die Politik, die aus ihren Systemeigenarten heraus häufig Formen der Metakommunikation betreibt und betreiben muss. Konkret (und etwas zugespitzt) heißt das: Während in der Wirtschaft Sachfragen im Vordergrund stehen, beschäftigt sich die Politik häufig auch und gerade mit Verfahrensfragen. Während in der Wirtschaft Entscheidungen kommuniziert werden, werden in der Politik Entscheidungen über anstehende Entscheidungen kommuniziert. Während also Wirtschaftsführer Unternehmenspolitik betreiben, bewegen sich Politiker oft auf der Metaebene der Politikpolitik. Damit fallen auch die Zielgruppen (Communities of Interest) auseinander. Für Sachfragen und Sachentscheidungen sind – je nach Thema – immer noch recht viele Menschen aufgeschlossen. Für Prozessdiskurse über politisches Entscheidungshandeln lassen sich nur die im engeren Sinne politisch Interessierten begeistern.

Für die kommunikative Vermittlung bringt dies einen weiteren Unterschied mit sich: Im ökonomischen Themenfeld haben es alle am Kommunikationsprozess Beteiligten mit durchaus konkreten Entscheidungen und Ergebnissen zu tun. Im politischen Feld sind die eigentlich interessanten, weil kontroversen Thematisierungsstränge im Vorfeld der Entscheidung zu finden, aber leider manchmal wenig konkret. Deshalb leben Politiker (ebenso wie politische Journalisten) mehr von und mit öffentlichen Spekulationen und medialen Einschätzungen als Wirtschaftsmanager.

Was vom Unterschied übrig blieb ...

Wo ist er also geblieben, der feine Unterschied zwischen Politikern und Managern? Er findet sich in all den Bereichen, die das Politiksystem vom Wirtschaftssystem abgrenzen. Ohne diesen feinen Unterschied gäbe es das eine wie das andere nicht. Wenn Politiker und Manager sich heute in ihrer Ausrichtung auf Stakeholder-Interessen und die kommunikative Dimension des Entscheidungshandelns einander anzunähern scheinen, dann zollt diese Erscheinung der Anerkennung professioneller Standards in Entscheidung und Vermittlung auf beiden Seiten Tribut. Dies ändert jedoch nichts daran, dass die feinen Unterschiede bestehen bleiben – ohne weit reichende Konsequenzen übrigens für den Gebrauchswert von Politikern in der Wirtschaft und Managern in der Politik. Im Gegenteil: Gäbe es nach amerikanischem Vorbild eine größere Bereitschaft, sich auf „Wechselspiele" einzulassen, so könnte dies beiden Seiten nutzen.

Literatur

Bateson, Gregory (1981): Ökologie des Geistes: Anthropologische, psychologische, biologische und epistemologische Perspektiven. Frankfurt am Main.

Bruhn, Manfred (1995): Integrierte Unternehmenskommunikation. Ansatzpunkte für eine strategische und operative Umsetzung integrierter Kommunikationsarbeit. Stuttgart.

Held, Barbara/Stephan Russ-Mohl (Hrsg.) (2000): Qualität durch Kommunikation sichern. Vom Qualitätsmanagement zur Qualitätskultur. Frankfurt am Main.

Karmasin, Matthias (1999): Stakeholder-Orientierung als Kontext zur Ethik von Medienunternehmen. In: Funiok, Rüdiger/Udo F. Schmälzle/Christoph H. Werth (Hrsg.): Medienethik – die Frage der Verantwortung. Bonn, S. 183-211.

Loosen, Wiebke/Miriam Meckel, Miriam (1999): Journalismus in eigener Sache. Veränderungen im Verhältnis von Journalismus und Public Relations am Beispiel Greenpeace TV. In: Rundfunk und Fernsehen 3, S. 379-392.

Meckel, Miriam (2001): Die globale Agenda. Kommunikation und Globalisierung. Wiesbaden.

Van Suntum, Ulrich (1999): Die unsichtbare Hand. Ökonomisches Denken gestern und heute. Berlin, Heidelberg.

Die Autorin

Miriam Meckel, Prof. Dr., Studium der Publizistik- und Kommunikationswissenschaft, Sinologie, Politikwissenschaft und Jura an den Universitäten Münster und Taipei, Taiwan. Von 1990 an freie und feste Tätigkeit als Fernsehredakteurin für die Nachrichtenredaktion „West 3 Aktuell" beim Westdeutschen Rundfunk in Köln und Düsseldorf, freie Mitarbeiterin der VOX-Fernsehgesellschaft für die Sendung „Welt-Vox", 1994 bis 1995 Chefin vom Dienst und Moderatorin des RTL-Regionalmagazins für NRW „RTL West Live", ab 1995 freie Autorin, Live-Reporterin und Moderatorin für das politische Magazin „Westpol", für die Nachrichtenredaktion des WDR-Fernsehens und für das Mittagsmagazin „NRW am Mittag". Von 1999 bis 2001 Professorin für Publizistik- und Kommunikationswissenschaft (Schwerpunkt: Journalistik) und Geschäftsführende Direktorin am Institut für Kommunikationswissenschaft der Universität Münster und Beraterin für Redaktions- und Medien-Management und Business Communication. Seit März 2001 Regierungssprecherin und Staatssekretärin, zuständig für Medienwirtschaftspolitik, beim Ministerpräsidenten Nordrhein-Westfalen. Zahlreiche Veröffentlichungen und Vorträge zu den Themen Redaktions- und Medienmanagement, Medienökonomie, Internet, Informationsgesellschaft, Fernsehen, Unternehmenskommunikation.

Public Private Partnership: Lobbying zwischen Politik und Unternehmen

Volker Hassemer

Es geht um mehr als um Lobbying. Es geht um die Frage, ob sich um die öffentlichen Dinge, die die Gemeinschaft interessierenden Angelegenheiten, nur Politik und Verwaltung zu kümmern haben. Das ist ja durchaus die deutsche Tradition. Der Bürger zahlt Steuern und erwartet dafür, dass der Staat sich um das Ganze kümmert.

Dieses Modell ist nicht zukunftsfähig. Es ist auch bereits an vielen Stellen korrigiert worden. „Privatisierung" war das Schlagwort für die Übergabe von in der Vergangenheit bei der öffentlichen Hand verwalteten Aufgaben an Private. Und dies wird sich weiter entwickeln.

Auf den ersten Blick war dies aber oft nur die Strategie, bei dem Verkauf solcher öffentlicher Unternehmungen Geld einzunehmen. Der wichtigere, der strukturell wirksamere Aspekt ist aber, dass private Verantwortung und privates Management zu besseren und vor allem auch zu kostengünstigeren Leistungen führen. Und so wird daraus dann ein Beitrag zum Grundthema: private Erfahrung und Potenziale für die qualifiziertere Arbeit im Interesse der Gemeinschaft zu nutzen.

Die Konkurrenz wird nämlich täglich größer. Deutsche und europäische Städte und Regionen stehen immer mehr in einem weltweiten Wettbewerb. Man muss sich fragen, was uns gegenüber sehr preiswerten und hungrigen Konkurrenten in der Welt zukünftig konkurrenzfähig erhält. Was das Unternehmen Stadt, das Unternehmen Region in die Lage versetzt, besser oder zumindest ebenso gut zu sein wie Anbieter in diesen preiswerteren und hungrigeren Regionen.

Dass dies die Qualität der Politiker oder der Verwaltungen allein erreichen könnte, wird keiner behaupten. Auch ist natürlich richtig, dass die Konkurrenzfähigkeit von Städten und Kommunen vor allem abhängt von den in ihnen agierenden privaten Akteuren, von Unternehmen und Initiativen in den Städten und Regionen. Aber die „öffentliche Hand" auf ihren jeweiligen Ebenen ist ein Unternehmen für sich. Und zwar eines, von dem alle abhängen.

Ziel muss deshalb sein, private Erfahrungen und Potenziale nicht nur für private Unternehmen, sondern auch für die öffentlichen Hände zu nutzen. Und zwar für Aufgaben, die als „öffentliche" gelten. Wie kann eine Stadt sich leisten, gerade für ihre besonders wichtigen Aufgaben solche Unterstützungen links liegen zu lassen? Denn es ist ein Vorteil, derartige Erfahrungen in der eigenen Stadtgesellschaft zu haben. Also müssen immer mehr und für immer zahlreichere Themen Modelle gesucht werden, um dieses Know-how auch in das Management der öffentlichen Dinge einzubeziehen.

Partner für Berlin (für das ich fast sechs Jahre lang verantwortlich war) wurde 1994 von namhaften deutschen Unternehmen sowie den Berliner Kammern und Wirtschaftsverbänden gegründet. Als GmbH organisiert, arbeitet die Gesellschaft in einer „Public Private Partnership" mit dem Senat von Berlin zusammen. Sie wird von der privaten Wirtschaft finanziert und vom Senat mit der Entwicklung und Durchführung von Maßnahmen des Hauptstadt- und Standort-Marketing beauftragt. Das Land Berlin ist nicht Gesellschafter. Die inzwischen über 100 Gesellschafter aus der nationalen und internationalen Wirtschaft verbindet das Interesse, den Standort Berlin regional, national und international zu fördern. Partner für Berlin formuliert die Position Berlins und kommuniziert die Stärken und Zukunftschancen der Stadt.

Dieses Modell geht sehr weit. Denn eine gemeinhin öffentliche Aufgabe wird hier nicht mehr von öffentlich Bediensteten oder von Politikern wahrgenommen, sondern liegt in privater Verantwortung. Das widerspricht allen üblichen Gepflogenheiten. Wie kann man es wagen, außerhalb der staatlich-demokratischen Kontrolle die Präsentation der Stadt zu organisieren? Öffnet dies nicht dem Missbrauch Tür und Tor? Oder gar der Abhängigkeit vom eigenen Interesse privater Unternehmen?

Die Fragen sind berechtigt. Die Erfahrung allerdings zeigt, dass sich die Befürchtungen nicht bewahrheitet haben. Von niemandem in Berlin und außerhalb wird bestritten, dass Partner für Berlin objektiv und allein im Interesse der Sache tätig ist. Mehr noch: Dass nun nicht politische Verantwortung über dem Ganzen steht, hat den Verdacht beseitigt, dass enge und kurzfristige politische Interessen die Imagewerbung für Berlin beeinflussen. Nicht ein Verlust von Glaubwürdigkeit und Sachorientierung ist also eingetreten, sondern ein Zugewinn.

Dies ist leicht zu erklären: Würde durch einseitige Interessen, gar privater Unternehmen, die Imagewerbung gelenkt, würde dies sofort in der öffentlichen Kritik stehen. Das Modell privater Verantwortungsübernahme hätte sich selbst zerstört. Auch die Presse würde ein solches Thema offensiv und dankbar aufgreifen. Vielmehr waren wir in der Lage, ganz andere Partner (von Privatpersonen über Goethe-Institute bis hin zu deutschen Unternehmen, die weltweit agieren) für unsere Arbeit zu nutzen. Allein das Entwicklungsinteresse Berlins war und ist die Sache, um die es geht.

Was sind nun die spezifischen Kommunikationsformen, die gerade einer Organisation wie Partner für Berlin offenstehen? Es ist natürlich nach wie vor zuerst die Kommunikation mit dem Senat. Dazu ein zentrales Beispiel: In seiner Aufgabe, für Berlin einzustehen, die Stärken der Stadt zu zeigen, gerät Partner für Berlin in die Rolle, diese Stärken auch gültig zu definieren.

Dies hat Partner für Berlin zunächst einmal in eigener Regie begonnen. Dazu zählte eine Befragung von Experten in aller Welt, welche Stärken man Berlin zutraut, was von Berlin erwartet wird. Die Zwischenergebnisse dieser Arbeit hat Partner für Berlin mit den Spitzen des Berliner Senats erörtert. Nicht, um uns die dazugehörigen Weisungen zu holen, sondern um die Kompetenz der im Senat vertretenen Persönlichkeiten für unsere Arbeit zu nutzen. So beteiligte sich beispielsweise der Regierende Bürgermeister auch persönlich in Endgesprächen und gab seine Kommentare (nicht seine Weisungen) ab. Wir zogen dann daraus unsere Schlussfolgerungen.

Diese Zusammenarbeit hatte eine uns sehr willkommene Zusatzwirkung: Durch die Teilnahme an diesem Entstehungsprozess unseres Stärkepapiers war zugleich die Grundlage gegeben, dass die Senatsmitglieder auch ihrerseits in ihren Materialien, Vorträgen, Programmen anschließend das Stärkepapier verwendeten. Partner für Berlin nutzt die politischen Spitzen der Stadt als Botschafter unserer Aussagen.

Wir beschränken uns in der Strategie unserer Arbeit allerdings nicht auf die politische Klasse. So haben wir in einem Gremium der „Ideengeber" zu regelmäßigen Gesprächen Schlüsselpersonen der Berliner Gesellschaft versammelt. Mit ihnen erörtern wir jeweils aktuelle grundsätzliche Themen der Imagewerbung für Berlin und nutzen ihre Beiträge, um diese Werbung zu profilieren und gegebenenfalls zu korrigieren.

Was die internationale Arbeit angeht, ist für eine private und zugleich repräsentative Organisation wie Partner für Berlin ebenfalls ein größerer Radius erreichbar als für die verfassten, öffentlichen Gebietskörperschaften. Das Kuratorium beispielsweise von Partner für Berlin ist nicht etwa durch Vertreter politischer Einflussnahme besetzt. Es besteht aus Repräsentanten bedeutender öffentlicher und vor allem auch privater Stiftungen Deutschlands, beginnend mit dem Goethe- Institut bis hin zur Bertelsmann- oder zur Stiftung Brandenburger Tor. Auch hier ist die Erörterung der Imagewerbung für Berlin zunächst einmal die Einbeziehung der großen nationalen und internationalen Erfahrungen dieser Stiftungen.

Nicht viel anders ist dies im Hinblick auf die Botschaften und Generalkonsulate Deutschlands. Selbst hier ist die private GmbH, die für die deutsche Hauptstadt auftritt, ein unkomplizierterer Gesprächspartner, als dies eine der deutschen Landesregierungen oder eine der deutschen Stadtregierungen wäre. Der Erfolg ist (wiederum in der Aufnahme von Hinweisen, vor allem aber in der konkreten Zusammenarbeit) entsprechend beweiskräftig.

Dies gilt auch für die Zusammenarbeit mit den Medien, der Öffentlichkeit. Hier wird Partner für Berlin nicht durch die Brille der Unterstellung einer politischen Absicht gesehen. Wir werden eher behandelt als ein willkommener Informant, der mit diesen Informationen unterstützend für die Arbeit auch der Medien gesehen wird. Medienunternehmen sind ja auch Gesellschafter bei Partner für Berlin. Sie eröffnen uns ebenso wie – im Hinblick auf ihre Fachkompetenz – die anderen Gesellschafter einen weit über den Apparat der PfB GmbH hinausgehende Kompetenz.

In der Regel dürfte die Gesamtübernahme einer öffentlichen Aufgabe durch Private jedoch zumindest noch nicht durchsetzbar sein. Die einfachere und ebenso durchaus wirksame Form der Kooperation besteht deshalb darin, dass die Entscheidungsverantwortung bei der öffentlichen Hand bleibt, diese aber durch Einbeziehen privaten Know-hows in die Lage versetzt wird, die Entscheidungen möglichst qualifiziert zu treffen.

Auch hier habe ich selbst, damals in meiner Rolle als der zuständige Senator für Stadtentwicklung und Umweltschutz in Berlin, mit dem „Stadtforum" einen umfassenden Versuch gewagt. Fast 100 Persönlichkeiten habe ich in öffentlichen, regelmäßigen, sehr ausführlichen und gut vorbereiteten Gesprächen mit den sich zu Beginn der 90er-Jahre stellenden grundlegenden Entwicklungsthemen konfrontiert. Dieses Stadtforum war der zentrale Ort meiner endgültig zu treffenden Entscheidungen. Auch das funktionierte unerwartet gut.

Eine weitere, noch konservativere Form der Einbeziehung privater Kompetenz ist die individuelle Beauftragung. Sei es in Wahrnehmung der öffentlichen Interessen in Aufsichtsräten oder durch Mitwirkung in Kuratorien. In Berlin ist der Regierende Bürgermeister noch einen Schritt weiter gegangen, indem er gezielt für wichtige Querschnittsthemen „Beauftragte" benannt hat, die in den ihnen zugewiesenen Themenbereichen innerliche und strukturelle Korrekturen anregen und zum Teil auch durchsetzen sollen.

Dieser letztgenannte Schritt sollte begleitet werden von einer engeren Kooperation der politisch Verantwortlichen mit den Beauftragten oder in Aufsichtsräte und Kuratorien berufenen Privaten. Es bietet sich an, sie in einer regelmäßigen Form mit ihren politischen Auftraggebern zu strategischen Analysen und Ergebnisgesprächen zusammenkommen zu lassen. Das wäre der Grundstock dafür, das Regieren einer Stadt insgesamt nicht ausschließlich in den geschlossenen Kreisen von Politik und Verwaltung ablaufen zu lassen, sondern unter Einbeziehung erfahrener, kenntnisreicher Privater.

Verwaltung und Politik werden im Übrigen nach meiner festen Überzeugung auf diese Weise durchaus nicht entwertet oder relativiert. Im Gegenteil. Schon seit geraumer Zeit leiden Politik und Verwaltung unter dem Vorwurf, ihre Arbeit nicht kompetent genug zu erledigen, sich zu wenig auf das Eigentliche zu konzentrieren und zu viele und damit immer weniger beherrschbare Aufgaben an sich zu reißen.

Hier steht nicht zur Debatte, ob dieser Vorwurf zutrifft. Fest steht jedoch, dass er jedenfalls sehr viel schwieriger zu erheben wäre, wenn in der angesprochenen Form Politik und Verwaltung nachweisen könnten, dass sie sich wirklich sehr umfassend für ihre Entscheidungen vorbereiten und dabei keinen Weg (auch nicht den der Einbeziehung privaten Know-hows) auslassen, um schließlich ihrer Verantwortung bestens nachkommen zu können.

Und zurück zum Anfang: Solch eine Praxis würde sich zu einem Konkurrenzvorteil wirtschaftlich und gesellschaftlich entwickelter Städte und Regionen gegenüber anderen herausbilden. Denn sie verfügen in besonderer Weise in ihrem Gemeinwesen über private Personen, die zu solchen Unterstützungen in der Lage sind. Verwaltungsreformen sollten deshalb nicht nur als interner Vorgang betrachtet werden. Mindestens genauso wichtig ist eine Art „externe" Verwaltungs-/Politikreform.

Der Autor

Volker Hassemer, Dr., war bis 2002 Vorsitzender der Geschäftsleitung Partner für Berlin, Gesellschaft für Hauptstadt-Marketing mbH. Nach dem Studium der Rechtswissenschaft und Soziologie in Mainz, Saarbrücken und Berlin zunächst Tätigkeit als Rechtsanwalt in Berlin; 1973 Promotion zum Dr. jur.; danach Leiter der Gruppe Umweltplanung im Umweltbundesamt in Berlin; seit 1968 Mitglied der CDU, 1979-2000 Mitglied im Berliner Abgeordnetenhaus; 1981-83 Senator für Stadtentwicklung, 1983-89 Senator für Kulturelle Angelegenheiten in Berlin, 1991-1996 Senator für Stadtentwicklung und Umweltschutz in Berlin; zusätzlich 1982-85 Vorsitzender des Bundes-Fachausschusses „Umwelt" der CDU Deutschland.

Enthüllungen, Informationen, Exklusivität: Wie sich Journalisten externe Hilfe organisieren

Mathis Feldhoff

Als im Herbst 1999 diverse Zeitungen über die Millionen-Spende des Waffenhändlers Karl-Heinz Schreiber an Walter Leisler Kiep im Jahre 1991 berichten, wird eine Geschichte bekannt, die in der Folge zum größten Skandal in der deutschen Parteiengeschichte der Nachkriegszeit werden sollte. Selbst die Verflechtungen des ehemaligen niedersächsischen Finanzministers und Ex-CDU-Schatzmeisters Kiep in die Affäre reichte zu diesem Zeitpunkt noch nicht aus, um aus einem zwielichtigen Panzergeschäft einen handfesten und überragenden Skandal zu machen. Im November 1999 kamen zusehends weitere Einzelheiten ans Licht. Mehr und mehr führende CDU-Politiker wurden als Beteiligte genannt. Doch noch immer schien das Behauptete zu unwahrscheinlich. Schwarze Konten, illegale Parteispenden, erfundene jüdische Vermächtnisse und ein Parteivorsitzender, der nach Gutdünken Geld verteilt haben und so seine Macht gesichert haben soll: unglaublich und unfassbar – so mutete vielen Lesern und Zuschauern, aber auch Journalisten die Geschichte an.

Erst mit dem 26. November 1999 kam die Medienlawine richtig ins Rollen. Der ehemalige CDU-Generalsekretär Heiner Geißler erklärte auf Nachfrage in einem Radio-Interview : „Es ist so, wie es da drin steht ... Neben dem Etat der Bundesgeschäftstelle gab es auch andere Konten. Das ist wahr."[1]

---

1 WDR-2-Interview, 26. November 1999.

Mit diesem einfachen Satz bestätigte ein Insider, was viele, auch die kühnsten Journalisten, sich nicht hatten vorstellen können. Geißler personalisierte den Skandal, in dem eine Person ins Rampenlicht der Journalisten rückte – Helmut Kohl, ehemaliger Bundeskanzler, 25 Jahre Parteivorsitzender der CDU und der Herr über die schwarzen Kassen. Mit dieser Zuspitzung, der Zentralisierung und Fokussierung setzte die wohl größte Medien-Berichterstattung ein, die es in den letzten Jahren zu einem Thema gegeben hat: die große Stunde des recherchierenden, des investigativen Journalismus. Das Ende ist bekannt.

Der Berliner Professor für Publizistik, Stephan Ruß-Mohl, lobte damals: „Dass sie Schmutz aufwirbeln, dass sie diese Skandale schonungslos aufzuklären versuchen, dass dabei Reporter in akribisch-kriminalistischer Kleinarbeit Puzzlesteine zusammenfügen – das ist bewundernswert und es ist zugleich notwendiger Dienst an der Demokratie."[2]

Dabei war das Thema alles andere als neu. Wer sich dafür interessierte, konnte alles schon Jahre vorher lesen. Die Süddeutsche Zeitung hatte bereits seit 1996, also schon drei Jahre zuvor, über das Verfahren gegen Karl-Heinz Schreiber, Walter Leisler Kiep sowie weitere Beteiligte vor der Staatsanwaltschaft Augsburg berichtet. Alle wesentlichen Details über die berühmten Fuchs-Spürpanzerlieferung nach Saudi-Arabien waren bekannt. Sogar über Details zu den schwarzen Konten der CDU hatte der SPIEGEL schon ein paar Jahre zuvor berichtet. Über Geldflüsse, über mit Schwarzgeld finanzierte Wahlkampfaktionen und sogar über Kontonummern zum Geheimkonto bei einer Frankfurter Privatbank. Warum also plötzlich diese Aufregung?

Zum Vergleich: Als im Juli 2001 in Frankfurt der bislang größte Bestechungsskandal in einer deutschen Behörde aufflog, interessierte sich außerhalb der Frankfurter Presse nahezu niemand dafür. Die Berichterstattung hielt sich in Grenzen. Nur gut ein Dutzend Artikel sind in den Frankfurter Zeitungen erschienen. Es gab ein paar Bilder in den überregionalen Nachrichten und ein Artikel in der Süddeutschen Zeitung. Das war's. Warum? Ist diese Geschichte weniger schlimm als die Parteispendenaffäre der CDU? Was die kriminelle Energie angeht, sicher nicht. Also müssen es andere Faktoren sein, die derartige Vorgänge zu einer schlagzeilenträchtigen Geschichte machen.

---

2 Hans Leyendecker, „Die so genannte vierte Gewalt ist oft nur viertklassig", Frankfurter Rundschau, 16.11.2000.

Der CDU-Parteispendenskandal hat alles, was eine große Story braucht. Es gab den „Bösewicht" – die eine Person, auf die die gesamte Schuldfrage abzuladen ist; in diesem Fall Helmut Kohl. Das Schweigen des Alt-Kanzlers wirkte obendrein als Katalysator.

Es gab den „Verräter" – den Insider, der mit internen Informationen wesentliche Teile der Geschichte für wahr erklärt und ihr damit eine Art Testat erteilt, auf das sich in der Folge alle Berichterstatter berufen konnten. Im Fall der CDU war das am Anfang Heiner Geißler. Und er blieb nicht der Einzige. So umfänglich der Skandal in seinen Einzelheiten war, so mitteilsam waren immer wieder interne Zeugen aus dem Reich des Helmut Kohl.

Und es war eine interessierte Öffentlichkeit vorhanden. Die Leser und Zuschauer, die bereit waren, über Wochen immer neue kleine und kleinste Details aus dem bis dahin so unbekannten Gebilde CDU zu konsumieren. Die täglich miterleben wollten, wie ein bis dahin unantastbares Denkmal langsam demontiert wurde, ob aus Schadenfreude oder Mitleid.

All dies fehlt dem großen Bauskandal in Frankfurt. Natürlich gab es Ermittlungen, natürlich einen Ankläger. Aber keinen eindeutigen Angeklagten. 50 Mitarbeiter des Hochbauamtes sind betroffen, jeder fünfte sei unter Verdacht, hieß es. Dazu mehrere Dutzend Verantwortliche in Baufirmen. Viel zu viele, um einen Einzelnen medienwirksam dingfest zu machen. Es gibt keinen internen Verräter, der öffentlich mit dem Finger auf die Anderen zeigt und ruft: „Die waren es." Und weil es dies alles nicht gibt, gibt es auch keine interessierte Öffentlichkeit.

Bundespräsident Johannes Rau nannte diesen Effekt „eine zunehmende Vermischung von Boulevard und politischem Journalismus."[3] Politischer Journalismus bedeutet für den Bundespräsidenten ernsthafte Texte mit Argumenten und Informationen. Der Boulevard dagegen reduziert auf einzelne Personen, spiegelt eine oberflächige Betrachtung von singulären Ereignissen wider.

Ein Spannungsverhältnis, in dem der ernsthafte Journalismus zunehmend an Boden verliert. Bundespräsident Rau zitiert dabei Thomas Leif, Chefreporter des SWR, der beklagt, dass sich „die demokratische Öffent-

---

3 Bundespräsident Johannes Rau, auf dem Forum „Die Republik und seine Journalisten".

lichkeit" zunehmend in eine „Info-Elite" und ein „Unterhaltungs-Proletariat"[4] teilt. Dass diese Entwicklung Einfluss auf die Informationsgewinnung von Journalisten hat, wird jeder Beteiligte ohne weiteres mit Ja beantworten.

Thomas Leif schreibt: „Die Kluft zwischen öffentlicher und veröffentlichter Meinung wird in der Medienberichterstattung immer größer ... Das Missverhältnis zwischen den Dingen, über die geredet wird, und den Themen, über die geredet werden müsste, wird immer grotesker."[5]

Diese Entwicklung formt einen ganzen Berufsstand neu. Der Hang zur so genannten „People-Story" prägt die alltägliche Berichterstattung in Zeitungen, Zeitschriften und dem Fernsehen. Personalisieren ist das Zauberwort, mit dem sich jede Geschichte leicht erzählen lässt. Ob dabei aber auch die dazu gehörenden Fakten in entsprechender Weise vermittelt werden können, bleibt nebensächlich. Der politische und damit ernst gemeinte Journalismus verflacht. Das gilt nicht nur für den Aufmacher in den allabendlichen Nachrichtensendungen oder die Seite Eins der bundesweiten Zeitungen, sondern auch für die normale und übliche Regional- oder Wirtschaftsberichterstattung. Komplizierte und komplexe Zusammenhänge werden zu leicht verdaulicher Kost zusammengedampft.

Der Prozess des ‚agenda-setting' gewinnt die Oberhand über die klassischen Formeln von Relevanzkriterien. In der journalistischen Wirklichkeit heißt das:

• Themen und Geschichten müssen einfach strukturiert sein, ohne vermeidbare Schlenker und Nebenkriegsschauplätze. Geschichten, die das nicht erfüllen, fallen durch das Raster.

• Nur, wenn es eine visuelle Darstellung gibt, kurz, wenn Bilder vorhanden sind, hat das Thema eine Chance, im Leitmedium Fernsehen und den bildorientierten Zeitungen und Zeitschriften platziert zu werden.

• Tief- und Hintergründiges überfordert den Aufmerksamkeitsspiegel der überreizten Gesellschaft. Deshalb gilt: je vordergründiger, desto besser.

---

4 Bundespräsident Johannes Rau, auf dem Forum „Die Republik und seine Journalisten".

5 Thomas Leif, Chefreporter SWR, Aus Politik und Zeitgeschichte, B41-42/2001.

Auch wenn sich die Umstände des Journalismus so grundlegend gewandelt haben, bleibt eines unverändert: Der Journalismus lebt von Informationen. Es ist und bleibt seine Aufgabe, Informationen zu sammeln, zu werten und zu verbreiten. Wie er diese Informationen bekommt, auf welchen Wegen und mit Hilfe welcher Transportmittel, das hat sich gründlich gewandelt. In den Urzeiten des Journalismus waren die Reporter Jäger und Sammler. Eingehende Hinweise wurden gewichtet, überprüft und gegenrecherchiert. Der Reporter oder Redakteur war das Korrektiv, das für die Richtigkeit der Informationen stand. Das sollte heute auch noch so sein, zumindest im Grundsatz. Bei ernsthafter Betrachtung muss man aber feststellen, dass aus dem recherchierenden Journalisten von früher heute der Redaktionsmanager geworden ist.

Bei aller Wertschätzung für die Kolleginnen und Kollegen, die zum Beispiel mit der Aufdeckung der CDU-Spendenaffäre einen großen Dienst für die Demokratie in unserem Land geleistet haben: Ihr Job gehört zu den Seltenheiten im heutigen Journalismus. Thomas Leif stellt dazu fest: „Fast zwei Drittel der Berichterstattung basieren auf offiziellen Verlautbarungen, Pressekonferenzen, Pressemitteilungen und anderen PR-Quellen."[6]

Ursache dieser sich immer weiter verstärkenden Abhängigkeit ist der zunehmende Druck im Medienbereich. Quoten- und Auflagendruck, finanzieller Druck und der ständige Druck, mit exklusiven, die Bekanntheit und damit die Quote oder die Auflage steigernden Meldungen zuerst am Markt zu sein. In Rundfunkstationen ist so etwas wie Redaktionsschluss inzwischen nahezu unbekannt. Rund um die Uhr sind die verschiedenen Sender mit Nachrichtensendungen präsent. Die Technik erlaubt es heute, in laufende Sendungen hinein neue Inhalte zu platzieren. Und auch im Printbereich haben sich die Andruckzeiten massiv in die späten Abendstunden verschoben. Auch wenn zwischen dem Schreiben eines Artikels und der Veröffentlichung immer noch eine Nacht liegt, wird es zunehmend schwieriger, die Exklusivität einer Meldung oder einer Nachricht aufrechtzuerhalten. Dass diese Entwicklung noch lange nicht am Ende ist, zeigt sich in der massiven Präsenz der Zeitungen und Zeitschriften im Internet. Einem Medium, das ebenso wie der Rundfunk in der Lage ist, „just in time" Meldungen zu publizieren.

---

6 Thomas Leif, Chefreporter SWR, Aus Politik und Zeitgeschichte, B41-42/2001.

Dieser insgesamt schneller gewordene Wettbewerb unter den verschiedenen Medien geht zunehmend zu Lasten der Wahrhaftigkeit von veröffentlichten Meldungen. Der Fall Sebnitz oder die wochenweise wiederholte Meldung, wer aktuell in der K-Frage der CDU vorne lag, sind dafür nur zwei Beispiele von vielen, bei denen zu wenig Recherche und mangelnde Genauigkeit zu Fehlern führt; meist nur zu kleinen und unbedeutenden, manchmal zu schweren und folgenreichen Fehlern. Diejenigen, die Medien brauchen, die Medien nutzen und benutzen, wissen um diese Schwäche des Journalismus.

Journalisten stellt dieser schnellere Markt vor neue Herausforderungen. Ein gut ausgebautes und weit verzweigtes Netz von Informanten ist die Grundlage für eine sichere Informationsbeschaffung. Nur wenn deren Angaben stimmen, wenn sich der Journalist auf diese Hinweise verlassen kann, dann ist eine ausgewogene und wirklichkeitsnahe Berichterstattung gewährleistet.

Informanten sollten seriös und solide informieren und nicht manipulieren. Der Aufbau und die Pflege eines guten Informantenstamms bedeutet viel Arbeit und kostet Zeit. Beide Seiten müssen einander vertrauen, gehen sie doch miteinander bestimmte Risiken ein. Hans Leyendecker, der maßgeblich die CDU-Spendenaffäre aufgedeckt hat, beschreibt sein Verhältnis und seine Wege zu seinen Informanten so: „Man geht viel häufiger die normalen als die ungewöhnlichen Wege. Generell zahle ich keine Gelder für Informationen und lebe damit nicht so schlecht. Ich würde auch nicht unter einem Decknamen arbeiten und Leute unter Druck setzen. Informanten mache ich darauf aufmerksam, welches Risiko sie eingehen. Das Schlimmste, was Ihnen als Journalist passieren kann, ist die Enttarnung eines Informanten ... Man muss die Informanten auch darüber informieren, wenn es nicht in die von Ihnen beförderte Richtung geht. Man muss den Leuten klarmachen, warum man manchmal das Gegenteil von dem macht, was sie erwarten. Offenheit ist wichtig. Wir arbeiten nicht im Dunkeln, wir arbeiten im Licht. Und wir müssen verlässlich sein. Das ist die Grundvoraussetzung für alle Journalisten."[7]

Dazu zählt auch, dass es normal geworden ist, dass Wirtschaftsunternehmen – die Medienbetriebe nunmal sind – für Informationen Geld

---

7 Hans Leyendecker in einem Interview mit der tageszeitung (taz), 18.6.2001.

bezahlen. Hans Leyendecker, heute bei der Süddeutschen Zeitung, früher beim SPIEGEL, sagt dazu: „Der SPIEGEL hat ja gelegentlich Geschichten gekauft, zum Beispiel im Fall ‚Neue Heimat', und auch in der Barschel-Geschichte floss Geld. Das war in Ordnung, weil die Geschichten wichtig waren und weil man anders nicht an den Stoff rangekommen wäre."[8] Für exklusive Informationen fließen Beträge von einigen hundert bis zu einigen tausend Euro. Doch sie bleiben die Ausnahme. Die meisten Journalisten in der Bundesrepublik würden angeben, dass sie noch nie einem Informanten Geld gezahlt haben. Die Gründe dafür sind aus journalistischer Sicht banal: Entweder sind die Geschichten, die geschrieben werden, keine Bezahlung wert, oder es ist einfach unnötig. Das sagt nichts aus über die Güte der tagtäglich in Hunderten von Tageszeitungen, Zeitschriften, Radio- und Fernsehsendung publizierten Beiträge. Es ist eine besondere Kategorie des Journalismus, in dem Informationen so begehrt und auch soviel wert sind, dass dafür Geld fließt.

Zu einer Unart der Informationshonorierung ist es bei der Bezahlung von so genannten Experten gekommen. So lassen sich eine Anzahl von Fachleuten für mehr oder wenige schlaue Sätze ein ordentliches Honorar zahlen. Aufwandsentschädigung wird dies genannt. Das kann dazu führen, dass der eine oder andere, dessen Thema gerade Konjunktur hat, sich in manchem Monat nahezu ein zweites Gehalt verdient.

Was sich beim Thema Informant so anhört, als würde es sich auf einem dunklen Hinterhof abspielen, auf dem geheime Kuverts ausgetauscht werden, ist im Grunde nur die andere Seite der offiziellen Informationsvermittlung. Es geht dabei immer um die eine Aufgabe, die auch Pressesprecher, PR-Berater oder ähnliche Berufsgruppen im Kontakt mit Journalisten auf unspektakuläre Weise übernehmen: eine Sicht der Dinge zu vermitteln. Das ist nicht ihre persönliche, sondern die ihres Arbeitsgebers, ob Minister oder Vorstandsvorsitzender. Die Pressebetreuung durch einen professionellen Ansprechpartner ist innerhalb einer modernen Kommunikationsstrategie ein unabdingbares Bindeglied zu Journalisten geworden. So unabdingbar, dass so mancher Kollege es für selbstverständlich hält, dass Pressesprecher oder PR-Berater rund um die Uhr als Gesprächspartner zur Verfügung stehen. Die Entwicklung auf dem Markt der mobilen Telekommunikation hat diese

---

8 Hans Leyendecker in einem Interview mit der tageszeitung (taz), 18.6.2001.

ständige Verfügbarkeit noch beschleunigt. Nicht wenige Journalisten haben überhaupt kein Verständnis dafür, dass nach 22 Uhr oder morgens um sechs Uhr kurzfristig niemand als Gesprächspartner zur Verfügung steht. Eine Reaktion, die nur vor dem Hintergrund zu verstehen ist, dass die jeweiligen Redaktionen fast rund um die Uhr arbeiten und der Druck, der auf dem Einzelnen lastet, weitergegeben wird.

Es zeigt sich aber auch, dass diese Ansprechpartner des Journalisten zu den wichtigsten überhaupt gehören. Sie werden als Erstes angerufen, um Informationen gegenzurecherchieren, um Reaktionen einzuholen oder schlicht zu fragen, was es Neues gibt. Letztendlich hängt es von der Qualität der neu gewonnenen Auskünfte ab, ob ein Journalist damit arbeiten kann, ob er sich auf sie verlassen kann und ob er den Informationsgeber wieder anrufen wird. Nichts ist schädlicher für das Kommunikationsverhältnis, als wenn sich unter Journalisten die Meinung verbreitet, von dem Pressesprecher oder der PR-Beraterin würde man ja ohnehin nichts erfahren oder allenfalls die vorgestanzten Wortschöpfungen vermeintlich schlauer Kommunikationsprofis.

Die Arbeitsebene, auf der sich beide Seiten begegnen, sollte auf Vertrauen und gegenseitigem Respekt aufbauen. Doch obwohl beide Seiten bis zu einem gewissen Grad voneinander abhängig sind, ist das Verhältnis zwischen PR und Journalismus oft angespannt. Sicher, jeder Journalist kann von Erlebnissen berichten, in denen PR-Leute ihrer Rolle nicht gerecht geworden sind. Von Gesprächen, in denen die Informationen nicht die Telefongebühren wert waren, oder von Ansinnen, die eines Journalisten unwürdig sind. Diese Erlebnisse prägen vielfach das normale Verhältnis der beiden Berufsgruppen. Aber was tut der deutsche Journalismus für mehr Verständnis? Bei Betrachtung der gängigen Ausbildungswege muss man zu dem Schluss kommen: zu wenig. Geordnete Kontakte zwischen Volontären aus PR und Journalismus sind Mangelware; Austauschprogramme von Jungredakteuren und Junior-Beratern eher Zufall; gemeinsame Seminare von altgedienten Redakteuren und Senior-Beratern bleiben Fehlanzeige. Stattdessen bestätigen sich beide Seiten regelmäßig die gegenseitigen Vorurteile, nicht gerade zum Nutzen der Berichterstattung.

Bei aller Kritik an der Berichterstattung, bei allem Abgesang der Allgemeinheit auf den deutschen Journalismus, generell ist die Berichterstattung in den deutschen Medien, insbesondere im internationalen

Vergleich, mehr als gut und ordentlich. Aufgabe des Journalismus ist es, Defizite und Missstände aufzudecken. Davon darf die Entwicklung in der Medienbranche auf Grund ihrer Verantwortung und Bedeutung nicht ausgenommen werden. Die beschriebenen Tendenzen sind nicht zu übersehen, und sie greifen Raum auch in Bereichen, die bisher als Bollwerk des ordentlichen, unumstößlichen Journalismus galten. Jeder, der sich mit und in den Medien bewegt, muss dies wissen. Thomas Leifs Mahnung klingt so: „Im Sinne der Warnung des Bundespräsidenten und prominenter Kritiker dieser wuchernden Entwicklung dürfen wir die Dinge nicht einfach so weitertreiben. Nicht zuletzt die Abstumpfung des Publikums nach großen Konjunkturen, etwa nach ‚Big Brother' oder ‚Big Diet', zeigt, dass es auch einen entertainment overkill geben kann."9

Der Autor

Mathis Feldhoff ist Korrespondent für das Zweite Deutsche Fernsehen (ZDF) in Berlin. Tätigkeitsschwerpunkte: Bundespolitik. Nach Ausbildung und Volontariat in Hagen und Bremen zunächst als freier Journalist für den WDR in Düsseldorf tätig; danach im ARD-Hauptstadtstudio in Bonn; mit dem Regierungsumzug Wechsel zum ARD-Politikmagazin „Panorama" in Hamburg; seit Juli 2001 jetzt beim ZDF. Daneben als freier Medientrainer tätig.

9 Thomas Leif, Chefreporter SWR, Aus Politik und Zeitgeschichte, B41-42/2001.

VI

360°-Kommunikation
in der Bewährung

Die Kommunikationsstrategie eines global agierenden Medienunternehmens

Manfred Harnischfeger

Vorbemerkungen

Die Profession der Kommunikationsfachleute war in den vergangenen Jahrzehnten einem starken Wandel unterworfen. Aus „Pressearbeit" wurde „Öffentlichkeitsarbeit" und schließlich „Gesamtkommunikation" mit starken Elementen des Unternehmensmarketings. Hohe Priorität in dieser Gesamtkommunikation für ein Unternehmen hat das „Corporate Branding", also die Profilierung und Pflege der Dach-/Unternehmensmarke. Besonders für extrem heterogene, dezentralisierte Firmengruppen mit vielen Consumer Brands (Einzelmarken) in unterschiedlichen Teilmärkten ist die Vermittlung eines homogenen Gesamtbildes von außerordentlicher Bedeutung – weniger gegenüber den Endkunden als vielmehr im Hinblick auf qualifizierte Communities von Meinungsbildnern und Entscheidungsträgern in Politik, Wirtschaft, Wissenschaft, Kultur und Medien.

Inwieweit für den Endverbraucher ein Zusammenhang zwischen Einzelmarke (die er kennt) und Dachmarke (die er weniger oder gar nicht kennt) sichtbar gemacht werden soll, hängt sehr von den einzelnen Markenprofilen, deren Stärken und Schwächen und jeweiligen Leistungskompetenz ab. Dafür gilt es, eine Markenarchitektur zu entwickeln, die genau definiert, welche „Ebene" von welcher anderen profitieren kann, das heißt: wer der jeweils höherrangige Imageträger ist, der dem schwächeren zu einer positiven Aufladung verhilft. Ziel jeglichen Corporate Brandings sollte es auf jeden Fall sein, die Dachmarke so zu profilieren, dass sie in ihrer (zufälligen, notwendigen oder bewusst herbeigeführten) Abstrahlung auf die Einzelmarken positive Assoziationen auslöst.

Ein klares Gesamtprofil für das Unternehmen ist besonders hinsichtlich zweier Zielgruppen-Felder notwendig:

1. für den Personalmarkt, denn unternehmerische und kreative Talente als potenzielle Mitarbeiter und Führungs-Nachwuchskräfte orientieren sich bei ihrer beruflichen Entscheidung am Gesamtauftritt und der Attraktivität eines Unternehmens;

2. für den Finanzmarkt, denn Analysten, Investmentbanker und Investoren billigen einer integrierten Firmengruppe mit hohen Kooperations- und Synergieeffekten höhere Effizienz und Ertragspotenziale zu.

Gelungene Kommunikation kann Firmenwerte schaffen. Misslungene, schlechte Kommunikation kann Firmenwerte vernichten. Es besteht heute kein Zweifel mehr daran, dass Kommunikation eine unverzichtbare Teilfunktion unternehmerischen Handelns ist. „Perception is reality".

Veränderung und Beschleunigung

Vor dem Hintergrund dieser Eingangsüberlegungen bewegt sich auch das heutige Medien- und Entertainment-Unternehmen Bertelsmann – das „neue Bertelsmann", wie manche sagen. Mit 80.000 Mitarbeitern in 60 Ländern und einem Jahresumsatz von 20 Milliarden Euro ist Bertelsmann das internationalste aller führenden Medienhäuser. Es steht im Wettbewerb mit anderen Global Players wie beispielsweise AOL Time Warner, Vivendi Universal, Disney, Viacom oder News Corp und ist ein stark TV- und Internet-getriebenes Kommunikationsunternehmen.

Nie zuvor in seiner 167-jährigen Geschichte hat Bertelsmann soviel Veränderung und Beschleunigung erlebt wie in den Jahren seit 1998 bis heute. Die digitale Revolution hat auch Bertelsmann voll erfasst. Mehr als dies: Bertelsmann hat Funktion und Leistungspotenzial der Online-Medien sehr frühzeitig verstanden und sie in die „klassischen Medienbereiche" integriert, sodass das Unternehmen auf diesem Felde bestens aufgestellt ist.

Natürlich handelt es sich hier um ein neues *Medium* neben Buch, Zeitung und Zeitschrift, Radio, Fernsehen und Film. Aber Bertelsmann ist – wie alle anderen Wirtschaftsunternehmen – auch per se von der Online-Kommunikation erfasst, was extern die Geschäftskommunikation und intern die Management- und Mitarbeiterinformation und damit die gesamte Unternehmenskultur angeht. Die neuen Technologien haben die Chance eröffnet, die Unternehmenskultur noch stärker zu internationalisieren und ihr eine neue Qualität zu geben. Nicht im Sinne einer zentralistischen Ausrichtung, sondern indem für richtig und wirksam erkannte Erfolgsressourcen überall auf der Welt ausgeschöpft werden – beispielsweise umfassende Information, partizipative Führung, Knowhow-Austausch, Teilhabe aller am materiellen Erfolg, publizistische Autonomie der Programmschaffenden und partnerschaftlicher Umgang zwischen Kapitalgebern, Management und Mitarbeitern. Die Instrumente und Wege werden natürlich den Traditionen und Eigenheiten der jeweiligen Nationen sowie den Kultur- und Sprachräumen angepasst sein.

Interne Kommunikation: Pyramiden zu Netzwerken

Ziel der internen Kommunikation ist es, die Mitarbeiter noch besser über Absichten und Schritte des Unternehmens zu informieren, ihnen Identifikation mit ihrer jeweiligen Aufgabenstellung und den Unternehmenszielen zu ermöglichen, das Wissen aller allen verfügbar zu machen, Flexibilität und Beschleunigung zu erhöhen sowie Hierarchien abzubauen.

Dazu können die Online-Medien einen entscheidenden Beitrag leisten. Die wichtigsten Maßnahmen der vergangenen drei bis vier Jahre sind:

- Ein betriebliches Intranet wurde aufgebaut mit einem Executive BeNet für das Management und einem BeNet für alle. News, wichtige Dokumente und Hintergrundinformationen, Entwicklungs- und Marktdaten sind täglich frisch in deutscher und englischer Sprache verfügbar.

- Alle privaten Haushalte aller Bertelsmann-Mitarbeiter weltweit wurden kostenlos mit einem PC und einem Internet-Zugang ausgestattet, damit sich alle mit den neuen Möglichkeiten der Wissensaufnahme und Welterkundung vertraut machen können. Über die Plattform Planet B laufen täglich News- und Nutzwert-Services in vier Sprachen.

- In der Bürokommunikation wurden schriftliche Mitteilungen durch E-Mails ersetzt. Telefon- und Video-Konferenzen, SMS Text Messaging, Chats und die Interaktion in Newsgroups tragen zur Intensivierung des Informations- und Gedankenaustausches in der Unternehmensgruppe bei.

- Aus den in Deutschland praktizierten Betriebsversammlungen früherer Zeit wurden große Town Hall Meetings an den wichtigen Unternehmensstandorten Paris, Barcelona, London, New York und Shanghai mit Information aller Mitarbeiter über Stand und Entwicklung des Unternehmens.

- Die Bertelsmann-University (in Kooperation mit der Harvard Business School und dem IMD, Lausanne) hat sich zu einem Ort der Super-Qualifikation in den Medienprofessionen und auf dem Sektor Führung/General Management entwickelt, wo zugleich durch persönliche Begegnungen die Bereitschaft und Fähigkeit zur verstärkten Kooperation zwischen den Führungskräften gefördert wird.

- Es entspricht der Grundphilosophie von Bertelsmann, dass Führungskräfte wie selbstständige Unternehmer sowohl am Gewinn als auch am Wertzuwachs „ihrer" Firma beteiligt sind. So wurden zusätzlich zur Gewinnbeteiligung für alle und zur Unternehmerbeteiligung für Profit-Center-Verantwortliche die so genannte Virtuell Stock Options (VSOP) eingeführt.

„High Speed – high Trust" wurde zum Motto einer Unternehmenskultur, die nicht vornehmlich auf Kontrolle, sondern auf Vertrauen basiert. Dieses gegenseitige Vertrauen ist umso wichtiger, als in der schnellen online-getriebenen Informationswelt des gesellschaftlichen Mikrokosmos „Unternehmen" ständig formale Zuständigkeitsgrenzen und Hierarchieebenen technisch problemlos übersprungen werden können.

Externe Kommunikation: Inspire people's daily lives

Ziel des Corporate Branding als einem bei Bertelsmann neuen Bestandteil der Unternehmenskommunikation ist es, dieses Haus als Magnet für kreative und unternehmerische Kräfte zu profilieren und die Mission des Unternehmens zu vermitteln (sie ist den Essentials, einer Art verdichteter Unternehmensverfassung, vorangestellt):

„Our passion is to inspire people's daily lives. Our ambition is to be the world's most respected and admired integrated media and entertainment company. We are focused on content, creativity, and customers. And we strive for leadership in all of our markets."

Corporate Branding enthält neben der Darstellung der Unternehmensidentität (Corporate Identity) folgende Elemente: One Voice Policy, Issues Management und Corporate Design.

• One Voice Policy ist der Versuch zu definieren, wer im Unternehmen zu welchen Auskünften gegenüber der Öffentlichkeit berechtigt ist, wie die Abstimmungsmechanismen verlaufen und welche Position das Unternehmen jeweils zu einer Thematik oder einem Vorgang einnimmt. Dazu gibt es eine vom Vorstand verabschiedete 1VP-Richtlinie, deren Beachtung zwingend ist.

• Issues Management ist eine extrem anspruchsvolle Aufgabe, die von den wenigsten Unternehmen gleichermaßen effektiv und zielführend bewältigt wird.

Bei der „Bearbeitung" von Medien-generierten Themen, die klar und schnell erkennbar sind, gibt es zumeist durch den im konkreten Einzelfall vorherrschenden Handlungsdruck eingeübte Mechanismen der „Themenbewältigung", das heißt:

Die Sachlage wird hausintern recherchiert; Verhalten und Position des Unternehmens werden blitzschnell definiert, das Wording (Sprachregelung) wird erstellt; die Presse erhält Auskunft. Eigentlich ist mit Issues Management aber die Früherkennung von Chancen- und Risikenthemen gemeint, die zu prophylaktischem unternehmerischen und/oder kommunikativem Handeln herausfordern. Voraussetzung ist der Aufbau eines wirksamen Frühwarnsystems einschließlich eines professionellen Monitorings und einer Struktur für die konkrete Themenbehandlung.

- Corporate Design meint die Kleider, das Outfit und macht zusammen mit dem Corporate Behaviour den Auftritt der Unternehmenspersönlichkeit aus. Ein Unternehmen ist durchaus vergleichbar mit einer Person bzw. Persönlichkeit. Zur Wiedererkennung trägt ein möglichst unverwechselbarer Stil des Auftritts bei, wobei dies im lauten und bunten Gesamtgemisch aller Profilierungsversuche zunehmend schwieriger wird.

Schlussbemerkung

Bei aller Systematisierung und langfristigen Planung einer Kommunikationsstrategie muss doch auch bedacht werden, dass sie selbst in unserer schnelllebigen Zeit, angesichts der zunehmend flexibleren Unternehmensentscheidungen, des sich ständig verändernden Wettbewerbsumfeldes sowie des Wandels der politisch-rechtlichen Rahmenbedingungen einer permanenten Korrektur und Anpassung bedarf. Das Ganze ist naturgemäß ein work in progress.

Und nicht zu vergessen: Kommunikation ist in besonderer Weise Menschenwerk. Sowohl Absender als auch Empfänger von Botschaften sind keine wirklich fixierbaren Dialogpartner oder Zielgruppen, sondern Menschen mit aller Irrationalität und Unberechenbarkeit. Manches lässt sich davon vielleicht antizipieren; die oft unterstellten monokausalen Wirkungsmechanismen von Information und insbesondere so genannte Überzeugungsarbeit sind jedoch zumeist realitätsfern.

Einerseits dialogisch-einfühlsam vorzugehen und den Partner dort abzuholen, wo er mit seinen Vor-Urteilen steht, und andererseits den klaren Paukenschlag zu erzeugen, der im vielstimmigen Meinungskonzert und im Informations-Overkill überhaupt vernommen wird, bleibt wahrscheinlich eine nicht wirklich überbrückbare Bipolarität in der Durchsetzung von Kommunikationsstrategien.

Bei aller Taktik und Professionalisierung sollten wir nicht vergessen: Mehr als Wording, Vortragskunst, Schauspieltalent, Medientauglichkeit und Mediamix helfen in der größten Not nicht selten Wahrheit (die stets subjektiv ist und sein darf), personale Authentizität und Glaubwürdigkeit.

Der Autor

Manfred Harnischfeger, Prof., ist freier Kommunikationsberater und Publizist in Gütersloh. Geboren in Lorsch/Hessen, wuchs Harnischfeger in Bad Orb/Spessart auf; er lernte das journalistische Handwerk bei verschiedenen Tageszeitungen und war zwischen 1968 und 1972 Pressesprecher der CDU-Fraktion im Hessischen Landtag. 1972 trat er in das Haus Bertelsmann ein, wo er 1974 die Leitung der Öffentlichkeitsarbeit übernahm. Mitte der 80er-Jahre war er Geschäftsführer der UFA Film- und Fernseh GmbH Hamburg, der Management-Holding für die TV-, Radio- und Filmaktivitäten des Konzerns. Zuletzt war Harnischfeger Unternehmenssprecher und Bereichsleiter Unternehmenskommunikation der Bertelsmann AG. Er ist Professor am Institut für Kultur- und Medienmanagement der Hochschule für Musik und Theater in Hamburg und nimmt politische Beratungsaufträge auf nationaler und europäischer Ebene wahr.

Interkulturelle Kommunikation von Konzernen: Eine neue Web-Elite steuert den lokalen und globalen Auftritt

Thomas Mickeleit

Wenn große Weltkonzerne ihre lokale Bodenständigkeit unterstreichen wollen, taucht in ihren Broschüren oder Anzeigen zuweilen ein Topos aus der Umweltbewegung der 70er-Jahre auf: „Think globally, act locally!" Man weiß dann nicht recht, ob diese in Wirklichkeit globalen Akteure überhaupt nachgedacht haben oder ob ihnen nur ein lokales Gewissen schlägt, weil sie sich über ihre jeweilige Markt- und Kundennähe nie so sicher sein können wie Firmen mit einem überschaubaren Radius.

In unterschiedlichen Varianten findet sich dieser Topos vor allem bei PR-Praktikern wieder, wenn diese über die Kommunikation multinationaler Unternehmen diskutieren. „International Public Relations sollte eine Struktur mit zwei Ebenen sein: Zentralisation, um die Politik und die Botschaften eines Unternehmens zu koordinieren und einheitlich zu gestalten; aber regionale Implementierung, um sie den jeweiligen Landessprachen, Kulturen und politischen Systemen anzupassen. Während sich Weltstrategien an einem zentralen Punkt herausbilden, muss ihre taktische Umsetzung die lokalen Verhältnisse reflektieren." So lautete zum Beispiel die Definition von Joe S. Epley auf dem Weltkongress der Public Relations Society of America vor zwei Jahren.[1]

Diese Definition dürfte das Selbstverständnis der meisten Konzerne recht zutreffend beschreiben: Im Hauptquartier werden die Botschaften und Strategien zur Produkt- und Unternehmens-PR oder zur internen

---

1 Thesenpapiere dieses Kongresses wurden veröffentlicht unter: http//ipranet.org/workbook/page0.htm.

Kommunikation entworfen, die Umsetzung obliegt dann regionalen und nationalen Einheiten. In diesem Bild einer hierarchisch organisierten Kommunikation spiegelt sich vielleicht die Vergangenheit multinationaler Unternehmen, aber gewiss nicht ihre Gegenwart und absehbare Zukunft. Vor allem zwei Entwicklungen, die Technologie des Internets und die Sozialstruktur einer globalen Kommunikationselite, fordern dazu auf, sich rasch von diesem Selbstverständnis zu verabschieden.

Das erste Beispiel mag zunächst verblüffen, da es sich nicht um die Aktivität eines einzelnen Unternehmens handelt. Die „Initiative D21" ist eine Vereinigung der deutschen Wirtschaft mit dem Ziel, die Transformation von der Industrie- zur Informationsgesellschaft in Deutschland zu beschleunigen. Über 200 Unternehmen und Förderer aus unterschiedlichen Branchen tragen diesen gemeinnützigen Verein; über vierzig Persönlichkeiten im Beirat, an ihrer Spitze der Bundeskanzler, unterstützen diese Initiative. Ihre bildungs- und arbeitsmarktpolitischen Erfolge (Internet Klassenzimmer, Ambassador Programm, Green Card usw.) werden laufend in allen Medien kommuniziert. Zugleich hat sie Pate gestanden für vergleichbare Initiativen in Ländern wie Österreich, der Schweiz, Slowakei, der Spanien oder Dubai.

Es ist kein Geheimnis, dass die Initiative D21 auf das ursprüngliche Engagement der IBM Deutschland GmbH zurückzuführen ist, deren Geschäftsführer Erwin Staudt zugleich als Sprecher der Initiative fungiert. Auch wenn ein gemeinnütziges Projekt wie dieses nicht unternehmenspolitisch instrumentalisiert werden kann, so liegt doch auf der Hand, dass die positiven Auswirkungen der permanenten Medienpräsenz eines Country General Managers auf Reputation und Geschäftsverlauf eines Unternehmens nicht gering zu schätzen sind.

Ginge es nach dem traditionellen Verständnis der Unternehmenskommunikation, könnte es ein eigenständiges lokales Kommunikationsprojekt dieser Größe und strategischen Dimension, das zudem in anderen Ländern als Modell dient, nicht geben. Wie sich in diesem Fall die lokale Öffentlichkeitsarbeit eines multinationalen Konzerns wie IBM keineswegs auf „Adaption", „Implementierung" oder „taktische Umsetzung" von Vorgaben aus dem amerikanischen Hauptquartier in Armonk (NY) beschränkt, so gilt dies auch für unser zweites Beispiel, die Pressearbeit.

Die internationale Pressearbeit großer Konzerne lässt sich auf die Grundstruktur einer Pyramide zurückführen: In der Spitze befinden sich Wirtschaftsjournalisten (für Deutschland rund 20), die für die Botschaften und Nachrichten des Unternehmens von zentraler Bedeutung sind. Zu diesen bestehen intensive persönliche Betreuungsverhältnisse. An der Basis befinden sich Journalisten (für Deutschland rund 2000), die hauptsächlich über Internet informiert werden.

Natürlich informieren sich heute nahezu alle Journalisten innerhalb dieser Pyramide auf den Websites des Konzerns. Wenn es um hochaktuelle oder brisante Fragen geht, steuern sie sofort die englischsprachige Website des IBM-Headquarters an. Dieser ersten Phase der „Information" schließt sich unmittelbar die des Erklärens an, und hier kommen die lokalen Presseabteilungen ins Spiel: Sofort werden die persönlich betreuten Journalisten über kompliziertere Hintergründe von Nachrichten oder Entscheidungen, über langfristige Strategien oder mögliche Auswirkungen auf Wettbewerber aufgeklärt.

Vergleichen wir diese Rolle der lokalen Pressearbeit mit früheren Zeiten: Noch vor wenigen Jahren gingen Meldungen aus der Zentrale ein, die von lokalen PR-Mitarbeitern zunächst sorgfältig übersetzt und dann ordentlich auf die Fax-Maschine gelegt wurden – immer in der Hoffnung, dass sie noch vor Redaktionsschluss beim Journalisten ankommen. Wobei der Kreis der Informierten damals nur einige hundert umfasste.

Auch dieses Beispiel macht deutlich, dass sich die lokale Kommunikation multinationaler Unternehmen nicht als schlicht „adaptive" Tätigkeit begreifen lässt. In der globalen Pressearbeit erfüllen lokale Einheiten zunehmend die spezifische Funktion des Erklärens, die nichts mit nationalen Besonderheiten zu tun hat, sondern die zum generellen Ablauf von Informationsprozessen zählt und die ein sehr hohes Kompetenzniveau voraussetzt.

Adaption ist und bleibt sicherlich eine zentrale Aufgabe lokaler PR-Einheiten. Konzerne wie IBM, Sony, Volkswagen oder Nestlé, die mit ihren wirtschaftlichen Aktivitäten weit über einhundert Nationen und ein Vielfaches davon an Sprach- und Kulturgemeinschaften überspannen müssen, könnten ohne eine funktionsfähige Adaptionsstruktur nicht existieren. Warum Adaption jedoch nicht als passive „Anpassung" verstanden werden kann, soll das dritte Beispiel zeigen.

Bekannt ist, dass viele Unternehmen auf fremdem Terrain mit einem zu niedrigen Adaptionsgrad arbeiten, wobei im Bereich Corporate Communications meist nur reproduziert wird, was in vielen anderen Unternehmensbereichen angelegt ist. Sei es, dass große Konzerne ihre global standardisierten Produktpaletten, Vertriebs- oder Marketingstrategien zu wenig ausdifferenzieren, sei es, dass mittelständische Unternehmen ihre erfolgreichen „Heimatstrategien" eins zu eins ins Ausland übertragen: Häufig verlangen neue Auslandsmärkte eine stärkere Anpassung, als es der Unternehmensführung bewusst ist

Für Kommunikatoren und PR-Verantwortliche von besonderer Bedeutung sind die unterschiedlichen Mediensysteme und nationalspezifischen Themenstrukturen, auf die multinationale Konzerne einwirken müssen. Selbst innerhalb der „westlichen" Weltregion variieren diese Systeme und Strukturen in einem Maß, dass jede nach dem Muster *One-size-fits-all* gestrickte Kommunikation gnadenlos zerfetzt würde. In keiner Debatte über Tempolimit, Abtreibung, Energieeinsparung, Tierschutz, Lebensmittelsicherheit, Minoritäten oder Bürgerrechte gleicht ein Land dem anderen.

Welche Brisanz diese Differenzen für Unternehmen entwickeln können, lässt sich gut an der Debatte über die „ethischen Grenzen der Gentechnik" verdeutlichen. Wenn in Deutschland die Präimplementationsdiagnostik eher historische Assoziationen von „Menschenselektion" als medizinische Zukunftshoffnungen weckt, so findet der breite Widerstand hier zu Lande ausgerechnet in Israel und in den Vereinigten Staaten keine Parallele – also in Gesellschaften, die als Opfer oder Befreier unmittelbar von der Selektionspolitik der deutschen Nationalsozialisten betroffen waren. Jedes deutsche, israelische oder amerikanische Unternehmen, das direkt in der Gesundheitsforschung engagiert ist oder das wie IBM die Soft- und Hardware zur Datenverarbeitung in der Biotechnologie schafft (Deep Computing), muss also zwischen extrem differierenden Positionen vermitteln können, wenn es auf den jeweiligen Auslandsmärkten nicht von öffentlichen Protesten zugeschüttet werden soll.

Schon dieses sich auf die „westliche" Weltregion beschränkende Beispiel macht deutlich: Adaption ist kein einseitiger Anpassungs-, sondern zunächst ein mehrseitiger Diskussionsprozess zwischen lokalen und zentralen Unternehmenseinheiten, in dem unterschiedliche Perspektiven vermittelt und schließlich in einem möglichst einheitlichen globalen Auftritt zusammengeführt werden müssen. Je mehr Differenzen kultureller, wirtschaftlicher, politischer oder rechtlicher Art zu überbrücken sind, umso schwieriger die Diskussion.

Diese drei Beispiele, die dem Bild einer zentralistischen, hierarchisch aufgebauten Konzernkommunikation deutlich widersprechen, lassen sich allerdings auch nicht im Umkehrschluss als Ausdruck einer „Dezentralisierungstendenz" interpretieren. Die Verbindlichkeit und Autorität zentraler Entscheidungen, wie ein Unternehmen zu kommunizieren habe, muss mit der Teilnehmerzahl und Intensität des globalen Wettbewerbs zu- und nicht abnehmen.

Konzentrieren wir uns auf das Internet. Zum einen können Unternehmen heute unabhängig von den traditionellen Medien (Printmedien/Radio/TV) Massenkommunikation betreiben: via Internet mit weltweit verstreuten Interessenten und Kunden, via Intranet mit weltweit platzierten Mitarbeitern, via Extranet mit Lieferanten oder Geschäftspartnern rund um den Globus. Zum anderen hat das Internet die Interaktionschancen auch im Rahmen der Unternehmenskommunikation vermehrt: individualisierte E-Mails oder Newsletter mit unterschiedlichen Call-Back-Verfahren, Audio- und Video-Konferenzen, Mail-Box-Chats für Zielgruppen innerhalb und außerhalb des Konzerns.

Betrachten wir die standortübergreifende Zusammenarbeit globaler, regionaler und lokaler PR-Einheiten in multinationalen Unternehmen. Wo sich Mitarbeiter bislang schon „vernetzt" – also per Telefon, Fax oder E-Mail – austauschen, wo sie bislang schon durch Zugriff auf gemeinsame Dateien trotz unterschiedlicher Zeitzonen kooperieren, beginnt vor unseren Augen eine neue Ära der virtuellen Kooperation, für die sich das Schlagwort „Web Collaboration" zu etablieren scheint: Vor allem Internet-Konferenzen und E-Meetings werden sich als die elektronischen Kommunikationsformen der Zukunft durchsetzen. Mit zunehmenden Bandbreiten werden noch so komplexe und multimediale (also Datenmengen verschlingende) Arbeitsvorgänge virtualisiert werden und in Echtzeit ablaufen können.

Welche lokalen, regionalen oder globalen Arbeitsschwerpunkte und Kompetenzen die einzelnen Teams und Projekte auch immer haben, die Kombinationsmöglichkeiten werden mit den neuen Mitteln der Web Collaboration rasant anwachsen: Lokale oder regionale Mitarbeiter können nun mühelos und von Beginn an in die zentrale, strategische Kommunikationsplanung integriert werden. Umgekehrt lassen sich globale Botschaften und zentrale Pressemitteilungen, was ihre lokale Resonanz betrifft, fortlaufend und flächendeckend in E-Meetings kontrollieren – und damit auch, sollten sie sich als Flop erweisen, schneller revidieren

Wenn multinationale Konzerne denken oder handeln, dann tun sie dies nicht in der falschen Alternative „global oder lokal" und ebenso wenig nach dem Vorbild militärischer Hierarchien. Sie denken und handeln vielmehr in einem Netzwerk von Akteuren, das je nach Zielsetzung oder Problemstellung variieren kann. Immer schon haben (informelle und formelle) Netzwerke die globale Kommunikation von Unternehmen zu steuern vermocht. Aber erst im Zeitalter des Internet erhält diese Netzstruktur eine technologische Basis, auf der sich ihre Intelligenz voll entfalten kann.[2]

Seit es sie gibt, denken sich multinationale Konzerne immer neue Varianten aus, um die kommunikative Kompetenz ihrer Mitarbeiter zu stärken und deren national oder regional geprägten Erfahrungshorizonte zu erweitern: Auslandsstudium als Einstellungsvoraussetzung, permanente Sprachkurse, obligatorische Arbeitseinsätze von Mitarbeitern in wichtigen Märkten, multinationale Mitarbeiterkonferenzen, Weiterbildung in Kursen wie „International Affairs", „Cross Culture-Management", „How to buy a ticket in Burundi".

Solche personalpolitischen Anstrengungen sind unverzichtbar, aber sie würden selbstverständlich niemals ausreichen, um die kommunikative Integration der Weltwirtschaft zu sichern. Wir alle profitieren vielmehr

---

2 Dass vernetzte Unternehmen nicht in der falschen Alternative „lokal oder global" denken oder handeln, ist bereits von verschiedenen Autoren dargestellt worden. Häufig wird versucht, das Begriffspaar lokal/global durch einen neuen Begriff zu ersetzen, zum Beispiel „glokal". Da Vernetzung aber keinen „dritten Ort" definieren kann, werden sich solche Begriffe nicht durchsetzen. Vgl. etwa Peter Gerdemann: „Going Glocal", in: Klaus Merten/Rainer Zimmermann (Hrsg.), Das Handbuch der Unternehmenskommunikation 2000/2001, Neuwied: Luchtermann Verlag 2001, S. 112ff. Auch Klaus-Peter Johanssen hat dieses Thema aufgegriffen: „Lokal oder global – ist das die Frage?" In: Klaus-Peter Johanssen/Ulrich Steger (Hrsg.): Lokal oder global – Strategien und Konzepte von Kommunikations-Profis für internationale Märkte. Frankfurt: F.A.Z.-Institut 2001, S. 42ff. Er fasst seine Ausführungen wie folgt zusammen: „Der Satz: ‚Think globally, act locally' lautet nun: ‚Think globally, act locally and globally'". Auch in dieser Formel wird übergangen, dass eine vernetzte Unternehmenskommunikation nicht auf „lokales Denken" (oder genauer: auf konzeptionelle Beiträge lokaler Einheiten) verzichten kann.

von einem sozialstrukturellen Prozess, der zwar die gesamte Menschheitsgeschichte durchzieht, der aber erst im 20. Jahrhundert – mit globalen Medien und einer internationalen Jugendkultur, mit weltweiter Mobilität und einer sprunghaft ansteigenden Nachfrage nach Studienplätzen im Ausland – eine Tiefe und Breite hat erreichen können, in denen nun alle multinationalen Unternehmen sicher manövrieren können.[3] Eine neue globale Kommunikationselite hat sich herausgebildet, und da das Internet im vergangenen Jahrzehnt zum Fokus dieses sozial strukturellen Prozesses wurde, kann man vereinfachend von einer „neuen Web-Elite" sprechen.

Was zeichnet diese Elite aus? Vor allem dieses: Die interkulturelle Kommunikation hat für ihre Sozialisation und Berufsrolle zumindest den gleichen Stellenwert wie die jeweilige nationale Kommunikation. Wenn wir heute junge Informatiker oder Programmierer, junge Börsenbroker oder Analysten, junge Pressekorrespondenten oder internationale Werbefachleute bei der Arbeit sehen, dann spielt die Frage, ob sie dies als Amerikaner, Japaner, Deutsche, Türken oder Brasilianer tun, auf den ersten Blick keine Rolle. Nicht allein der sprachliche Wechselfluss, auch der assoziative und mentale Kontext, auch die Gemeinsamkeit von Symbolen und Attitüden ist in ihrer permanent grenzüberschreitenden und immer stärker internetbasierten Zusammenarbeit gesichert.

Gleichwohl haben wir es hier nicht mit „nationalen Neutren" zu tun. Die Menschen, denen wir hier bei ihrer Arbeit zusehen, bleiben natürlich Amerikaner, Japaner, Deutsche, Türken oder Brasilianer. Als „nationale Neutren" könnten sie der Wirtschaft auch gar nicht dienen. Weil es in der interkulturellen Kommunikation von Konzernen immer wieder darum gehen muss, unterschiedliche nationale Perspektiven zu vermitteln und einen einheitlichen globalen Auftritt zu ermöglichen, sind sie auf Menschen angewiesen, die über globale und lokale Kompetenzen verfügen.

---

3 Die wissenschaftlichen Grundlagen zum Thema der interkulturellen Kommunikation wurden von Randy Kluver zusammengefasst: „Globalization, Information, and Intercultural Communication" :www.americancomm.org/~aca/acjdata/vol3/Iss3/sec1/kluver.htm.

Der Autor

Thomas Mickeleit ist Direktor Presse und Öffentlichkeitsarbeit IBM Deutschland GmbH. Nach dem Studium der Geschichte und der Rechtswissenschaften an der Freien Universität Berlin war er 1984 als Rechtsreferendar am Kammergericht Berlin tätig. 1987 Persönlicher Referent und Pressesprecher des Berliner Wirtschaftssenators. 1989 Leiter Unternehmenskommunikationder Krone AG (Telekommunikation). 1994 Leiter Presse- und Öffentlichkeitsarbeit Grundig AG (Unterhaltungselektronik). 1998 Direktor Presse- und Öffentlichkeitsarbeit der IBM Deutschland GmbH (Informationstechnik). 1997 Lehrauftrag „Krisen-PR" FB Kommunikationswissenschaften Uni Bamberg, Referent bei der Konrad-Adenauer-Stiftung, Mitglied der Internet-Kommission der CDU Deutschland.

2-to-1-Communications bei Mergers & Acquisitions: Mit einer gewissenhaften „Social Diligence" Widerstände vermeiden

Bodo Bimboese/Martin Leonhard

Warum liegt die Floprate der rund 3.000 M&A-Projekte im Jahr deutlich über 50 Prozent? Meistens misslingt es, weil die Unternehmen ohne kommunikatives Fundament auf Sand gebaut haben. Die Gestaltung einer gemeinsamen Zukunft der betroffenen Unternehmen wird zwar errechnet, aber oftmals nicht sauber geplant – kurzum: Die Eigendynamik des komplexen Prozesses wird komplett unterschätzt. Als Folge dessen stellen sich dann auch die gewünschten betriebswirtschaftlichen Synergien nicht ein, und die Börsenkurse purzeln in den Keller.

Meist schon in den frühen Phasen der Transaktion kommt es zu den im Nachhinein kritischen zeitlichen Kapazitätsengpässen, da sich das beteiligte Management vornehmlich auf die Hard Facts des Deals konzentriert. Zudem soll das Projekt mit all seinen Unwägbarkeiten parallel zum Tagesgeschäft abgearbeitet werden. Die emotionalen Bedürfnisse der Mitarbeiter, wie z.B. die unterschiedlichen Informations- und Kommunikationsansprüche hinsichtlich Vertrauensbildung, Motivation, Arbeitsqualität etc., die im Rahmen der „Social Diligence" zu ermitteln sind, werden zu Gunsten eher „technokratischer" Inhalte (Due Diligence, Facts & Figures, Vertragsinhalte, Businesspläne etc.) sträflich ignoriert. Die ursprünglichste aller Managementaufgaben – die Kommunikation – findet oft einfach nicht statt.

Die häufigsten Fehler in M&A-Prozessen

1. Rein finanzielle Überlegungen spielen eine Rolle.

2. Vermeintlich einmalige Gelegenheiten „machen blind".

3. Unsystematische und inkonsistente Akquisitionsstrategien verhindern tiefer gehende Prüfungen.

4. Ungenügende Ermittlung und Umsetzung der Entscheidungsgrundlagen sowie allzu zögerliche Verschmelzung der Unternehmen fördern u.a. Gerüchte, bremsen das operative Geschäft.

5. Kommunikationsfehler und ihre Folgen stören die Verhandlungen bzw. können die Transaktion zum Scheitern führen.

6. Schwierigkeiten bei Integration unterschiedlicher Unternehmenskulturen verhindern gewünschte Synergien.

Quelle: In Anlehnung an Gerhard Picot, Handelsblatt v. 19./20.02.1999

Ohne eine gewissenhafte „Social Diligence" und die daraus resultierenden Kommunikationsmaßnahmen werden die betroffenen, aber nicht unmittelbar an der Transaktion beteiligten Mitarbeiter irritiert und verunsichert. Als Folge dieses Kommunikationsdefizites können Gerüchte, Intrigen und Existenzängste entstehen, die bis hin zu einem kaum noch aufzulösenden Widerstand in der Belegschaft führen. Verbergen sich hinter den in den Medien vielzitierten Synergien doch meist Stellenabbau, „Eindampfen" des Managements und/oder Standortschließungen.

Oftmals wird versäumt, bei den Führungskräften der Käuferseite die richtige Einstellung gegenüber dem neuen „Familienmitglied" herzustellen und einzufordern. So diktieren diese dann mit Siegermentalität und nach Gutsherrenart die strategische Ausrichtung. „Nach Fusionen sind Missverständnisse, Vorurteile und Projektionen programmiert. Es fehlt eine gemeinsame Sprache und Geschichte", urteilt der Psychologe und Unternehmensberater Dr. Klaus Doppler (Capital 15/2001).

Dieser respektlose Umgang mit der Ressource Mensch, die fast immer den eigentlichen Wert des kaufenden wie auch gekauften Unternehmens ausmacht, rächt sich im Scheitern der zunächst so viel versprechenden Transaktion. Das Fundament für das neu zu errichtende

Gebäude ist das Vertrauen in eine gemeinsame, erfolgreiche Zukunft. Doch Vertrauen kann nur und ausschließlich durch Kommunikation gewonnen, aber nicht erzwungen werden. Erst durch einen zielgerichteten und konsistenten Dialog wird ein M&A-Prozess stabilisiert, steuerbar und damit erfolgreich. Denn Kommunikationsbereitschaft signalisiert Verständnis und Respekt. Konsistente Nachrichten, die den anstehenden Veränderungsprozess rechtzeitig und schlüssig erklären, lassen die das operative Geschäft bremsenden Gerüchte verstummen.

Worin besteht aber bei einem M&A-Projekt die eigentliche Herausforderung? Je stärker die unterschiedlichen Zielgruppen involviert werden sollen, desto wichtiger wird eine zielgruppengerechte und konsistente Kommunikation zum richtigen Zeitpunkt. Idealtypisch spricht man die unterschiedlichen Zielgruppen, die auf Grund ihrer spezifischen Charakteristik und Interessen zwangsläufig auch kommunikative Unwägbarkeiten mit sich bringen können, in folgender Reihenfolge an:

1.   Finanzmarkt/Eigentümer

Banken, Analysten und die Eigentümer werden stets vorab informiert. Für diese Zielgruppen sind Transaktionen nahezu immer Tagesgeschäft, d.h., Diskretion ist selbstverständlich.

2.   Absatzmarkt/Kunden

Auf dem Absatzmarkt kann es bereits durch den Wettbewerb zu zielgerichteter Verunsicherung der Kunden kommen, denn man kennt und beobachtet sich permanent. Kleinste Gerüchte haben große Auswirkungen; Auftragsstornierungen und Umsatzeinbußen sind die Folge. Deshalb müssen auch die restlichen Stakeholder zeitgleich informiert werden.

3.   Beschaffungsmarkt/Lieferanten und Mitarbeiter

Ein sehr sensibler Bereich, denn Mitarbeiter orientieren sich um, Lieferbedingungen verändern sich. Die Qualität der Dienstleistungen nimmt durch Desorientierung bzw. Defokussierung ab (Gefahr der lähmenden Nabelschau; Abwerbung oder Kündigung von Leistungsträgern möglich). Jetzt könnten auch Gewerkschaften und Kommunen als weitere Kommunikatoren in das Geschehen eingreifen, die ihre eigenen Interessen durchsetzen wollen.

4. Akzeptanzmarkt/Medien

Auf Basis der nach dem Closing veröffentlichten Presseinformation oder nach einer Pressekonferenz berichten die Medien mit einem ersten Stimmungsbarometer über die Transaktion. Eine gute Vorbereitung dieser Kommunikationsphase entscheidet über „Flop" oder „Top" und kann negative Überraschungen und langfristige Imageschäden vermeiden. Spätestens jetzt melden sich auch Behörden und öffentliche Einrichtungen.

Nach dem System 8© der M&A Consultants AG müssen in einem M&A-Prozess folgende Fragen innerhalb der acht Phasen beantwortet werden:

1. Projektierung
   Welche Ziele und Motivation verfolgt der Käufer?

2. Strategie-Analyse
   Wie sieht das Target-Profil aus?
   Welche Entscheidungskriterien führen zur Akquise?

3. Vorbereitung
   Wie sieht die Akquisitionsstrategie aus?
   Wie erfolgt die Ansprache des Targets?

4. Vermittlung
   Wie kann Gesprächsbereitschaft hergestellt werden?
   Welchen Nutzen hat das Target durch den Kauf?

5. Grundlagenklärung
   Passen die Transaktions-Partner zusammen?
   Welcher gegenseitiger Informationsaustausch ist notwendig?

6. Verhandlungsvorbereitung und Verhandlungen
   Wie sind die wirtschaftlichen und rechtlichen Verhältnisse?
   Was ist der Wert des Akquisitions-Targets?

7. Closing
   Wie sehen Vertrag und Finanzierung im Detail aus?

8. Abwicklung
Wann ist der Gefahrenübergang und der Mittelfluss?

Danach folgt die wichtigste Phase des gesamten Prozesses: Post-Merger-Integration – Verwirklichung von Plänen und Synergien. Kommunikationsprofis sind ab Phase 5 auf jeden Fall gefordert, idealerweise aber schon in Phase 3 oder 4 eingebunden.

Während die zeitliche Abfolge der Information auf Grund der Zielgruppencharakteristik eher systematischen Strukturen folgt, muss im Rahmen der Social Diligence eine nach Zielsetzung und Art des Deals ausgerichtete, aber für alle geltende Transaktionsstory entwickelt werden. Sie gibt den kommunikativen Takt vor, sollte einfach, für alle verständlich und in wenigen Punkten auf das Wesentliche beschränkt sein. Denn die Transaktion scheitert letztendlich, wenn die Vertragspartner zum falschen Zeitpunkt die falsche Sprache sprechen.

Damit sich die Kommunikation positiv auf die Transaktion auswirken kann, sollten die Arbeiten zur Entwicklung des Kommunikationskonzeptes bereits in den Phasen drei bzw. vier der Transaktion beginnen. Die frühe Integration der Kommunikation hat einen weiteren Vorteil: Insbesondere bei komplexen Deals sitzen zumeist ganz unterschiedliche Fachleute am Verhandlungstisch, die infolge ihrer Spezialisierungen keine gemeinsame Sprache sprechen, sodass die Kommunikationsverantwortlichen durchaus auch die Funktion einer Clearingstelle übernehmen können. Bei der Ausarbeitung des Kommunikationskonzeptes einschließlich der Pre-/Post-Merger-Kommunikation müssen neben der Verinnerlichung der Transaktionsstrategie und deren Auswirkung auf die jeweiligen Stakeholdergruppen vor allem folgende zentrale Fragen beantwortet werden:

- Wer muss zu welchem Zeitpunkt welche Informationen haben?

- Wo entwickelt sich Widerstand?

- Wo entsteht intern wie extern Konfliktpotenzial?

- Sind die Kommunikationswege in den Unternehmen überhaupt durchlässig für neue Botschaften?

- Sind die Unternehmenskulturen kompatibel (Unternehmenssprache; Organisationsform; Kompetenz-, Gehalts- und Kommunikationsstrukturen etc.)?

Erst dann können die Kommunikationsspezialisten parallel zu den unternehmensstrategischen Überlegungen eventuell eintreffende Kommunikationsszenarien ausarbeiten, um für den Start der Kommunikation vor und nach Vertragsabschluss auf den Punkt genau gerüstet zu sein. Wer einmal an einem M&A-Prozess beteiligt war, weiß, dass nicht immer die Zeit bleibt, die Kommunikationsmaßnahmen für die Phase nach dem Closing endgültig zu planen. Schließlich sind die Transaktionen möglichst geräuschlos, zielstrebig und innerhalb weniger Monate durchzuziehen. Wolfgang Wagner, M&A-Experte von der Unternehmensberatung Booz, Allen & Hamilton, gibt folgende Empfehlung: „Zügig, aber auch mit einer gewissen Brutalität", müsse die Verschmelzung der Firmen vorangehen. Bevor allerdings Kommunikationsfehler begangen werden, die letztendlich die gesamte Transaktion gefährden könnten, sollte die Post-Merger-Integration gewissenhaft vorbereitet werden.

Denn sehr schnell können sich bei den Stakeholdern Widerstände bilden, bei

- den Kartellbehörden in Berlin bzw. Brüssel, die den freien Wettbewerb gefährdet sehen;

- Mitarbeitern, die sich immer weniger mit dem Unternehmen identifizieren, unter Existenzängsten leiden, innerlich kündigen oder für Abwerbeaktivitäten der Mitbewerber zugänglich sind;

- Aktionären oder Miteignern, die den Deal z.B. wegen zu unübersichtlicher und ungenügender Angebote abblocken;

- Gewerkschaften, die wegen des zu erwartenden Stellenabbaus eigene Kommunikationsszenarien aufbauen, die wiederum den M&A-Prozess massiv beeinflussen bzw. stören können;

- Landkreisen, Städten und Gemeinden, die wegen der möglicherweise schlechteren steuerlichen Situation bei Standortwechseln oder Entlassungen, aber auch aus Imagegründen eigene Überlegungen anstellen, wie sie ihre kommunalpolitischen Interessen in die Verhandlungen einbringen können etc.

Um solchen Widerständen schon in ganz frühen Transaktions-Phasen vorzubeugen, wird sich der schnelle Aufbau eines Kommunikationsnetzes mit aufeinander abgestimmten Szenarien und Maßnahmen letztendlich bezahlt machen. Selbstverständlich dürfen Details aus den Verhandlungen nicht nach außen getragen werden, und hinsichtlich der strategischen und operativen Ziele der Kommunikation muss man auf jeden Fall inhaltliche Abgrenzungen vornehmen. Aber wenn die Unternehmensleitung dem Betriebsrat und den Mitarbeitern die Gründe und Rahmenbedingungen für einen beabsichtigten Deal rechtzeitig und vor allem plausibel mitteilt, wird das bis in den Post-Merger-Prozess hinein erforderliche Vertrauen aufgebaut. Zweifelsohne birgt Kommunikation einen hohen psychologischen Aspekt in sich und erfordert sehr viel Fingerspitzengefühl. Damit sie über den Aufbau eines positiven Projektimages zu den gewünschten Erfolgen führt, sollten die folgenden Grundvoraussetzungen der offenen Kommunikationssteuerung befolgt werden:

- passive Ebene aus Sicht des Empfängers: qualitativ und quantitativ korrekte Informationen geben, überzeugen;

- interaktive Ebene: Dialog aufbauen und Verständnis generieren;

- emotionale Ebene: Mitarbeiter sensibilisieren, überzeugen und mobilisieren;

- sachliche Ebene: Pflichtkommunikation nicht vergessen.

Für die Ausarbeitung der Transaktions-Story ist es erforderlich, die Zielgruppen nach ihren ganz individuellen Bedürfnissen zu identifizieren, damit die Botschaft „mundgerecht" für sie aufbereitet wird. Je nach Größe und Beschaffenheit des Kommunikationsprojektes sowie der Charakteristik der Zielgruppen können ganz unterschiedliche Maßnahmen die angestrebte Übermittlungs-, Übersetzer-, aber auch Verkaufsfunktion wahrnehmen. All dies ist nicht kostenfrei zu haben.

Während für Aufgabenstellungen wie z.B. Jahresabschlüsse ohne Zögern jedes Jahr sechsstellige Summen für kompetente Unterstützung aufgewendet werden, verzichten fusionswillige Unternehmen nur allzu gern auf professionelle Unterstützung des gesamten hochkomplexen M&A-Prozesses. Die nachträglich mit heißer Nadel gestrickten „Lösch-Programme" haben mit dem aktiven und geplanten Aufbau einer „Transaktions-Story" nichts mehr zu tun. Die zusätzlich entstehenden Folgekosten durch verlorene Kunden, Aufträge sowie Leistungsträger und durch die Defokussierung der gesamten eigenen Organisation kommen noch hinzu.

Kritische Erfolgsfaktoren sind ein klar strukturierter, transparenter M&A-Prozess und ein frühzeitig begleitendes, überzeugendes Kommunikationsprogramm, das die Basis für eine erfolgreiche Post-Merger-Integration legt. Wer hier beim Planen versagt – plant sein Versagen!

Ein Thema beschäftigt Millionen

Das wahrscheinlich komplexeste Projekt in unserem Wirtschaftssystem ist eine M&A-Transaktion, die wie keine vergleichbare Sache die Mitarbeiter, deren Angehörige und Kunden etc. auf beiden Seiten beschäftigt.

Seit 1997 sind es in Deutschland pro Jahr rund 3.000 Transaktionen. Bei durchschnittlich 250 betroffenen Mitarbeitern auf jeder Seite mit jeweils einer dreiköpfigen Familie sind jedes Jahr mindestens 2,25 Millionen Deutsche unmittelbar von einer M&A-Transaktion betroffen! In diesem Beispiel sind die Lieferanten und Kunden dieser Unternehmen sowie deren Mitarbeiter nicht einmal berücksichtigt.

Quelle: „Finance" und eigene Berechnungen

Die Autoren

Bodo Bimboese, M.A., ist Geschäftsführer bei der Trimedia Communications Deutschland GmbH in Frankfurt am Main und im Verwaltungsrat der Trimedia International für die Marketingaktivitäten der Gruppen zuständig. Tätigkeitsschwerpunkte: Nach dem Studium der Geschichte und Publizistik an der Freien Universität in Berlin war er drei Jahre als Assistent, Berater, Gruppenleiter in der PR-Agentur Leipziger + Partner tätig, bevor er 1984 die erste Auslandsniederlassung der Trimedia in Frankfurt am Main gründete.

Martin Leonhard, Dipl.-Wirt.-Ing. (FH), ist seit Anfang 2001 als M&A-Projektmanager bei der M&A Consultants AG in Mannheim beschäftigt. Nach seinem Studium an der Fachhochschule für Technik, Esslingen, war er zunächst vier Jahre als Berater für Organisation und Bürokommunikation bei der UDF Unternehmensberatung GmbH. Danach leitete er vier Jahre lang Business Re-Engineering-Projekte bei der Heidelberger Druckmaschinen AG, für die er danach weitere vier Jahre in den Bereichen Corporate Strategy, Change Management und Post-Merger-Integration tätig war.

Stärke am Markt: Marketing Communications als wesentlicher Bestandteil der integrierten Corporate Communications

Dieter Schweer

Konzerne, die über ein breites Produkt- und Leistungsangebot verfügen, unterliegen der Gefahr, dass Corporate Communications und Marketing Communications auseinander driften und jeweils ein Eigenleben führen. Eine solche Trennung war früher vielfach üblich. RWE dagegen geht konsequent neue Wege. Mehr denn je versteht sich der Konzern als starke Dachmarke, die auch alle Marketingaktivitäten der Führungsgesellschaften trägt und prägt. Die Dachmarke RWE basiert in ihrem Kern auf einem Leistungsversprechen, das fünf gleichgewichtige Positionen umfasst: Kundennähe, Innovationskraft, Zukunftsorientierung, Zuverlässigkeit, Angebote aus einer Hand.

Die Dachmarke bestimmt die Kommunikationsstrategie auf vier Ebenen:

- die Holding mit dem Claim „RWE. One Group. Multi Utilities."
- die Führungsgesellschaften wie RWE Plus und RWE Gas
- RWE-Unternehmen und RWE-Beteiligungen wie RWE Aqua
- RWE-Produkte wie RWEavanza und RWEnaturgas

Als Dachmarke fungiert RWE auch im Werbeauftritt, der völlig neu gestaltet wurde. Der Konzern hat sich im Markt als ein Unternehmen aufgestellt, das über eine Leistungspalette von Strom über Erdgas, Wasser, Entsorgung bis hin zu Services verfügt.

Diese Neupositionierung erfolgt in einem Umfeld, in dem auch die Wettbewerber ihre Marketingaktivitäten vorantreiben. In diesem Umfeld muss RWE ihr Profil weiter schärfen, sich vom Wettbewerb der reinen Stromanbieter weiter absetzen und den Kunden vermitteln, dass das Unternehmen Marktführer in den Bereichen Strom, Erdgas, Wasser, Entsorgung und Services ist und dies auch in Zukunft bleiben wird.

Das fünffache Leistungsversprechen Kundennähe, Innovationskraft, Zukunftsorientierung, Zuverlässigkeit, Angebote aus einer Hand vermittelt auch die neue Dachmarkenkampagne, die unter der Leitung der Corporate Communications entwickelt wurde.

Erst Emotionalität und Visionen geben Marken ein unverwechselbares Gesicht. Deswegen steht die Kampagne unter dem Motto *imagine*, das auf dem gleichnamigen „Song des Jahrhunderts" von John Lennon basiert. *imagine* hat für die RWE-Kommunikation mehrfachen Nutzen:

- *imagine* ist die ideale Plattform, um die Marke RWE unverwechselbar und emotional im Markt zu positionieren.

- *imagine* verbindet Tradition, Stärke und Erfahrung des 100 Jahre alten Unternehmens mit dem Innovationspotenzial des Multi-Utility-Anbieters.

- *imagine* regt Fantasien an, ist menschlich, zeitlos und international.

Die neue RWE-Dachmarkenkampagne ist breit angelegt. Sie wird in Zeitungen, Zeitschriften und TV-Sendern sowie internationalen Wirtschaftstiteln geschaltet.

In den Anzeigen vermitteln die sich an das Motto anschließenden Headlines das Multi-Utility-Angebot von RWE. Die Zeitachse belegt die 100-jährige Erfahrung und den visionären Vorwärtsdrang des Unternehmens. Die Bilder, die das Blau des Corporate Design gezielt einsetzen, bauen keine Luftschlösser, sondern zeigen konkrete Geschäftsideen wie zum Beispiel die Möglichkeit, Internet, TV und Telefon über Stromnetz und Steckdose zu leiten.

Unter dem Motto *imagine* steht auch der TV-Spot, der im Braunkohlentagebau wie auch in Kalifornien gedreht wurde. Unterlegt mit John Lennons Song, zeigt der Film den vielfältigen Nutzen, den der Multi-Utility-Anbieter RWE dem Verbraucher bietet.

Die Dachmarke RWE wird so aufs Engste mit Leistungen wie Strom, Erdgas, Wasser, Entsorgung und Services verknüpft. Der Faktor Corporate Communications mit integrierter Marketing Communications wird damit zu einer Kraft, die die Produkte des Konzerns im Markt nach vorne bringt. Und umgekehrt gilt: Die Leistungen der Produkte und ihr offenkundiger Nutzen kommen der Marke RWE zugute. Wichtig ist dabei ein einheitlicher Auftritt. Eine konsequente Implementierung einer einheitlichen, konzernweiten CI schafft das Fundament.

Mit der Positionierung als Multi-Utility-Anbieter hat RWE die Voraussetzung dafür geschaffen, dass der Konzern ein unverwechselbares Profil gewinnt. Würde RWE als reiner Stromanbieter fungieren, hätte das Unternehmen letztlich nicht mehr als ein Me-too-Produkt zu bieten, das zwar laut beworben werden, aber ebensogut auch von anderen Anbietern bezogen werden könnte.

Werbung allein genügt nicht mehr, um eine Marke erfolgreich zu etablieren. Zwar werden immer wieder Versuche gestartet, Me-too-Produkte an den Kunden zu bringen. Aber „wenn das Produkt austauschbar ist, wird die Marke scheitern", bemerkt der Unternehmensberater Hermann Simon im Manager Magazin, „Strom ist Strom. Alle kennen Yello, aber nur wenige kaufen Yello-Strom – und das zu nicht kostendeckenden Preisen. Yello ist keine Marke."

RWE steht dagegen für ein ganzes Leistungsbündel aus einer Hand – eben jener Hand, wie sie auch durch das neue Logo von RWE symbolisiert wird. Mit dieser Hand korrespondiert der Unternehmensslogan „RWE. One group. Multi utilities": eine Marke – eine Wahrnehmung.

Um die internationale Kompetenz von RWE zu betonen, wurde ein englischer Slogan gewählt, der die Marke RWE ganzheitlich unterstützt und auch im Ausland durchzusetzen ist.

Bei der Konzeption der Dachmarkenkampagne wurde die Verwendung von Testimonials nicht mehr in Betracht gezogen – und dies nicht nur wegen der schlechten Erfahrung mit Christoph Daum. Denn mittlerweile wird dieses Instrument in geradezu inflationärer Weise verwendet. Franz Beckenbauer, Boris Becker, Claudia Schiffer, Veronica Ferres und Arnold Schwarzenegger sind ebenso mit von der Partie wie Günther Jauch und Angela Merkel, die ohne ihr Wissen für die Werbung des Autovermieters Sixt eingesetzt wurde. Wenn Prominente aber gleich scharenweise in der Werbung auftreten, ist die Gefahr groß, dass sich diese Form des Testimonials abnutzt und entwertet.

Ganz oben in der Beliebtheitsskala der Werber rangiert Verona Feldbusch. Sie wirbt für Iglo Rahmspinat genauso wie für die Telefonauskunft Telegate und den Kleinwagen Smart. An diesem Beispiel wird aber auch das Dilemma der Prominentenwerbung sichtbar. Denn die Zuordnungen zum Produkt werden brüchig, wenn ein und dieselbe Person für Spinat und Smart gleichermaßen wirbt.

Auch deswegen zeigt RWE in ihrer Werbung Menschen aus dem Alltagsleben, eben jene Menschen, die das Leistungsangebot von RWE wirklich nutzen. Die Devise des RWE-Unternehmensleitbilds, das den Kunden in den Mittelpunkt stellt, ist so durch die Kampagne kreativ umgesetzt.

Integrierte Corporate Communications lebt vom offenen Dialog, den RWE mit der gesamten Öffentlichkeit führt. Denn Meinungsbildung ist immer auch ein soziales Geschehen. Eine Marke muss ihre Stärken auch hier beweisen.

Diese Erkenntnis gilt mehr denn je in einer Zeit, in der von einer Mediengesellschaft gesprochen wird. Und sie gilt mehr denn je für Unternehmen, die in einer offenen Gesellschaft ihre hoch sensiblen Positionen zu vertreten haben. Deswegen pflegt RWE als festen Bestandteil der integrierten Kommunikation den Dialog, der die Möglichkeit eröffnet, Standpunkte klar zu artikulieren, Vorurteile abzubauen und Wege zu Übereinstimmung aufzuzeigen.

Dafür nutzt der Konzern eine Vielzahl von Instrumenten, so zum Beispiel

- die Kundenzeitung „easy living" mit breiter Nutzwertorientierung rund um den Haushalt,

- Veröffentlichungen wie den Essayband „Konsens oder Konflikt". Sie vertiefen die Informationen über das Unternehmen und präsentieren es als eine Institution, die sich selbstbewusst den gesellschaftlichen Herausforderungen und Spannungen stellt.

Zu den Meinungsbildnern, die in der RWE-Unternehmenskommunikation ständig angesprochen werden, zählen die Wirtschafts- und Finanzjournalisten sowie Analysten. Sie sind wichtige Mittler für unsere Botschaften, und sie sind die kritische Instanz.

Im neu entbrannten Kampf ums Kapital kommt den Wirtschafts- und Finanzjournalisten bei allein 30 deutschsprachigen Printmedien eine Schlüsselrolle zu. Auch das Fernsehen und die Online-Dienste setzen auf den neuen Mainstream. Börsendaten gehören mittlerweile zu den Standards jeder Nachrichtensendung. Ein Sender wie n-tv beispielsweise bestreitet sein Programm in der Hauptsache mit Wirtschafts- und Finanznachrichten. Und auch an diesen Stellen zeigt sich, wie stark eine Marke mit ihren Werten verankert ist. Die neuen Anleger und die neuen Reichen, auch Erbengeneration genannt, sind nur in seltenen Fällen Kenner des Wirtschafts- und Finanzgeschehens. Deshalb beziehen sie Wissen und Ratschläge aus den Medien, und diese wiederum beeinflussen die Sympathie- oder Antipathiewerte von Marken.

Die neuen internationalen Wettbewerbssituationen stellen die integrierten Corporate Communications vor neue Herausforderungen. Schwachstellen oder Krisen werden schonungslos offen gelegt. Als das Börsengeschehen von der Öffentlichkeit nur wenig beachtet wurde, war der Rat der Analysten fast nur in Fachkreisen gefragt. Ihre Zielgruppen waren Banken, Investment- oder Fondsgesellschaften. Heute sind die Analysten wichtige Ratgeber geworden, deren Urteil für eine breite Schar von Anlegern relevant oder sogar ausschlaggebend ist. Überzeugt eine Marketingkampagne oder floppt sie? Der Börsenkurs wird auch hier immer mehr zum Spiegelbild. Denn letztendlich ist auch jeder Analyst, Banker oder Fondsmanager ein Kunde mit subjektiver Wahrnehmung.

Beim Kunden gewinnt auf Dauer nur, wer ein klares Markenprofil verankert hat. Und dies wiederum gelingt nur, wenn alle Marketing- und Sponsoring-Aktivitäten und externen Kommunikationsmaßnahmen auf die Dachmarke und Produktmarken einzahlen. Organisatorisch heißt das: neue flexible Strukturen entwickeln.

Wenn ein Unternehmen den Gleichklang der Kommunikationsinstrumente erzielt, wissen dies die Kunden und Meinungsmacher zu schätzen. In der seriösen deutschen Analyse über Unternehmensimages ermittelte das Manager Magazin in der Ausgabe Januar 2002 einen neuen Branchen-Primus: RWE.

Das Wechselverhältnis von Corporate Communications und Marketing Communications lässt sich nur produktiv nutzen, wenn es unter einem Dach geführt wird, denn beide Bereiche müssen sich ergänzen. Das Unternehmen stärkt als Dachmarke die Produktmarken. Und die Produktmarken stärken das Unternehmen. Ziel ist die stetige Intensivierung dieses Wechselverhältnisses – und damit die stetige Stärkung des Unternehmens am Markt.

Der Autor

Dieter Schweer studierte Betriebswirtschaft (Dipl.-Betriebswirt) und Kommunikationswissenschaft (Dipl.-Journalist). Nach verschiedenen Stationen bei BMW, den Stuttgarter Nachrichten und der Handelsblatt-Gruppe ist er seit 1996 als Leiter Corporate- und Marketing-Communications der RWE AG in Essen tätig. Er veröffentlichte u.a. die Bücher „Wie geht's weiter", „Daimler Benz – Innenansichten eines Imperiums" und ist Mitherausgeber von „Der gläserne Riese – RWE: Ein Konzern wird transparent" sowie „Konsens oder Konflikt – Wie Deutschland regiert werden soll". Für das Jahr 1998 wurde er mit dem „Seismograph" als PR-Manager des Jahres ausgezeichnet.

Krisenmanagement in der Unternehmenskrise: Krisen werden von Menschen gemacht und gemanagt

Jörg H. Trauboth

Kaum ein Wort wird in unserer Zeit derart häufig und fälschlich genutzt wie das Wort „Krise". Gerät in der Politik, in der Wirtschaft, der Umwelt oder einfach in der Seele etwas durcheinander, ist schnell von Krise die Rede.

In eine Krise zu geraten, heißt in der Tat, die Grenze vom Normalzustand in einen kritischen Bereich zu überschreiten. Doch was ist die Messlatte? Wann wird ein Vorfall zur Krise? Ein Großbrand muss nicht notwendigerweise eine Krise nach sich ziehen; der Vorwurf, dass das Management der Scientology angehört hingegen, kann eine ernsthafte Erschütterung des Unternehmens auslösen. Im Gesetz zur Kontrolle und Transparenz im Unternehmensbereich (KonTraG) findet sich der Begriff der „Bestandsgefährdung". Dies halte ich für einen sinnvollen Ansatz der Definitionsbestimmung. Eine Unternehmenskrise ist so gesehen ein Vorgang, dessen Risikopotenzial den Bestand des Unternehmens existenziell oder in Teilen gefährden kann. Die Bestandsgefährdung wird durch eine Analyse der Eintrittswahrscheinlichkeiten und Auswirkungen von Unternehmensrisiken ermittelt. Im Grunde handelt es sich um einen quantitativ erfassten Vorgang, der sich als Finanzaussage in den Berichten der Wirtschaftprüfer widerspiegelt.

Eine Unternehmenskrise hat jedoch immer auch eine qualitative Komponente, die für mich die eigentliche Substanz einer Krise ausmacht. Es ist die öffentliche Wahrnehmung des Vorganges.

Von den ca. 150 Produkterpressungen jährlich in Deutschland kommen im laufenden Fall nur die wenigsten – und zwar die gefährlichsten – an die Öffentlichkeit. Erst dann droht eine Krise. Ist dieser Vorgang einmal „draußen", hängt der Verlauf der Entwicklung zumeist auch davon ab, wie der Vorgang in der Öffentlichkeit behandelt wird. Entscheidend hierfür ist die Qualität der Unternehmenskommunikation.

Gerade in der deutschen Wirtschaft gibt es zahlreiche Beispiele dafür, wie ein verunglücktes Kommunikationsverhalten der Unternehmen zur Eskalation beitrug. In der Medikamentenkrise eines Pharmakonzerns sprach der Vorstand öffentlich von den im Zweifelsfall in Kauf zu nehmenden tödlichen Nebenwirkungen von Arzneimitteln. In der Erpressungskrise eines Senfherstellers stellte sich der Unternehmenssprecher vor die deutsche Konzernzentrale in Frankfurt am Main. Die Kameras richtet sich auf den Namen der Konzernzentrale. Die Senferpressung wurde zu einem Konzernfall.

Doch ist erstaunlicherweise oftmals nicht die fachliche Inkompetenz die Ursache für das Fehlverhalten, sondern die persönliche Überforderung der Krisenverantwortlichen in der Situation.

Krisenmanagement hat immer auch etwas mit Angst – und Stressbewältigung zu tun. In der Begleitung von vielen Unternehmenskrisen habe ich erfahren, dass die Rolle der Angst vor Fehlentscheidungen in der Unternehmensführung, im Marketing und im Krisenstab ein größere Rolle spielt als gemeinhin angenommen.

Die Rolle von Angst und Stress in der Krise

Der Umgang mit der Krise erfolgt durch Menschen und betrifft Menschen. Krisen werfen die Betroffenen zumeist aus der gewohnten Bahn; seien es die Opfer oder die Entscheider. Mit der Krise tritt zugleich ein ungewohnter Zustand ein. Wir können nicht mehr auf die gewohnten Erfahrungen zurückgreifen, die uns im Alltag Sicherheit geben und uns sicher machen. Diese Umkehrung führt folglich zu Unsicherheit und letztlich zu Angst und Stress.

Nach dem Anschlag des 11. September 2001 beklagten viele Fluglinien den rasanten Rückgang des Passagieraufkommens. Trotz des lokalen Anschlages hatten die Menschen weltweit Angst, in Flugzeuge zu steigen. Aus Angst vor Terroranschlägen fürchteten sie sich, ein Transportmittel zu wählen, das bis dahin für sie selbstverständlich war. Und wenn diese Angst nicht in Ihnen war, so wurde sie häufig von Angehörigen übertragen, oftmals mit dem Ergebnis, dass Flugabsichten aufgegeben wurden. Das allgemeine Angstverhalten der Passagiere führte zu einem dramatischen Geschäftseinbruch insbesondere bei den großen Fluglinien.

Das Problem wurde von den Betreibern erkannt, aber die Angst wurde im Marketing der Gesellschaften nicht thematisiert: wohl aus Furcht vor der Angst. Einige versuchten, verloren gegangenes Vertrauen mit großformatigen Prominentenporträts und scheinbar vertrauensfördernden Anzeigentexten zurückzugewinnen. Die Passagiere, die in dieser Zeit die Reise antraten oder auf sie verzichteten, wollten jedoch etwas bewusst oder unbewusst anderes: die Auseinandersetzung mit den Ursachen ihrer Angst. Über die Angst, nicht am Zielort anzukommen, über die Sicherheit und die Gefahren des Fliegens, über subjektives Angstempfinden und objektiver Gefahr – hierüber wurde nicht gesprochen. Ein lebendiger Fugkapitän als Multiplikator auf jedem Airport hätte mehr aufgelöst als jede Anzeige mit Boris Becker. Dieser Dialog zwischen den Menschen im Cockpit und der Kabine kam jedoch nicht zustande, und so wurde das Problem über die Zeitachse gelöst. Das Vergessen kann Angst unterdrücken, doch beim nächsten Terroranschlag ist sie wieder da.

Angst ist oftmals der unsichtbare Gegner in der Krise. Angst im Krisenmanagement, so habe ich in vielen Krisenberatungen erfahren, ist ein wirkliches Problem.

Eine Unternehmenskrise ist eine komplexe Situation, in der sich Menschen zeitweise in einer Art Ausnahmezustand befinden. Die Informationen werden nicht mehr adäquat verarbeitet, unter Druck werden komplizierte Sachverhalte vereinfacht, die Prognosen stimmen nicht mehr, die emotionale Belastung tunnelt den Blick und führt im Extremfall zum geistigen „Black-out". Mir sind Situationen bekannt, in denen Manager von Erschöpfung und Ermüdung physisch und psychisch gekennzeichnet war. Es war das Ergebnis stundenlanger uneffektiver Sitzungen mit Telefongesprächen Einzelner im Krisenraum, denen alle anderen zu lauschen hatten. Die Menschen hatten in der Krise nicht nur die einfachsten Managementregeln aufgegeben, sondern zudem vergessen, sich mit Flüssigkeit und Nahrung sowie mit Schlaf zu versorgen und einen Stellvertreter zu bestellen.

Professionelles Krisenmanagement heißt, mit Weitblick nach vorne zu schauen, Gelassenheit zu wahren und die eigenen Grenzen zu erkennen und zu akzeptieren. Ohne Organisation und formale Disziplin in der Teamarbeit ist dieses nicht zu erreichen.

Der Verlauf der Krise wird oftmals vor der Krise entschieden

Unternehmen, die nicht über eine eingespielte Krisenorganisation und Kommunikationskompetenz verfügen, sind insbesondere auf die kommunikative Ausnahmesituation in aller Regel nicht ausreichend vorbereitet. Man fügt sich dem „worst case" und lässt Blitz und Donner quasi über sich ergehen. Denn man kann ja ohnehin nichts machen. Oder doch?

Richtig ist, dass Krisen nur bedingt durch vorbereitende Planungen gesteuert werden können. Doch die sind „kriegsentscheidend". In den Großkonzernen und zunehmend auch in den mittelständischen Betrieben der Lebensmittelwirtschaft findet diese Erkenntnis zunehmend Anklang. Krisen-Prophylaxe bedeutet, dass

- bestandsgefährdende Risken definiert sind,
- ein code of conduct für das Krisenverhalten existiert,
- eine Krisenorganisation mit definierten Aufgaben etabliert ist,
- operative Anlaufchecklisten erarbeitet sind
- und die personelle, technische, logistische und operative Einsatzbereitschaft sichergestellt ist.

Das Ergebnis findet sich in praxisorientierten Krisenhandbüchern wieder, die in realistischen Szenarien mit dem Krisenstab zu testen sind. Krisenstäbe sind oft Teams, deren Mitglieder sich aus der Tagesarbeit nicht zwangsläufig kennen. Gleichzeitig ist der Anspruch an die Effizienz hoch: Das Krisenmanagement muss und soll aus dem Stand heraus funktionieren. Was aber nicht wiederholt geprobt und auf den Prüfstand gestellt wird, kann im Ernstfall nicht effizient greifen.

Ich habe Gruppierungen erlebt, die bei Eintreffen der Berater geradezu wie erstarrt dasaßen und nicht fähig waren, die einfachsten Dinge zu koordinieren, aber auch Krisenstäbe, die im bereits eingerichteten Krisenraum auf der Grundlage einer Tagesordnung und einiger Checklisten eine professionelle Bestandsaufnahme und Gefährdungsanalyse unternahmen und auf dem besten Wege waren, die Initiative zurückzugewinnen.

Transparente Krisenprophylaxe hat zudem auch eine unternehmensinterne Signalwirkung, die von entscheidender Bedeutung sein kann. Erst, wenn im Unternehmen bekannt ist, dass für den Fall der Fälle ein Krisenstab rund um die Uhr einsatzbereit ist, kann erwartet werden, dass Krisen-Frühwarnsignale gesendet und umgesetzt werden.

Kaum eine Krise kommt unvorbereitet. Somit haben viele Krisen Vorboten, die verstanden und gefiltert werden müssen. Hierfür sind etablierte Meldewege, die gesicherte Erreichbarkeit und die richtige Bewertung zwingende Voraussetzung.

So fanden wir ein Unternehmen vor, das die Warnhinweise eines Tochterunternehmens zu einem Produktproblem zwar frühzeitig wahrgenommen, aber durch die verantwortliche Krisenmanagementinstanz der Zentrale nicht als potenzielles Krisenereignis registriert hatte. In der Folge verstrich wertvolle Zeit. Plötzlich eskalierte das Problem und griff wie ein Bazillus auf andere Vertriebsländer der Unternehmensgruppe über. Es entstand ein erheblicher wirtschaftlicher und Image-Schaden. Die vorhandene perfekte Krisenorganisation griff zu spät. Die externe Kommunikation konnte nur noch nachbessern, aber nichts mehr verhindern.

Die Anforderungen an eine professionelle Krisen-PR-Prävention sind hoch. Geht es einmal um die Marke oder das Image, können u.a. folgende Aufgaben anfallen

- sofortige Festlegung der Kommunikationsstrategie nach außen und innen,
- Leit-Statement für alle Äußerungen,
- Vorbereitung des Unternehmenssprechers,
- Direktkontakte mit anrufenden Journalisten,
- Aufbau eines Call Centers/Bereitstellung eines Verbrauchertelefons,
- Kommunikation mit Handel, Lieferanten, Partnern, Verbänden, Behörden und Politik,
- Massenaussendungen an Agenturen, Print- und elektronische Medien,
- Vorbereitung von Interviews, Pressekonferenzen, Hintergrundgesprächen,
- Wahrnehmung von Journalisten im Haus oder vor dem Gebäude,

- Homepage-Updates im Internet,
- Dark Sites-Konzeption im Intranet,
- interne Kommunikation via Videokonferenz,
- Medien-Monitoring,
- PR-Unterstützung in der Recovery und Re-Marketing-Phase.

Dieses ad hoc zu realisieren, ist ohne perfekt organisierte Vorbereitung nicht möglich.

Kommunikationsabteilungen neigen zudem vielfach zu einem Eigenleben auch in der Krise; man lebt als Abteilung weiter und lässt sich in den Pressetext nicht gern hineinreden. Ein fataler Fehler, denn Krisenmanagement kann nur aus einer Hand und ganzheitlich erfolgen. Ein Leiter eines Krisenstabes, der sich dem Unternehmenssprecher vorbehaltlos unterordnet und auf Mitprüfung verzichtet, disqualifiziert sich selbst als Führungspersönlichkeit.

Als klassische Krisenorganisation hat sich die Unterteilung zwischen der Entscheidungsebene (strategische Aufgaben) und dem Krisenstab (operative Aufgaben) bewährt. Die Zusammensetzung sollte zudem funktional und nicht allein nach hierachischen Gesichtspunkten erfolgen. Das Team sollte aus Gründen der Effizienz und Geheimhaltung so klein wie möglich, aber so aufstockfähig wie nötig sein.

Führen und Handeln in der Krise

Führung hat nur ein Ziel: den Erfolg zu gewährleisten. Dieses ist nicht allein möglich, wenn man die Dinge an sich richtig macht, sondern vor allem die richtigen Dinge macht.

Von großer Bedeutung ist die Kompetenz des Teamleiters. Er oder sie sollte wirkliche Führungskompetenz besitzen. Ein Krisenmanager ist ein Generalist mit der Liebe fürs Detail, hat einen hohen Stresslevel und ist überwiegend präsent. Krisenmanager müssen starke Persönlichkeiten sein, die auch die Einsamkeit schwieriger Entscheidungssituationen ertragen und ihre Führungsrolle angemessen ausfüllen können.

In einer Lebensmittelkrise muss der Krisenmanager entscheiden, ob die stille Rückholung oder der öffentliche Rückruf die richtige Maßnahme ist. Er muss den Weitblick haben, unter Zeitdruck und in komplexen

Situationen die richtigen Entscheidungen zu treffen, das Team zusammenzuhalten und zu motivieren sowie die Angst und den Druck herauszunehmen. Angst kann genommen werden, indem formal im Krisenplan ein Haftungsausschluss für den Fall einer Fehlentscheidung enthalten ist, denn ob eine Entscheidung richtig oder falsch war, erweist sich oftmals erst später.

Führen in der Krise heißt, Vorbild durch Vorleben zu sein. Strahlt der Leiter des Krisenstabes die Ruhe und Souveränität aus, die das Team von ihm erwartet, kann das Berge versetzen. Entscheidend ist aber, ob die Teammitglieder im Rahmen ihrer individuellen Kompetenz voll wirken können. Hierzu sind eine menschenwürdige Führung und Vertrauen die zentrale Voraussetzung.

Führung in der Krise heißt auch, trotz der existenziell bedrohlichen Situation auch einfach mal lachen zu können. Auch dieses hat den Bürgermeister der Stadt New York, Rudolph Giuliano, nach dem 11. September 2001 zu einem Vorbild gemacht. Er blieb Mensch in seiner Professionalität als Krisenmanager, als die Türme um ihn herum in Schutt und Asche zerfielen.

Das Unternehmen sollte auch in der Krise den Führungsstil wählen, der im Tagesbetrieb gilt – mit einer Einschränkung: Teamorientiertes Entscheiden in langwierigen Diskussionsprozessen kann in einer Krisensituation tödlich sein. Ebenso vermag ein autoritärer Teamleiter ein Krisenmanagement bereits im Ansatz zu zerstören. Einen im Team abgestimmten Entscheidungsprozess mit dirigistischer Führungsstruktur durch den Leitenden habe ich immer als die beste Lösung erfahren.

Die schlimmsten Führungsfehler sind mangelnde Führungskompetenz, fehlende formale Disziplin und die Unfähigkeit zur Delegation. Sie treten zu Tage, wenn durch die „Hinterbänkler" die soeben getroffenen Entscheidung auf dem Flur wieder in Frage gestellt wird. Ohne Loyalität im Team kann Krisenmanagement keine wirkliche Kraft entwickeln.

In mittelständischen Unternehmen sind vielfach die Eigner die Krisenmanager und stehen unter entsprechendem emotionalen Druck. Was in Generationen aufgebaut wurde, erscheint plötzlich – und möglicherweise ohne eigenes schuldhaftes Versagen – gefährdet. Mir sind nur wenige Unternehmer bekannt, die in der existenzbedrohenden Krise bereit waren, sich persönlich aus dem Entscheidungsdruck herauszunehmen und das operative Management einem Generalisten überließen, der über eine größere innere Distanz zur Krisenursache verfügte. Ich habe immer die Menschen respektiert, die mir ihre Überforderung in einer komplexen Krisensituation gesagt oder signalisiert haben. Sich zurückzunehmen im Sinne der Sache ist kein Ausdruck von Schwäche, sondern zeigt wahre Größe.

Was ist die richtige Krisen-PR-Strategie?

Es gibt bekanntlich viele Möglichkeiten, in der Krise zu agieren oder zu reagieren. Dabei habe ich die Erfahrung gemacht, dass gerade Kommunikationsprofis neben den üblichen Interviews, Pressekonferenzen, Presseerklärungen etc. eine Option der Krisenkommunikation vergessen: das Schweigen.

Als Krisenmanager habe ich überwiegend mit Krisen zu tun, die in der öffentlichen Wahrnehmung einen besonders negativen Beigeschmack haben, weil sie bei den Betroffenen Unsicherheit oder Angst auslösen, z.B. bei Betriebsschließungen, Joint Ventures oder Warenrückrufen als Resultat einer vorsätzlichen Kontamination oder eines Produktionsfehlers.

Die meisten dieser Krisen haben gemeinsam, dass sie nach dem Durchlaufen ihrer klassischen Phasen bereits nach wenigen Tagen abgeflaut sind. Dieses ist auch das Ziel der Krisenkommunikation: durch eine frühzeitige Kernbotschaft das erste Interesse abzudecken, den Ball dann möglichst „flachzuhalten" und auf ein schnelles Ende des öffentlichen Interesses hinzuarbeiten. Durch eine überzogene Informationspolitik oder durch ein Zuviel an Informationen besteht die Gefahr, fortwährend Öl ins Feuer zu gießen.

Die Herausforderung an den Krisen-PR-Manager besteht in Krisensituationen darin, nach der ersten Verlautbarung nichts weiter öffentlich zu verlautbaren und dieses über Tage durchzustehen. Dass dieses funktioniert, mag folgendes Beispiel zeigen.

Im Frühjahr des Jahres 2002 erhielt ein Lebensmittel produzierendes Unternehmen im Rahmen einer Laboruntersuchung die bedrohliche Information, dass gesundheitsgefährdende Keime in einem Markenprodukt nachgewiesen wurden. Der Name des Unternehmens steht auf jeder Packung. Das Problemprodukt war seit einem Jahr im Markt, wurde über alle Handelsketten verteilt und konnte überdies nicht durch Chargen etc. eingegrenzt werden. Schlimmer noch, es gab keine endgültige Klarheit über das Ausmaß der Gesundheitsgefährdung. Es bestand die realistische Gefahr einer handfesten Krise mit dem drohenden Verlust von Arbeitsplätzen.

Das Unternehmen wandte sich an das für diesen Fall spezialisierte anti-crisis-team[1]. Bereits in der ersten Krisensitzung wurde entschieden, dass 48 Stunden später ein bundesweiter öffentlicher Rückruf durchzuführen sei. Neben der Abwicklung des logistischen Rückrufmanagements war die Art und Weise der öffentlichen Verlautbarung und des weiteren Vorgehens von entscheidender Bedeutung. Das Management fürchtete einen völligen Vertrauensverlust in die Wertschöpfung des Unternehmens.

Es bestand in dieser Phase einerseits die Möglichkeit, ausführlich und transparent über das potenzielle Ausmaß der Gesundheitsgefährdung zu berichten, das vom leichten Unwohlsein bis hin zu letalen Auswirkungen reichte, und sich andererseits auf den tatsächlichen Informationsstand der vorhandenen Laboranalysen zu beschränken. Zugleich war zu entscheiden, ob das bisher immer offen und medienfreundlich agierende Unternehmen in der Fortsetzung dieser Politik interessante oder interessierte Medienvertreter zu Interviews oder Dreharbeiten im Unternehmen zulassen sollte. Schließlich war darüber zu befinden, wer das Unternehmen nach außen in dieser sich anbahnenden Vertrauenskrise vertreten sollte.

„Wenn man mir eine Stunde Zeit geben würde, ein Problem zu lösen, von dem mein Leben abhängt, würde ich 40 Minuten dazu verwenden, es zu studieren, 15 Minuten, Lösungsmöglichkeiten zu prüfen, und fünf Minuten, es zu lösen", soll Albert Einstein gesagt haben.

In dieser Weise stellte sich das Team dieser Situation und rang um die Entscheidung, anhaltend offensiv an die Medien heranzugehen oder defensiv zu agieren, um sich dann zurückzuziehen. Die offensive Vorgehensweise bot die Chance einer aktiven Einflussnahme, aber zugleich die Gefahr der unnötigen Medienpräsenz mit einem Negativthema. Die

---

1 Das anti-crisis-team (a.c.t.) ist eine in Deutschland ansässige Krisenberater-Task Force, bestehend aus Kommunikations-, Notfall- und Katastrophenmanagern mit unterschiedlichen Disziplinen.

defensive Haltung enthielt die Gefahr der Verärgerung durch die Journalisten mit anschließend negativer Berichterstattung, aber auch die Chance des schnellen Abflauens.

Das a.c.t. entschied sich für eine Mischlösung mit Tendenz zur letztgenannten Option. Es wurde ein Pressetext mit einem ehrlichen, aber wenig spektakulären Inhalt verfasst. Jedes Wort wurde „auf die Goldwaage gelegt". Der sodann vom Krisenstab verabschiedete Text wurde einem uns persönlich bekannten Journalisten einer Presseagentur exklusiv übermittelt. Die Agentur streute die Message in unserem Sinne. Alle nachfolgenden Interviewanfragen an das Unternehmen wurden – unter Verweis auf die unveränderte Informationslage und der operativen Einbindung des Managements in den Rückruf – freundlich abgewiesen. Die Medien wurden somit betreut, aber nicht in das Unternehmen gelassen. Hingegen erhielten die Verbraucher eine fachkundige Auskunft am organisiertem Kundentelefon, die Internetseite enthielt Antworten auf die wichtigsten Fragen, das Unternehmen stand für einen E-Mail-Dialog bereit; alles war wie aus einem (inhaltlichen) Guss, obwohl das Unternehmen de facto nach der ersten Verlautbarung aus der aktiven Rolle abtauchte. Es war jedoch immer präsent und „auf Ballhöhe".

Die Medien übernahmen bundesweit das erste Statement. Einige Unstimmigkeiten konnten am Telefon abgemildert werden. Schon am zweiten Tag kam der Rückruf aus den Medien. Der Betriebsrat und die Mitarbeiter wurden zeit- und inhaltsgleich mit der Presserklärung durch persönliche Ansprachen des verantwortlichen Geschäftsführers und der Abteilungsleiter auf die Situation eingeschworen, niemand „brach aus". Die Krisen-PR-Strategie war voll aufgegangen. Ein Schaden, der nach erster Einschätzung potenziell ca. sechs Millionen Euro betrug, war auf wenige hunderttausend Euro reduziert worden. Das Vertrauen der Verbraucher in das Unternehmen war gänzlich ohne Kratzer erhalten geblieben. Die Versicherung war dankbar, durch das professionelle Krisenmanagement mit einem glimpflichen Schaden davongekommen zu sein.

Eine große Krise aus dem Stand erfolgreich kommunikativ zu managen, ist eine der anspruchvollsten Aufgaben für den Kommunikationsverantwortlichen. Sie hat quasi Formel-1-Charakter. Alles passiert sehr schnell und auf einmal. Schlimmer noch: Über den Ausgang der Krise wird oftmals in der Pole-Position entschieden. Neben der Vorbereitung und der professionellen Durchführung braucht man allerdings gelegentlich auch etwas Fortune.

Der Autor

Jörg H. Trauboth, Oberst a.D., Generalstabsoffizier Luftwaffe, TORNADO und PHANTOM, hat bei Imagekrisen, Produkterpressung und Entführung in über 300 Fällen beraten und das Krisenmanagement in vielen deutschen Unternehmen und Bankinstituten durch Krisenpläne und Trainings geprägt. Nach Verlassen der Bundeswehr als diplomatischer Vertreter Deutschlands bei der NATO in Brüssel (1993), bis 1996 Geschäftsführer einer internationalen Risk-Managementberatung. Seit 1997 selbstständig und Alleingeschäftsführender Gesellschafter der Trauboth Risk Management GmbH, Sankt Augustin/Bonn.

Kommentiertes Literaturverzeichnis

Peter Szynka

Zur Wissens-Vertiefung: Kommentierte Literaturempfehlungen – ausgerichtet am Stakeholder-Kompass

Wer Lust hat, nach dem Motto „Lesen ist intellektuelles Benchmarking" das von den Autorinnen und Autoren dargebotene Wissen zu vertiefen, dem sei nachfolgende Literatur empfohlen. Diese orientiert sich – ausgehend von einer kommentierten Literaturauswahl „Basiswissen" – an den Anspruchsgruppen des Stakeholder-Kompasses.

Basiswissen:

Bolz, Norbert: Am Ende der Gutenberg-Galaxis. Die neuen Kommunikationsverhältnisse, München 1995.

Die Medienevolution schreitet unaufhaltsam voran. Wir nehmen schleichend Abschied von der „Gutenberg-Galaxis" und damit einer Welt, in der das Buch dominierte. Es zeichnet sich ein Paradigmenwechsel ab, der nicht das Ende des Buches zur Folge hat, sondern lediglich seine klassische Funktion als Leitmedium in einen neu definierten Kontext stellt. Ausgehend von diesem Kerngedanken, werden die wesentlichen Neuerungen der Kommunikationsverhältnisse in anschaulichen philosophischen Szenarien aufgeschlüsselt, die mit dem Aufbruch in die Welt der Hypermedien enden.

Bolz, Norbert: Weltkommunikation, München 2001.

Wer sich den vielfältigen Facetten der (Welt-)Kommunikation gerne auf philosophische Weise nähert, ist bei Norbert Bolz genau richtig. Er bezweifelt zwar den Begriff der Weltgesellschaft, lässt indes aber keinen Zweifel an der Globalisierung der Wirtschaft, der Supranationalisierung der Politik und den alltäglichen Phänomenen der Weltkommunikation. Er folgt hier der These, dass die Moderne, die sich in der Postmoderne selbst reflektiert und bestätigt hat, die Zeit der Weltkommunikation ist. Sie steht nicht mehr im Zeichen von Prometheus (Produktion), sondern von Hermes (Kommunikation).

Buß, Eugen/Fink-Heuberger, Ulrike: Imagemanagement. Wie Sie Ihr Image-Kapital erhöhen! Erfolgsregeln für das öffentliche Ansehen von Unternehmen, Parteien und Organisationen, Frankfurt am Main 2000.

Das Image eines Unternehmens ist heute von existenzieller Bedeutung. Redete man früher noch von Imagepflege, sind die Anforderungen an das Unternehmensimage ungleich höher geworden. Mit Pflege ist es also nicht mehr getan. Ein durchdachtes Konzept im Sinne eines dezidierten Reputationsmanagements ist gefragt, um diesen gestiegenen Anforderungen gerecht zu werden. Die Autoren stellen hier ein umfassendes Konzept vor, das alle erforderlichen Image-Instrumentarien vom Monitoring über erfolgreiche Maßnahmen bis hin zur Evaluation beinhaltet.

Kückelhaus, Andrea: Public Relations. Die Konstruktion von Wirklichkeit, Wiesbaden 1998.

Die professionellen Kommunikatoren der Mediengesellschaft bilden keine Wirklichkeit an sich ab, sondern konstruieren vielmehr eine eigene Realität. Somit nimmt es nicht wunder, dass vor diesem Hintergrund eine moderne systemtheoretische Kommunikationstheorie in den Mittelpunkt des Interesses rückt: der Konstruktivismus. Aufbauend auf einer breit und prägnant angelegten Reflexion grundlegender PR-Theorien, zeigt die Autorin sukzessive auf, wie Public Relations zum Management von Wirklichkeitskonstruktion durch Kommunikation werden.

Mast, Claudia: Unternehmenskommunikation. Ein Leitfaden, Stuttgart 2002.

Das Buch ist eine moderne Einführung, die den Namen Leitfaden verdient. Über die traditionellen und bekannten Darlegungen zum Thema Public Relations hinaus greift es aktuelle Ansätze in Theorie und Praxis auf. So findet beispielsweise die ökonomische Perspektive von Unternehmenskommunikation ebenso Berücksichtigung wie Aspekte der Internationalisierung.

Merten, Klaus/Zimmermann, Rainer (Hrsg.): Handbuch der Unternehmenskommunikation, Neuwied 2000/2001.

Unternehmenskommunikation ist, um mit Theodor Fontane zu sprechen, ein weites Feld. Wer sich trotzdem nicht scheut, dieses Feld weiträumig beackern zu wollen, verfügt mit dem Handbuch für Unternehenskommunikation über eine Publikation, die die unterschiedlichsten Facetten des vorliegenden Wissensgebietes aufschlussreich, prägnant, informativ und praxisnah darbietet.

Jäckel, Michael: Medienwirkung. Ein Studienbuch zur Einführung, Wiesbaden 2002.

Einen noch aktuelleren Überblick zum Thema Medienwirkung bietet Michael Jäckel. Aus soziologischer und kommunikationswissenschaftlicher Sicht werden zentrale Forschungstraditionen der Medienwirkungsforschung von ihren Anfängen bis in die Gegenwart aufgezeigt. Nach einer Einführung zur Entstehung der Massenmedien stehen allgemeine Wirkungsmodelle sowie die systematische Aufbereitung von Theorien im Mittelpunkt der Betrachtungen. Dabei werden Aspekte zur Glaubwürdigkeit von Medien sowie zum Einfluss der Medien auf die soziale Wahrnehmungswirklichkeit und öffentlichen Meinung ebenso hinterfragt wie soziale Ungleichheiten, die mit unterschiedlicher Mediennutzung verbunden sind.

Lothar Rolke: Die gesellschaftliche Kernfunktion von Public Relations – ein Beitrag zur kommunikationswissenschaftlichen Theoriediskussion. Publizistik 44. Jg. 4/1999, S. 431-444.

Public Relations bezeichnen eine Handlungswissenschaft. Die gesellschaftlichen Hintergrundbedingungen allerdings, die PR-Handeln überhaupt erst ermöglichen, entziehen sich der einfachen kausalanalytischen Beschreibung. Hierzu werden Systemtheorien benötigt, die zu großer Abstraktion fähig sind. Wie sich die Verknüpfung von Systemtheorie (nach Luhmann) und Handlungstheorie (nach Habermas) nutzen lässt, um die gesellschaftliche Kernfunktion von PR zu erklären, zeigt der Autor.

Rolke, Lothar/Wolff, Volker (Hrsg.): Der Kampf um die Öffentlichkeit. Wie das Internet die Macht zwischen Medien, Unternehmen und Verbrauchern neu verteilt, Neuwied und Kriftel 2002.

Das Internet hat die Mediengesellschaft mit stürmischer Geschwindigkeit in seinen Bann gezogen. Die Konsequenzen, vor allem aber die kreativen Gestaltungsräume, die es bereithält, sind noch gar nicht vollends erfasst, geschweige denn erschlossen. Die Vielzahl der Nutzenpotenziale gehen sogar über die Vorstellungskraft hinaus. Wer schon heute einen Blick wagen will, wie das Internet in Form von Intra- und Extranet das künftige Privat- und Geschäftsleben verändern wird, dem zeigen die in diesem Band versammelten Experten aus Wissenschaft und Praxis die Entwicklungen auf.

Röttger, Ulrike: PR-Kampagnen. Über die Inszenierung von Öffentlichkeit, Wiesbaden 2001.

PR-Kampagnen haben viele Gesichter: Sie können ebenso in Form einer Solidaritätsbekundung in Erscheinung treten oder aber als Mobilisierungskampagne. Egal, ob gemeinnützige Organisation oder Wirtschaftsunternehmen der Absender sind – als Mittel zur Inszenierung von Öffentlichkeit haben PR-Kampagnen Hochkonjunktur. Wer hier einen Blick hinter die Kulissen wagen möchte, erhält in diesem Band einen sehr guten Überblick über theoretische Grundlagen und anschauliche Einblicke in die Praxis.

Röttger, Ulrike: Issues Management. Theoretische Konzepte und praktische Umsetzung. Eine Bestandsaufnahme, Wiesbaden 2001.

Issues Management hat sich längst als Modewort in der Kommunikationsbranche einen Namen gemacht und bezeichnet nichts anderes als die Beeinflussung der öffentlichen Meinung auf Basis strategischer Konzepte. Zwar nimmt das Issues Management mittlerweile bei vielen Unternehmen einen festen Platz ein auf der Klaviatur der Kommunikation, die theoretischen und methodischen Grundlagen wurden allerdings bisher wenig beleuchtet. Ulrike Röttger gelingt es, dieses aktuelle Thema theoretisch fundiert und mit einem hohen Praxisnutzen anschaulich aufzubereiten. Besonders aufschlussreich erweisen sich zahlreiche interessante Best Practice-Beispiele.

Schorr, Angela: Ergebnisse der Publikums- und Wirkungsforschung. Ein Reader, Wiesbaden 2000.

Wie wirken Massenmedien? So lautet eine vielfach gestellte Frage in Wissenschaft und Praxis. Angela Schorr gibt einen Überblick über den Stand der Publikums- und Wirkungsforschung und präsentiert neue Ergebnisse. Dabei werden traditionelle und innovative Konzepte grundlegender Medienwirkungstheorien und ihrer Historie mit empirischen Fallstudien aus den Bereichen Printmedienforschung, Politische Kommunikation, Medienpsychologie und Neue Medien gegenübergestellt.

Szynka, Peter: Das Prinzip Kommunikation. Eine philosophische Reflexion über das Bleibende im Wandel, Hamburg 2000.

Public Relations ohne Kommunikation sind genauso unvorstellbar wie Kommunikation ohne Public Relations. Was aber ist Kommunikation eigentlich? Eine berechtigte, aber leider im Tagesgeschäft häufig unreflektiert untergehende Frage. Da eine der wesentlichen Aufgabe der Philosophie darin besteht, Selbstverständliches methodisch zu hinterfragen, begibt sich diese Publikation auf die Spur von Wesen und Bedeutung von Kommunikation – unter besonderer Berücksichtigung von Public Relations, die einen wesentlichen Schwerpunkt bilden und als „Kommunikation in aktueller Erscheinungsform" im Lichte von Theorie und Praxis vorgestellt werden.

Kommunikation Medien, Politik, NGOs:

Die Medienwelt befindet sich im ständigen Wandel. Die nachfolgend aufgeführte Literaturauswahl trägt maßgeblich dazu bei, Einblicke zu gewinnen, wohin sich die Medienwelt vor dem Hintergrund der weiteren Durchdringung durch das Internet entwickeln wird (Rolke/Wolff), was für die Welt des Journalismus entscheidend ist (Mast) und wie die (Massen-)Medien Wirklichkeit selbst produzieren (Luhmann). Zur weiteren Vertiefung der Theorieperspektiven im Bereich Journalismus lohnen sich die Lektüren von Weber; Löffelholz; Scholl/Weischenberg sowie Altmeppen/Bucher/Löffelholz. Aus Unternehmenssicht immer entscheidender wird der Bereich Public Affairs, vor allem aber, wie man diesen anspruchsvollen Bereich managt (Köppl). Vielfach von Unternehmen unterschätzt, ja sogar häufig sträflich vernachlässigt, wird der Aspekt der Krisenprävention. Dabei gibt es hier konkrete Strategien, um möglichen Krisen mit geeigneten Strategien schon im Vorfeld zu begegnen (Winter/Steger).

Rolke, Lothar/Wolff, Volker: Wie die Medien Wirklichkeit steuern und selber gesteuert werden, Wiesbaden 1999.

Mast, Claudia: ABC des Journalismus. Ein Leitfaden für die Redaktionsarbeit, Konstanz 2000.

Luhmann, Niklas: Die Realität der Massenmedien, Wiesbaden 2000.

Stefan Weber: Wie journalistische Wirklichkeiten entstehen. ja – Hefte der Schriftenreihe Journalistik Nr. 15/1999.

Armin Scholl/Siegfried Weischenberg: Journalismus in der Gesellschaft. Opladen. Wiesbaden 1998.

Martin Löffelholz (Hrsg.): Theorien des Journalismus. Wiesbaden 2000.

Klaus-Dieter Altmeppen/Hans-Jürgen Bucher/Martin Löffelholz (Hrsg.): Online-Journalismus. Wiesbaden 2000.

Peter Köppl: Public Affairs Management. Wien 2000.

Matthias Winter/Ulrich Steger: Managing Outside Pressure. Strategies for Preventing Corporate Desasters. Chichester u.a. 1998.

Kommunikation mit den Kunden:

Wenn es darum geht, neue Kunden zu gewinnen, kommt dem Marketing seit jeher eine entscheidende Bedeutung zu. Die nachfolgenden Literaturempfehlungen reflektieren das Thema auf unterschiedliche Weise: als umfassendes und lehrreiches Standardwerk zum Marketing und Markenmanagement (Meffert bzw. Meffert/Burmann), in Form von Integrierter Kommunikation (Bruhn), als Markt- und Trendanalyse im Sinne einer Wunschökonomie (Bolz) oder als essayistischer Blick hinter die Marketing-Fassade (Klein).

Meffert, Heribert: Marketing, Wiesbaden 2000

Heribert Meffert/Christoph Burmann/Martin Koers (Hrsg.): Markenmanagement. Grundfragen der identitätsorientierten Markenführung. Mit Best Practice-Fallstudien. Wiesbaden 2002

Bruhn, Manfred/Schmidt, Siegfrie J./Tropp, Jörg: Integrierte Kommunikation in Theorie und Praxis, Wiesbaden 2000.

Bolz, Norbert: Die Wirtschaft des Unsichtbaren, München 1999.

Klein, Naomi: No Logo, München 2002.

Kommunikation mit der Finanzcommunity:

Unternehmen haben die Börse und Ottonormal-Verbraucher die Aktie schon lange für sich entdeckt. Finanzthemen liegen hoch im Kurs. Finanzkommunikation insgesamt umfasst dabei alle Aktivitäten von Unternehmen oder Organisationen, die für die öffentliche Meinungsbildung auf den Finanz- oder Kapitalmärkten relevant sind. Angesprochen werden sowohl externe (z.B. Medien, Analysten, Investoren) als auch interne Zielgruppen (z.B. Mitarbeiter). Nachfolgende Publikationen geben Aufschluss über die neuen Spielregeln am Aktienmarkt (Rolke/Wolff), Einblicke in die Praxis der Investor Relations (Kirchhoff/ Piewinger), einen Überblick über erfolgreiches Depotmanagement (Leven/Schlienkamp) oder vermitteln professionelles Know-how vom Thema Aktie bis zum Going Public (Frei/Schlienkamp).

Rolke, Lothar/Wolff, Volker: Finanzkommunikation. Kurspflege durch Meinungspflege. Die neuen Spielregeln am Aktienmarkt, Frankfurt 2000.

Kirchhoff, Klaus R./Piewinger, Manfred: Die Praxis der Investor Relations, München 2001.

Leven, Franz-Josef/Schlienkamp, Christoph: Erfolgreiches Depotmanagement. Wie Ihnen die moderne Portfoliotheorie hilft, Wiesbaden 1998.

Frei, Norbert/Schlienkamp, Christoph: Aktie im Fokus. Von der Analyse zum Going Public, Wiesbaden 1999.

Kommunikation mit den Mitarbeitern:

Mit dem grundlegenden Wandel des Rollenverständnisses von Mitarbeitern kommt interner Kommunikation in Unternehmen eine besondere Bedeutung zu. Die Facetten der Kommunikation mit und für den Mitarbeiter sind vielfältig. Die ausgewählte Literatur nähert sich dem Thema auf unterschiedliche Weise, so wird interne Kommunikation an Hand von 25 Best Practice-Beispielen anschaulich illustriert (Klöfer, Franz/Nies, Ulrich), als langfristig angelegte und systematisch geplante Managementaufgabe dargestellt (Herbst), als Erfolgsfaktor im Corporate Change (Deekeling/Fiebig) und methodisch in Form einer praxisorientierten Einführung vorgestellt (Birker):

Klöfer, Franz/Nies, Ulrich: Erfolgreich durch interne Kommunikation, Neuwied/Kriftel 2001.

Herbst, Dieter: Interne Kommunikation, Berlin 1999.

Deekeling, Egbert/Fiebig, Norbert: Interne Kommunikation. Erfolgsfaktor im Corporate Change, Wiesbaden 1999.

Birker, Klaus: Betriebliche Kommunikation, Berlin 2000.

Leistung · Image · Absatz

Michael Braun/Andreas Feige/
Tom Sommerlatte
Herausgegeben von Arthur D. Little

Business Innovation

Quantensprung statt „Innovatiönchen".
Ein Wegweiser zur zielgerichteten
Geschäftserneuerung.

2001. 400 Seiten. Paperback.
25,90 €.
ISBN 3-927282-94-4

Jürgen Samland (Hg.)

Das Management-Audit

Wie fit sind Ihre Führungskräfte?

2001. 304 Seiten. Paperback.
25,90 €.
ISBN 3-927282-92-8

Albert Thiele

Innovativ Präsentieren

Zielführende Konzepte entwickeln.
Multimedia sinnvoll einsetzen.
Kernbotschaften verankern.
Durch Persönlichkeit überzeugen.
Mit „Streß-Fahrplan" und CD-ROM!

2000. 344 Seiten. Paperback. CD-ROM.
43,90 €.
ISBN 3-927282-96-0

Eugen Buß/Ulrike Fink-Heuberger

Image Management

Wie Sie Ihr Image-Kapital erhöhen!
Erfolgsregeln für das öffentliche
Ansehen von Unternehmen, Parteien und
Organisationen.

2000. 328 Seiten. Paperback.
25,90 €.
ISBN 3-927282-93-6

Leseproben im Book-Shop:
www.go-for-it.de

Marketing-Tools

Thomas Johne (Hg.)

Marketing-Praxis

Ein Handbuch für Existenzgründer,
Einsteiger und angehende Führungskräfte.
Mit Checklisten, Praxisbeispielen und
Marketing-Fahrplan.

2001. 240 Seiten. Paperback.
25,90 €.
ISBN 3-934191-43-6

Sönke Albers/ Michel Clement/ Kay
Peters/Bernd Skiera (Hg.)

Marketing mit Interaktiven Medien

Strategien zum Markterfolg.

2001. 3. komplett überarb. und erw. Auflage.
380 Seiten. Paperback.
25,90 €.
ISBN 3-927282-72-3

Alexander Christiani

Magnet-Marketing

Erfolgsregeln für die Märkte der Zukunft.

2002. 303 Seiten.
Hardcover. 29,90 €.
ISBN 3-89843-055-3

Christoph Herrmann/Sonja Sulzmaier

E-Marketing

Erfolgskonzepte der dritten Generation.

2001. 216 Seiten.
Hardcover. 36,– €.
ISBN 3-89843-006-5

Andreas Weber/Jürgen Rösger

Interactive Marketing

Unternehmen im Dialog mit
ihren Kunden.

2002. 218 Seiten. Hardcover.
29,90 €.
ISBN 3-934191-68-1

Bestellungen unter:
Tel. (0 69) 75 91 22 42

Die Software aus dem F.A.Z.-Institut

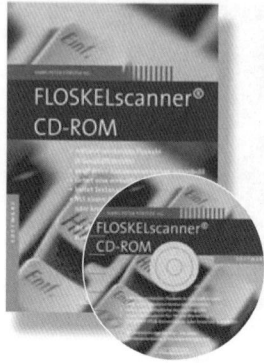

Hans-Peter Förster (Hg.)

FLOSKELscanner® CD-ROM

Entlarvt verstaubte Floskeln in Geschäfts-
briefen. Ihr elektronischer Mentor – für eine
kundenorientierte Unternehmenssprache.

Systemvoraussetzungen:
Betriebssystem   Windows 95/98, ME, NT 4.0
Textverarbeitung MS Word 97/2000
Netzwerk   Mehrplatz-Lizenzen

2000. CD-ROM. Einzelplatz-Lizenz 50,– €.
Mehrplatz-Lizenzen auf Anfrage.
ISBN 3-934191-37-1
Demoversion im Book-Shop:
www.go-for-it.de/specials

Hans-Peter Förster

TEXTcomposer CD-ROM

Ein Assoziations-Tool für alle, die im
Marketing, in der Werbung und in der
Öffentlichkeitsarbeit auf einfallsreiche
Textideen angewiesen sind.

Systemvoraussetzungen (PC und MAC):
Betriebssystem   Windows 95,98, ME, NT 4.0, 2000
                 Macintosh MacOS 9.1, MacOS X
Textverarbeitung MS Word 97/2000/2002 (XP)
                 Word 2001 für Macintosh
                 Word-Makroprogramm
                 (MS-Office-AddOn)

2001. CD-ROM. 64,– €.
ISBN 3-934191-45-2

Hans-Peter Förster

WORDINGmanual CD-ROM

Unternehmenskommunikation von A–Z.
CD-ROM für Word Textverarbeitung
auf PC oder MAC.

Das Tool für die Umsetzung einer strategischen Schreibkultur im Unternehmen – für
eine unverwechselbare Identität und damit
ein konkurrenzfähiges Image am Markt!

Erforderliche Software: HTML-Editor zum
Bearbeiten der Inhalte, Adobe® Acrobat-Reader

2001. CD-ROM. 164,– €. Inkl. 150 Platzlizenzen.
ISBN 3-934191-46-0

Hans-Peter Förster

BRIEFcutter CD-ROM

Professionelle Softwarebausteine für die
Geschäftskorrespondenz. CD-ROM für
Word Textverarbeitung auf PC und MAC.

Systemvoraussetzungen:
Betriebssystem   Windows 95, 98, ME, XP,
                 NT 4.0, 2000
                 sowie für Macintosh MacOS X
Textverarbeitung MS Word 97, 2000, 2002,
                 MS Word 2001

2001. CD-ROM. 23,90 €.
Mehrplatz-Lizenzen auf Anfrage.
ISBN 3-934191-44-4

Frankfurter Allgemeine Buch
IM F.A.Z.-INSTITUT

Erfolgreiche Kommunikation

Hans-Peter Förster

Texten wie ein Profi

Ob 5-Minuten-Text oder überzeugende Kommunikationsstrategie – ein Buch für Einsteiger, Könner und solche, die den Kopf hinhalten müssen. Mit über 5000 Wort-Ideen zum Nachschlagen!

2000. 280 Seiten. Paperback. 2. Auflage.
25,90 €.
ISBN 3-927282-90-1

Viola Falkenberg

Pressemitteilungen schreiben

Zielführend mit der Presse kommunizieren. Zu Form und Inhalt von Pressetexten. Mit Checklisten und Übungen zur Kontrolle.

2000. 232 Seiten. Paperback.
20,90 €.
ISBN 3-927282-98-7

Renée Fissenewert/Stephanie Schmidt

Konzeptionspraxis

Eine Einführung für PR- und Kommuni-kationsfachleute – mit einleuchtenden Betrachtungen über den Gartenzwerg.

2002. 194 Seiten. Paperback.
25,90 €.
ISBN 3-934191-59-2

Matthias Brendel/Frank Brendel

Richtig recherchieren

Wie Profis Informationen suchen und besorgen. Ein Handbuch für Journalisten, Rechercheure und Öffentlichkeitsarbeiter.

2000. 4., erw. und überarb. Auflage.
324 Seiten. Paperback.
25,90 €.
ISBN 3-927282-58-8

Viola Falkenberg

Interviews meistern

Ein Ratgeber für Führungskräfte, Öffentlichkeitsarbeiter und Medien-Laien.

1999. 260 Seiten. Paperback.
20,90 €.
ISBN 3-927282-80-4

Bestellungen unter:
Tel. (0 69) 75 91 22 42

Leseproben im Book-Shop:
www.go-for-it.de

Peter Hartz

Job Revolution

Wie wir neue Arbeitsplätze
gewinnen können.

2001. 178 Seiten.
Hardcover mit CD-ROM.
39,95 €, Bestellnr. 2071.
ISBN 3-89843-071-5

Rainer J. Schätzle

Sind Manager ihr Geld wert?

Wie wertorientierte Unternehmensführung
funktioniert.

2002. 344 Seiten.
Hardcover. 36,– €, Bestellnr. 256.
ISBN 3-933180-56-2

Fredmund Malik

Die Neue Corporate Governance

Richtiges Top-Management.
Wirksame Unternehmensaufsicht.

2002. 3., erw. Auflage. 358 Seiten.
Hardcover. 36,– €, Bestellnr. 2090.
ISBN 3-89843-090-1

Frankfurter Allgemeine Buch

IM F.A.Z.-INSTITUT

Matthias Brendel/Udo Ludwig Hg.

Betrügern auf der Spur

Ein Ratgeber für vorsichtige Anleger.

2002. 295 Seiten.
Hardcover. 24,90 €, Bestellnr. 2092.
ISBN 3-89843-092-8

Ulrich Siebert/Jens Meyer

Blenderwirtschaft

Systemfehler und Selbsttäuschung.
13 Klärungsversuche.

2002. 272 Seiten.
Hardcover mit Schutzumschlag.
24,90 €, Bestellnr. 2096.
ISBN 3-89843-096-0

Barbara Hess

Sabbaticals

Auszeit vom Job – wie Sie erfolgreich gehen
und motiviert zurückkommen.

2002. 197 Seiten.
Hardcover. 24,90 €, Bestellnr. 2094.
ISBN 3-89843-094-4

Bestellungen unter:
Tel. (0 69) 75 91 22 42